U0628834

高职英语教学模式创新研究

郑海燕　著

中国出版集团　现代出版社

图书在版编目（ＣＩＰ）数据

高职英语教学模式创新研究/郑海燕著.--北京:
现代出版社，2024.7
ISBN 978-7-5231-0918-2

Ⅰ.①高… Ⅱ.①郑… Ⅲ.①英语-教学模式-教
学研究-高等职业教育 Ⅳ.①H319.3

中国国家版本馆CIP数据核字(2024)第112079号

高职英语教学模式创新研究

著　　者	郑海燕	
责任编辑	刘全银	
出版发行	现代出版社	
地　　址	北京市安定门外安华里 504 号	
邮政编码	100011	
电　　话	010-64267325 64245264（传真）	
网　　址	www.1980xd.com	
电子邮箱	xiandai@vip.sina.com	
印　　刷	廊坊市博林印务有限公司	
开　　本	890mm×1230mm　　1/16	
印　　张	14.25	
版　　次	2025 年 1 月第 1 版　　2025 年 1 月第 1 次印刷	
书　　号	ISBN 978-7-5231-0918-2	
定　　价	58.00 元	

版权所有，翻印必究；未经许可，不得转载

前　言

　　高职英语教学模式的创新研究是当前教育领域的热点之一。高职院校的英语教学面临着许多挑战，如学生背景差异大、学习目标明确但时间紧张等。因此，创新教学模式是提高高职英语教学质量和效率的重要途径。高职英语教学模式需要与时俱进，结合现代科技手段，利用多媒体、互联网等技术资源，打破传统教学的束缚，提高学生学习的趣味性和参与度。例如，可以通过在线课堂、教学视频等方式，拓展教学内容，激发学生学习的兴趣。高职英语教学模式应注重实践教学，贴近学生职业需求。可以通过实训课程、实践项目等形式，让学生将所学知识应用到实际工作中，提高他们的实际语言运用能力和解决问题的能力。高职英语教学模式还应注重个性化教学，针对不同学生的学习特点和需求，采用灵活多样的教学方法和手段，让每个学生都能得到有效的学习支持和指导。高职英语教学模式的创新研究是一个系统工程，需要教师、学生、教育管理部门等多方共同努力，才能实现高职英语教学的质量提升和教育目标的实现。

　　本书旨在系统探讨高职英语教学模式创新的理论基础、具体内容以及实践应用，旨在为高职英语教育工作者提供理论指导和实践参考。首先，本书深入剖析了英语教学的理论基础，包括建构主义理论、情境认知理论、人本主义学习理论等，以及高职英语教学的现状和发展趋势。其次，通过对高职英语教学方法创新的探讨，包括词汇、阅读、语法、听力、口语、写作、翻译等方面的创新模式，旨在丰富教学方法、提升教学效果。在跨文化视角下，本书还探讨了跨文化交际与高职英语教学的关系，并提出相应的教学模式和策略。进一步，本书分析了有效教学策略在高职英语教学中的应用，探索了如何通过课程思政教学实践和职业能力培养视角，构建适合高职英语教学的模式。最后，本书还关注了信息化教学环境下的高职英语教学模式，探讨了信息化教学模式的内涵及在英语学习和教学中的应用。希望本书能够为高职英语教育工作者提供全面深入的理论指导和实践参考，推动高职英语教学模式创新，提升教学质量和效果。

作者在写作本书的过程中，借鉴了许多前辈的研究成果，在此表示衷心的感谢。由于本书需要探究的层面比较深，作者对一些相关问题的研究不透彻，加之写作时间仓促，书中难免存在一定的不妥和疏漏之处，恳请前辈、同行以及广大读者斧正。

目　录

第一章　高职英语教学概论

第一节　英语教学的理论基础

一、认知语言学理论

认知语言学理论实际上是认知科学和语言相结合产物，认知语言学理论的兴起，可以追溯到 20 世纪 80 年代初，是一门新兴边缘学科。随着我国教育的发展，认知语言学自 20 世纪 90 年代以来得到了快速发展，并且对第二语言习得和教学等许多领域产生广泛影响。在认知语言学理论中，其主要概念和研究对象包括理想化认知模型、基本范畴、原型、图式、辐射范畴等，其中被应用于英语教学的主要有基本范畴、隐喻、图式等。

（一）基本范畴

范畴就是指人们为记住纷繁复杂的客观存在的事物，而对其进行的判断、分类、存储等一系列处理，经过这些处理，某些具有某些相同特点或者意义的事物就形成了一定的范畴。因此，在同一范畴中的事物，由于其存在一定的相似性，因此比较容易被人们快速感知，这一层感知的范畴就是我们要说的基本范畴。基本范畴具有一定的特点，主要包括以下四个方面。基本范畴中的成员具有明显的能被感知的特点，这一特点又具有外在区别性特征。基本范畴中的成员能够被快速感知。基本范畴中的成员被认知是按照一定顺序进行的，即被认识、被命名、被掌握和被记忆。在基本范畴中，常运用最简洁的、使用频率最高的中性词。举个例子来说，在教师进行词汇教学的时候，对于基本范畴的词汇讲解应该放在词汇教学之前，在讲解完基本范畴的词汇之后再进行其他范畴层次的词汇的讲解，这样能够使学生在掌握经常作为词典定义词语的基本范畴词以后再进行其他词汇的学习，这样能够大大提高学生对于词汇学习的效率。

（二）隐喻认知结构

提起隐喻，我们可能最先想到的是一种语言修辞手段，其实不止如此，隐喻还是一种人们利用一种事物对另一种事物进行认识、理解、思考和表达的思维方式。因此，隐喻还是一种思维方式和隐喻概念体系。事实上，隐喻是人思维的基本特征，隐喻也是人们的概念系统的构建方式。从词语的隐喻意义来看，主要包括以下两种：第一种是在人们日常生活中顺应人们的需求而产生的；第二种是在语言中已被人们所接受的约定俗成的隐喻意义。举例来说，在进行词汇教学的时候，教师可以通过强化隐喻思维帮助学生透过英语语言的表层形式理解异语民族的思维模式，并且还可以将某些似乎不关联的词语与其反映的内在概念联系起来，从而帮助学生最终理解并掌握语言形式背后的概念。

（三）图式理论

在认知心理学中，所谓"图式"（Schema）是指每个人过去已经获得的知识在其头脑中储存的方式。它是大脑对过去经验的反映或组织，是学习者储存在记忆中的已有信息对新信息发生作用，并将这些新信息加工储存到学习者大脑的过程。图式是一种储存在大脑中的抽象的、包含空档的知识结构，它为个体对世界的理解和认知提供了基础，并在学习过程中起着至关重要的作用。图式的概念最初由认知心理学家Jean Piaget提出，并后来由Jerome Bruner和其他学者进一步发展和完善。在认知心理学的框架下，图式被认为是知识组织和认知处理的基本单位，它以一种网络或框架的形式存在于大脑中，用来存储和组织个体对世界的认知、经验和理解。图式包含了各种各样的信息和概念，它们可以是关于事物的特征、性质、关系、行为模式等方面的抽象表达。每个图式都由多个组成成分构成，而每个成分又构成一个空档，等待被新的具体信息填充。当学习者获取新的具体信息并将其与已有的图式进行关联和整合时，这些空档便被填充，图式得以进一步完善和发展。

图式在学习过程中发挥着重要作用。图式提供了一个认知框架，帮助学习者对新的信息进行理解和归纳。当学习者遇到新的情境或问题时，他们会首先寻找与已有图式相关的信息，然后根据这些信息来推断、预测和解决问题，从而更有效地学习和应对挑战。图式有助于学习者将新的知识与已有知识进行关联和整合，形成更为复杂和完整的认知结构。通过不断地扩充和修改图式，学习者可以逐渐建立起自己的知识体系，提高对知识的理解和应用能力。图式还能够影响学习者的注意力、记忆和思维方式。当学习者在学习过程中遇到与已有图式相符的信息时，他们往往会更加关注和记忆这些信息，而忽略与图式不符的信息，从而影响了对信息的加工和存储方式。尽管图式在学习过程中发挥着重要作用，但也存在一些局限性。过于僵化的图式可能会限制学习者对新信息的理解和接受，导致认知闭塞和创新能力受限。图式的形成和改变需要时间和经验的积累，对于新手来说可能需要较长的时间来建立和调整图式，从而影响了学习效率和效果。在教育教学实践中，教师应该重视学生的图式构建和发展，通过激发学生的兴趣、引导学生的思考和讨论，以及提供丰富多样的学习体验，帮助他们建立起丰富多样、灵活适应的图式结构，从而促进他们的全面发展和学习成长。同时，学生也应该主动参与到学习过程中，不断地反思和调整自己的图式，提高对知识的理解和应用能力，为未来的学习和发展打下坚实的基础。

二、结构主义语言学理论

美国语言学家通过对没有文字形式的美洲印第安人的口头语言进行研究，创立了美国结构主义语言学。美国语言学家试图用语言符号（如国际音标）将美洲印第安人口述的内容如实地记录下来，语言学家对所收集到的口语样本进行分析并且研究它们的结构和特征。美国结构主义语言学家用"描写"方法对英语及其他印欧语系的语言展开了一系列研究。美国结构主义语言学家认为，语言是将一个意义编成语码的系统。语言的系统由与结构相关的音位、词素、单词、结构和句型等组成。语言系统主要涉及音位系统、词素系统和句法系统。音位系统，其主要描述音位、音位变体、音位组合的规则，并且描述连贯话语中的语音现象，如同化、省音、音的弱化、音的连读、重音和语调等。词素系统，其主要描述词素、词素变体、自由词素和黏着词素等成分和结构。句法系统，其主要是对词的分类、短语、直接成分和句型进行描述。美国结构主义语言学家在分析和研究语言的过程中，发现语言有独特的结构。各种语言都拥有其各自的音位系统、词素系统和句法系统，并且不同的语言在音位系统、词素系统和句法系统中的成分、结构均不相同。美国结构主义语言学家在分析和研究语言的过程中，发现语言有独特的结构。各种语言都拥有其各自的音位系统、词素系统和句法系统，并且不同的语言在音位系统、词素系统和句法系统中的成分、结构均不相同。

第二节　高职英语教学的现状

一、英语基础知识教学的现状

（一）语音教学的现状

1.语音教学的内容和任务应全面、系统

少数教师误以为语音教学就是教字母、单词读音、国际音标。事实上，这种观点反映了其对语音教学内容的认识缺陷，因为语流、语调、重音等同样是语音教学的重要内容。但有的英语教师只关心前面几项内容，而忽视了后面几项内容，这就很容易造成学生发音、拼读尚可，但语调不过关、语流不畅，最后导致学生读不清楚、说不明白，甚至会因为语调使用错误而引起他人的误解。因此，英语语音教学不能只停留在单个音素和单词读音的层面上，还应在音长、重音、语调、停顿、节奏等方面对学生进行重点训练。总的来说，在语音教学中，教师必须使学生具备以下几种能力。能够听音、辨音和模仿语音。能够将单词的音、形、义联系起来，并迅速做出反应。能够按照发音规则将字母及字母组合读出来。能够迅速地拼读音标。能够将句子的读音和意义直接而快速地联系起来，从而形成通过有声言语进行交际的能力。能够流利地朗读诗歌、文章。

2.对语音教学的认识需提高

对语音教学的认识不足主要表现在两个方面：对语音教学的重视不够、缺乏对语音教学长期性的认识。对语音教学的重视不够。作为语言存在的基础，语音是英语教学的一关。可以说，世界上所有的语言不一定都有文字形式，但一定有各自的语音。因此，英语语音教学也应该是整个高职英语教学发展的起点。然而在实际教学中，一些教师对语音教学并不重视，这一点主要表现为对学生的发音问题（如浊辅音发成清辅音、短元音发成长元音等）不认真纠正就放过，致使学生的语音基本技巧不纯熟，无法快速地将字母和语音联系起来，达不到直接反应的水平。总之，对语音教学的重视不够直接导致了学生发音不准、语流不畅、语音不地道等问题。缺乏对语音教学长期性的认识。少数教师和学生认为，语音作为一项基础知识，只存在于英语教与学的初级阶段，高职阶段无须再开展语音教学。这种观点是不正确的。事实上，语音教学应该贯穿于整个英语教学之中。这点常被一部分教师忽视，导致学生的语音越来越差，高年级学生的开口能力和习惯反而不如低年级学生。这些问题的产生都和教师对语音教学的长期性认识不够有很大的关系。语音是一种技巧性能力，"久熟不如常练"，语音的学习自然就需要经常练习。教师不仅要指导学生练习，自己也要不断地进行纠音和正调。需要指出的是，高职阶段的英语语音教学不必将重点放在孤立的发音上，可将语音教学融入语法、词汇、句型、课文教学，以及听、说、读、写训练之中，结合语境才能更好地使学生的语音水平得到提高。

3.教师语音有待提高

教师作为学生学习的榜样，其发音的准确、地道与否都直接影响学生对语音的学习。然而，由于地区差异等，少数英语教师自身也存在发音不准确的问题，这在高职高专表现得较为明显。还有一些英语教师不分英式发音和美式发音，这在我们看来似乎没什么，但英语本族人对英式发音和美式发音却比较敏感。要想解决这些问题，一方面教师必须自觉地提高英语水平，进行一定的专门发音训练；另一方面教师也可以通过使用数码产品等教学工具来保证语音的准确性，并使每名学生都能听得清楚，然后根据数码产品纠正自己的发音、语调等问题。

4.学生语音练习机会需增加

高职阶段的语音教学不像初学英语时那样，教师会用专门的几节课讲授语音知识。非英语专业的高职英语教学并无专门的语音课，语音是和其他语言知识与语言技能一起进行综合教学的。平均下来，教师分配给语音教学的时间本来就少，而用于语音练习的时间就更少了。这是英语语音教学中的一个显著问题，也是学生英语语音学习效果不佳的一个重要原因。要想解决这一问题，首先要坚持听音在先，听清、听准、听够，然后再模仿发音或读音；教师可在纠正语音的时候画龙点睛地讲一些语音知识和练习诀窍，如设计单音成组比较练习，音调、词调、句调结合练习，或英汉语音对比练习等。此外，对学生语音学习中普遍存在的问题，教师应有针对性地对学生进行"发声"指导，予以纠正。

（二）词汇教学的现状

1.教学方法有待提高

词汇是学生最常学习的内容，也是学习中最头疼的部分。很多学生都存在记得快、忘得也快的问题，而且总是死记硬背单词，也常常因为太过枯燥、乏味半途而废。这一现状与教师词汇教学的方法不无关联。少数教师依然采用传统的教学方法，即"教师领读—学生跟读—教师讲解重点词汇用法—学生读写记忆"。这种教学方法单调、乏味，导致学生处于被动的学习地位，这无疑加剧了学生对词汇学习的抵触情绪，教与学的效果都不会太好。对此，教师必须重视词汇教学方法的更新，要采用多样、有趣的词汇教学方法来调动学生的积极性，提高学生学习词汇的兴趣。例如，教师可以利用实物、图片、肢体语言、多媒体等教具来呈现和讲解词汇，而不是一味地用黑板呈现。这样有助于吸引学生，引起他们的学习兴趣。

2.需突出学生的主体地位

学生是学习的主体，其自身的各项因素都直接决定了学习的效果。现代教育观认为，只有突出学生的主体地位，教学才能收到令人满意的效果。然而，这种主体地位在实际的英语教学中仍未得到很好的体现，词汇教学也不例外。词汇教学本应注重对学生智力的开发，重视对学生的观察力、记忆力、想象力、思维能力及创造能力的培养。而现实状况是，少数教师仍然采用"填鸭式"教学，将词汇的发音、意思、搭配等知识一股脑儿地灌输给学生，也不管学生需不需要、有没有兴趣，词汇教学效果则不佳。实际上，学生进入高职阶段，大多有了一定的英语词汇基础，且有能力对相关的词汇规律进行归纳和总结。因此，教师不应继续"独揽霸权"，而应发挥引导作用，使学生逐渐能够独立思考和总结，发现词汇规律，掌握词汇学习的方法，这样才能使学生的词汇学习事半功倍。

3.应强化与实际生活的联系

人们往往更加关心自己熟悉的、与自己有关的事物，因此教师也应将词汇与学生生活联系起来，以激发学生更大的学习兴趣。然而，还有少数教师仍然采用黑板和口头讲述单词，词汇与实际生活的联系也十分微弱。教师如果不能使词汇教学与学生的实际生活联系起来，就难以激发学生的词汇学习兴趣，也就无法因材施教。为解决这一问题，教师必须注意词汇教学与学生生活的联系。例如，教师可将所授词汇放在一个真实的语境中来呈现或讲解，也可以适度扩展一些学生感兴趣的词汇，还可以补充一些和所教词汇相关的课外内容。学生只有看到词汇的实用性，才会产生强烈的学习动机，其学习效果才会更好。

4.词汇学习应具有系统性

英语词汇虽然多达上百万，看起来杂乱无章，实则是有规律可循的。因此，教师应该按照一定的系统来开展词汇教学。教师把握好这种系统性，有助于加强词汇之间的联系，从而提高词汇教学的效率和效果。教师应将词汇教学纳入知识系统学习的轨道，用专门的知识系统来引领和组织英语词汇学习。例如，教师可定期按照一定的标准（如相同主题、反义关系、相同语境等）对所学词汇进行归纳与总结，使学生对所学词汇形成一个系统的认识，从而加深理解和记忆。

（三）语法教学的现状

1.教学方法应全面

高职英语语法教学方法单一的问题，体现为偶见教师只使用"先讲语法规则，后做练习"的教学方法。这种教学方法使学生处于被动的接受地位，无法调动学生学习的积极性。学生听的时候似乎明白了，用的时候又倍感困惑。尤其是当几个语法现象共同出现的时候，学生往往就会不知所措。因此，面对复杂而繁多的语法条目，教师务必要注意教学手段的多样性，深化学生对语法条目的理解和记忆，使学生学会使用语法，而不是单纯地背诵语法规则。

2.教材与大纲更新需及时

教材是课堂教学的依据。教材的更新对教学目标的实现、教学方法的选用都有很大的影响。随着社会的进步和发展，社会对高职毕业生的要求也日益提高，不及时更新语法教材显然不能满足学生充分交际的要求。它一方面束缚了教师，另一方面也限制了学生的实际应用能力。因此，作为教学依托和指导的传统语法教材应由交际语法教材取而代之。交际大纲的目的是使学习者能够运用语法发展交际能力。这些交际能力包括以下几个方面。语言，交际教学语法。功能，询问信息，发表意见，发出命令，等等。语境，掌握在任何语境都能正确而自如地表达和沟通的能力。把握交际者之间的关系、社会地位、身份、性别、心理因素等。社会文化知识，国外有许多外语教材要求将传统语法大纲与功能意念大纲、情景大纲、结构大纲结合起来，使之与语法部分相关的练习建立在语境中。

3.语法地位仍然需要

语法教学一度在我国英语教学中占据核心地位。一提到英语教学，人们自然而然地想到语法。有人认为，学生从小学就开始学语法，到高职阶段语法学习已基本完毕，无须重复。还有人认为，试卷中考查语法的题目较少，分值比重也很少，不值得花费太多的精力去学习。因此，语法教学又一度失宠。事实上，前面的两种观点都是失之偏颇的。

针对第一种观点而言，语法学习时间的长短和学习内容的多少、学习效果的好坏并无必然联系。学生学习时间长并不代表学到的就又多又好。即使学生接触到了所有的语法项目，也并不意味着他们能够理解所学语法项目的全部用法。中学阶段的很多语法项目有时并不适用于高职阶段遇到的一些语法现象。例如：If it should fail to come, ask Marshall to work in his place.本例看似眼熟，按照中学学过的语法知识，条件状语从句的使用要求是"从句用一般现在时，主句用一般将来时"，但学生若照此来解读上述句子就会无法理解。事实上，if条件句在本例中的用法是，不管主语的人称和数如何，从句动词一律采用"should＋不定式"的形式，而主句动词则可根据语义意图采用不同的形式。其中，"should"表示一种不太肯定的婉转口气，并不影响条件的真实性。由上例可见，尽管很多语法项目看似学过，但往往包含了多种用法和意义。这些用法和意义显然学生无法在英语学习的初级阶段全部学到。学生如果不能深入、持久地学习和更新语法知识，就很难理解那些看似熟悉的语言现象。

针对第二种观点而言，这种观点本身就是错误的。尽管英语考试中直接考查语法的题目所占分值不高，但作为语言构成的基础，任何句子的构成、分析和理解都离不开语法。听、说、读、写、译，无论哪一部分，若没有扎实的语法基础，学生就可能听不懂、说不对、看不明白、写不出来、翻译错误，甚至翻译不出来。因此，英语测试对学生语法的考查其实贯穿于考试的始末。

4.学生应提高语法运用能力

学生对语法的运用能力差，主要表现在语法知识的掌握和交际技能的运用之间存在落差。长期以来，传统的英语教学过分注重对学生语法知识的传授，即使到了高职阶段，英语教学也仍以传统的教学方法来进行，以"讲授语法知识–操练句式–句型及翻译练习"为主，通过反复模仿来巩固学生的英语基础知识。因此，学生最后虽然掌握了语法知识，语法规则背得头头是道，却并不具备语法能力，在实际运用中错误百出。另外，还有些教师认为，课堂上的语言训练（如按课文内容进行回答或对话练习等）就是在培养学生的交际能力。事实上，这些口头和笔头语言练习并不等于培养交际能力。交际能力需要在真实的语境下发生，而不是已基本限定了答案的问答和对话练习。

二、英语技能教学的现状

（一）听力教学的现状

1.教学模式需系统化

听力教学的机械化表现为教学模式程式化，即少数教师采用"听录音–对答案–教师讲解"的模式开展听力教学。这种模式下的听力教学，不仅缺乏对学生的有效监督，还忽视了学生对语篇的整体理解，只是毫无目标地、机械地播放录音，一遍不行就放第二遍、第三遍，教师盲目地教，学生盲目地听，而且听的时候也不认真，听完就等着对答案、听讲解，并没有强烈的学习动力。

2.听力时间需增加

听力水平的提高需要大量的练习做保障，但很多学生课下就将学习抛在脑后，很少主动练习听力，因此听力学习的时间主要集中在课堂上。然而，非英语专业的高职英语听力教学并未独立出来，而是和其他内容一起教授，一节课的时间有限，不可能全部用于听力，因此学生能够听的时间其实很少。而听作为一种综合性技能，它的提高并非一朝一夕能够实现的，这就使学生的听力水平难以提高。

3.教材更新需及时

教材在教学活动中扮演着重要的角色，而优秀的听力教材更是对学生文化素质提升和视野开拓具有重要指导作用。一个好的听力教材不仅能够帮助学生提高语言水平，更能够激发学生的学习兴趣、增加学生的知识面、丰富学生的阅历，从而为学生的全面发展打下坚实基础。一个好的听力教材应该符合教学的设计原则。这包括了根据学生的实际情况和学习需求确定教学目标，合理组织教学内容和学习任务，采用多样化的教学方法和手段，以及关注学生的个性化需求和学习特点。教材的设计应该贴近学生的生活和学习环境，注重培养学生的听力技能和语言运用能力，使其能够在实际生活和工作中运用所学知识，提高学习的实效性和实用性。一个好的听力教材应该内容丰富、贴近生活。教材的内容应该包括各种各样的听力材料，如新闻报道、访谈节目、广播剧、电影片段、音乐歌曲等，涵盖不同领域和话题，以丰富学生的知识面和阅历。同时，教材还应该结合学生的兴趣和需求，选择与学生生活和学习相关的材料，增加学习的吸引力和趣味性，提高学生的学习积极性和参与度。一个好的听力教材应该能够激发学生的学习兴趣。教材设计应该具有一定的趣味性和情感性，使学生在学习过程中能够感受到学习的乐趣和成就感，从而增强学习的动力和持续性。可以通过选取生动有趣的听力材料、设置富有情感色彩的学习任务、引导学生参与互动讨论等方式，激发学生的学习兴趣，提高学习效果。一个好的听力教材应该注重知识传授和能力培养。除了提供丰富多样的听力材料外，教材还应该注重知识的传授和语言能力的培养。通过听力材料的选取和设计，教材可以向学生传授各种学科知识和文化常识，增强学生的综合素质和文化素养；同时，通过听力任务的设置和训练，教材可以培养学生的听力技能和语言运用能力，提高学生的语言水平和沟通能力。一个好的听力教材不仅可以提高学生的语言水平，还可以开拓学生的视野、增加学生的知识面、丰富学生的阅历，从而为学生的全面发展和未来的发展奠定基础。因此，在教材设计和选择上，教师应该注重教学原则、内容丰富性、学习兴趣激发以及知识传授等方面，努力打造出符合学生学习需求和教学目标的优秀听力教材，为学生的学习和成长提供有力支持。

4.学生听力基础薄弱，需加强听力

学生方面存在的问题主要是听力基础薄弱、畏惧听力。造成这一现状的原因主要有以下三点。英语基础功底差，很多学生即使到了高职阶段，所掌握的词汇量、语法仍然十分有限，对语音的识别能力还很欠缺。不良的听力习惯，有些学生喜欢逐字逐句地听，一旦听到不熟悉的单词就卡住了，影响了听后面的内容。还有些学生思想不集中，听着听着就走神了，听的效果也不好。缺乏必要的文化背景知识，听力材料中不可避免地会包含一定的文化信息，而学生对英语国家的历史文化、自然地理、风土人情、思维方式、行为习惯等不了解势必会影响听的效果。以上这些问题都使听的效果大打折扣，久而久之，学生就会对听力产生畏惧心理。

（二）口语教学的现状

1.口语表达能力有待提高

长期以来，我国的英语教学将大部分注意力都放在了语法和阅读教学上，这就导致教师对口语教学的关注不够，口语教学的方法也并未得到及时更新。"讲解—练习—运用"是我国高职英语口语教学的常用方法。这看起来并无不妥，但实际上却将学生置于被动的接受地位。学生在没有语境的情况下做大量机械的替换、造句等练习，根本无法有效地提高口头表达能力。

2.课时需增加

和听力教学一样，口语教学也并未被独立出来进行专门教授，这就意味着口语教学的时间很难得到保证。然而，口语能力的提高通常需要花费大量的时间、进行大量的实践，而教学时间的不足直接制约了教学效果的提高。以高校使用的英语教材《新编实用英语综合教程》为例，该教材主要包括五项内容：听、说、读、写、译。每个班级若按45人计算，加上学生参差不齐的英语水平，那么即使分配给口语课两个小时，每名学生接受的训练也十分有限。因此可以说，教学时间的不足是英语口语教学的硬伤，直接导致了学生的口语能力低下。

3.配套教材需同步

有调查显示，适用于非英语专业的高职高专英语口语教材相对少见。大多数英语教材都将口语训练当作听力训练的延展而附在听力训练之后，且内容简短、乏系统性。这就很容易使教师和学生轻视口语的教与学。尽管市场上也有一小部分口语教材，但实用性不佳。这些教材要么是专门针对某一专业、领域的口语教材，难度太大；要么是有关简单的问候、介绍、谈论天气日常用语的教材，过于简单。

4.学生口语能力、心理承受能力有待提高

中国学生在学习英语口语时，难免受汉语的影响，会存在各种各样的问题。比如：有的学生发音不准，影响了语义的表达；有的学生带有地方口音，听起来十分可笑；有的学生不能正确使用语调、重音等，影响口语表达的标准性，甚至改变了发话人的本意。另外，由于缺乏练习，学生也很难将学到的词汇、语法用在口头表达中，因而造成无话可说或不知如何去说的尴尬局面。英语教学的重点通常被放在阅读和写作上，而口语教学就被忽视掉了。这就导致学生缺乏口语练习，口语基础薄弱，即使日后意识到了口语的重要性，也总是心虚、不自信。虽然有些学生的口语能力不像他们想象的那么差，却仍然不愿意开口说英语。即使有一小部分学生愿意口头交流，也总是带有紧张不安的情绪，担心自己说错被批评、被耻笑。这些负面情绪对学生口语水平的提高影响极坏。

（三）阅读教学的现状

1.教学观念需及时更新

阅读教学一向是高职英语教学的重点。尽管如此，高职英语阅读教学观念却存在以下两个误区。将阅读教学混同于词汇教学、语法教学。少数教师过分重视语言知识的传授，抓住一个单词、语法点大讲特讲，阅读教学呈现"讲解生词-

逐句逐段分析一对答案"的定式，忽视了学生对语篇的理解、从语篇中获取信息能力的培养。造成这一问题的根本原因就是阅读教学观念没有得以及时更新。教师对阅读教学的目标认识不清，导致阅读教学成为语法教学、词汇教学，学生的阅读能力并未得到提高。将阅读速度等同于阅读能力。少数教师认为，阅读速度加快了就意味着阅读能力提高了，并据此开展教学活动。事实上，这一观点是错误的。有些学生虽阅读快，但理解不佳；有些学生阅读很慢，理解也不好。因此，阅读速度和阅读能力没有必然关系。阅读速度应根据阅读目的来确定，配合一定的阅读技巧来实现。例如，若只需掌握文章大意，就可采用浏览的方式来阅读，不必字字细读；若要掌握某个细节事实，就应先浏览，确定所需信息的位置，然后细读该部分。

2.教学方法需及时更新

高职英语阅读教学方法的落后体现在，"教师布置阅读任务-学生阅读并做题-教师对答案、讲解"的教学模式已经成为定式，被一些教师不加考虑地一再沿用。这种教学方法的应试性比较高，因而显得十分死板，导致学生的阅读习惯、阅读技巧等均得不到培养，主体地位得不到突出，主观能动性得不到发挥，学习兴趣更得不到培养，阅读教学的效果可想而知。

3.课程设置需合理化

少数学校、教师错误地认为阅读教学是英语教学的附属品，因而对阅读课程教学目标、教学计划的设计不甚在意。阅读教学的课时、课程设计、师资力量及教学组织得不到保证，直接影响了阅读教学的效果。另外，少数高职院校只在大一给精读安排很多课时，而泛读则几乎没有。这种重精读、轻泛读的现象，加剧了教师和学生对阅读的误解（即学习词汇、语法知识），而由泛读培养起来的阅读技巧则得不到任何发展。这显然使阅读教学误入了歧途。

（四）写作教学的现状

1.重模仿，轻创作

英语写作教学中最显著的问题就是重模仿、轻创作。尽管模仿是写作教学的起始状态，也是学习写作的必经阶段，对英语写作具有很好的促进作用，但模仿却并非写作的最终状态。模仿虽然能够提高学生写作学习的效率，但过度的模仿并不利于学生写作能力的培养。写作是一种创造过程，从构思、行文到修改，无不体现着作者独特的个性、渗透着作者的思想。因此，写作的意义和价值是由作者创造出来的，盲目地模仿不仅会使作文千篇一律、丧失个性，同时也会阻碍学生创造力的发挥，影响学生对写作学习的兴趣与热情。

2.配套教材需同步

从市场上现存的高职英语教材来看，大部分都是集语音、词汇、语法、听、说、读、写、译于一体的综合性教材，虽然几乎每个单元都会涉及写作的练习，但每个单元的写作练习缺乏教师的系统指导。学生多是根据教师布置的作文题目盲目地写，应付了事。

3.作文批改需全面

作文批改是高职英语写作教学的一个重要却很容易被忽视的环节。少数教师在批改作文时，将重点放在纠正拼写、词汇及语法等方面，而忽略了对学生作文结构、行文思路、逻辑关系等方面的批改。这就使学生过分追求写作时的语言正误而忽视了对文章结构、逻辑层次的把握。另外，有的教师在最后的批语中一味指责学生写作中的错误，缺少鼓励，很容易降低学生写作的主动性，导致他们消极应付，望而生畏，对自己写作中出现的错误不能很好地改正。

4.学生的语言质量不过关

从词法、句法上看，学生写作时最常出现的问题就是语法错误多（如用词有误、搭配错误和拼写错误等），用词、用句不规范（如缺主语、人称不一致、主谓不一致、时态不一致、悬垂句、中国式英语等）。下面笔者结合实例进行介绍。

（1）语言方面的错误

①人称、数的错误。例如：We went to our cabin for a quiet weekend, but it was anything but quiet.The moment we got there, we found that someone had ransacked our cabin. I didn't know what to do because my cabin is miles from anywhere, and you don't have a phone in the cabin. (wrong)。应改为：We went to our cabin for a quiet weekend, but it was anything but quiet.The moment we got there, we found that someone had ransacked our cabin.We didn't know what to do because our cabin is miles from anywhere，and we don't have a phone in the cabin.

People look for satisfaction in his life. They want to be happy. But if he seeks only pleasure in the short run，the person will soon run out of pleasure and life will catch up to him. They need to pursue the deeper pleasure in work and in relationships.（wrong）。应改为：People look for satisfaction in their life.They want to be happy.But if they seek only pleasure in the short run，people will soon run out of pleasure and life will catch up to them. They need to pursue the deeper pleasure of satisfaction in work and in relationships.

（2）中国式英语

"中式英语"是英语写作中普遍存在的现象。由于受母语词汇的构成和词的含义的影响，学生在找不到合适词的情况下，常常会自己生造词汇，如用"hand heart"来表达"手心"，用"air" air girl"或"sky girl"来表达"空姐"等。再如：He put all of hope on me.（wrong）。应改为：He places all his hopes on me.In spite of we never always in together，we get on well with each other.（wrong）。应改为：Though we seldom get together，we get on well with each other.有时，语言表达的问题会直接影响作文的可读性，严重者可能会使读者不明白作者想要表达什么。例如：I am fond of listening to music，specially popular music such as Yesterday Once More. I studied the song in the middle school. I always enjoy it. Of course，music not only is melody pleasant. And also I found music treats people important role. For example...这段话明显地反映了学生表达的汉语思维，读起来十分别扭，不知所云。

（五）翻译教学的现状

1.教学方法需系统化

由于高职学生入学时的英语水平差异较大，按照《高职高专教育英语课程教学基本要求》，高职英语的教学要求被分为A、B两级，实行分级指导，A级是标准要求，B级则是过渡要求。入学水平较高的学生应达到A级要求，而入学水平较低的学生至少应达到B级要求。入学后随着英语水平的不断提高，学生均应达到A级要求。A、B两级在词汇和翻译要求方面均有差异。针对翻译方面而言，A级的要求是：能借助词典将中等难度的一般题材的文字材料和对外交往中的一般业务文字材料译成汉语；理解正确，译文达意，格式恰当；在翻译生词不超过总词数5%的实用文字材料时，笔译速度每小时250个英语词。B级的要求则是：能借助词典将中等偏下难度的一般题材的文字材料译成汉语；理解正确，译文达意。目前高职英语的翻译教学通常采用"布置翻译任务–学生翻译–教师批改译文–挑出错误–讲评练习"的教学方法。这种教学方法不但费时、费力，而且效果不好。在此过程中，学生真正参与的活动只有翻译，其他环节均是教师占主导地位，自始至终，学生都处于被动接受的位置。这种灌输式的教学方式没有留给学生自主思考和合作探究的时间，不利于学生良好学习习惯的培养，因而无法达到良好的教学效果。

2.重视程度需加强

相对于听、说、读、写而言，高职英语教学对翻译的关注程度相对较低。这主要体现在以下几个方面。在翻译教学中，教师大多不关注翻译基本理论、翻译技巧的传授，而仅仅是将翻译作为理解和巩固语言知识的手段，将翻译课上成另一种形式的语法、词汇课。针对时间而言，教师花在翻译教学上的时间很少，通常是有时间就讲，没有时间就不讲，或只当家庭作业布置下去，由学生自己学习。在学生做完翻译练习后，教师大多将参考译文呈现出来了事，最多再讲解一下其中用到的句型、关键词，缺乏对学生翻译技巧的传授和翻译能力的培养。英语教学大纲中对翻译能力培养的要求不具体。英语考试中虽然包含翻译试题，但其所占的比重远远不如阅读、写作等。

3.学生翻译学习中问题颇多

学生在翻译学习中的问题主要包括心态不正、使用方言和口语词汇、逐字逐句翻译、语序处理不当、翻译死板、长句处理不当等。心态不正。心态是影响学生翻译学习效果的最大因素。有的学生对待翻译学习积极认真，主动思索、研究，发现自己的不足后能够积极改正；有的学生在翻译练习时总是偷懒，直接看答案，或大致翻译后便对答案，不多思考、推敲，改正错误时也敷衍了事；还有的学生一遇到困难就退缩，既不动脑思考，也不寻求帮助。显然，后两种学生对待翻译学习的心态不正确，他们的翻译能力也始终无法得到提升。使用方言和口语词汇。从学生的翻译练习中可以看出，方言、口语词汇的使用十分频繁，而这些词汇的出现大大影响了译文的质量。例如：The junior clerk in particular lived in terror of his boss，who had borne down on him so hard that there was little left.译文1：这个小职员对老板怕得要死，老板整他整得真惨，简直把他整瘪了。译文2：这个小职员对老板怕得要死，因为老板整得他已无力应对了。本例译文1中的"整得真惨"在书面语中出现显得不太合适，而且"瘪"字的使用也大大降低了译文的可读性。

很多学生（尤其是翻译初学者）翻译时喜欢按照原文的字面意思逐字逐句地翻译，即将原文的每个单词都翻译出来，导致译文的可读性差。例如：Her dark hair waved untidily across her frehead.Her face was short，her upper lip short，showing a glint of teeth. Her brows were straight and dark，her lashes long and dark，and her nose straight.译文1：她的黑发散乱地飘拂在她的宽阔的前额上，她的脸是短短的。她的上唇也是短短的，露出一排闪亮的牙齿，她的眉毛又直又黑，她的睫毛又长又黑，她的鼻子笔直。译文2：她的黑发散乱地飘拂在宽阔的前额上，脸是短短的。上唇也是短短的，露出一排闪亮的牙齿，眉毛又直又黑，睫毛又长又黑，鼻子笔直。本例译文1将原文中所有的单词都逐一翻译了出来，显得译文冗长、啰唆，读起来不胜其烦，而译文2则适当省略 "h "her's" 的翻译，从而使译文更符合汉语的表达习惯，读起来更加顺畅自然。又如：In autumn the leaves fell from the trees and the grasses became yellow.译文1：秋天到了，叶子从树上掉下来了，草也变黄了。译文2：秋天到了，叶落草枯。本例译文1虽然看似符合原文含义，表达也无明显问题，但相对于译文2而言，明显过于啰唆，因而应在保留原文全部含义的同时精简表述。

有些学生由于翻译技巧掌握得不够或由于自身的语法缺陷而使译文拘泥于原文词序，致使译文牵强、别扭，甚至存在逻辑问题。例如：And I take heart from the fact that the enemy which boasts that it can occupy the strategic point in a couple of hours has not yet been able to take the outlying regions because of the stiff resistance that gets in the way.译文1：我从这个事实中增强了信心：敌人吹嘘能在几小时之内占领战略要地，但到现在甚至还没有占领外围地带，因为受到了顽强的抵抗。译文2：敌人吹嘘能在几小时之内占领战略要地，但由于受到顽强抵抗，到现在甚至还没有占领外围地带。这一事实使我增强了信心。本例译文1按照原文的表达顺序进行翻译，致使译文读起来极为别扭；译文 2 则根据原文的逻辑关系和汉语的表达习惯对译文做出了调整，从而使译文读起来更加清晰、明了。The doctor is not avail able because he is handling an emergency.译文 1：医生现在没空，因为他在处理急诊。译文 2：医生在处理急诊，现在没空。汉语中习惯先说原因，再说结果。而译文 1 按照原文顺序先说结果，再说原因，读来不顺，与译文 2 相比，译文质量较低。

很多时候，学生对某类词语、句子的翻译形成了一种定式，如一看到形容词、副词就翻译成"……的／地"，一看到被动语态就翻译成"……被……."，这就使得译文生硬、死板，可读性差。例如：The decision to attack was not taken lightly.译文 1：进攻的决定不是轻易地做出的。译文 2：进攻的决定经过了深思熟虑。本例译文 1 将"lightly"翻译成"轻易地"虽然不错，但大大降低了译文的可读性；译文 2 变通了表达方式，使译文更简洁，读起来也更顺口。

长句翻译是一个难点。学生很容易因把握不好逻辑关系而使译文读起来拗口，甚至产生误译。例如：Since hearing her predicament, I've always arranged to meet people where they or I can be reached in case of delay.译文 1：听了她的尴尬经历之后，我就总是安排能够联系上的地方与别人会见，以防耽搁的发生。译文 2：听她说了那次尴尬的经历之后，每每与人约见，我总要安排在彼此能够互相联系得上的地方，以免误约。本例译文 1 的问题就是修饰语过长，读起来令人不明所以，十分混乱；译文 2 利用分译法将句子的含义用最符合汉语表达习惯的方式呈现出来，可读性很强。

第三节　高职英语教学的发展

一、高职英语教学的改革方向

改革开放以来，我国高职英语教学走过了 40 多年的发展历程，取得了丰硕的教学成果。随着教育教学的不断发展，外语教学理念从以教师为中心转向以学生为中心，"一刀切"的教学管理向个性化教学转变。多媒体和网络技术的发展更是为高职英语教学创造了更好的发展条件。教育部高等教育司制定了《大学英语课程教学要求》（以下简称《课程要求》），作为各高等学校组织非英语专业本科生英语学习的主要依据，而对高职高专英语教学起指导作用的则是《高职高专教育英语课程教学基本要求》。我国目前的高职英语教学理念是"重功能、重交际、重技能的全面发展，以学生为中心、以任务为基础的主题教学，充分利用高科技手段，实现个性化教学等"。根据这一理念，高职高专英语教学改革应朝以下几个方向进行。

（一）不同院校、学生的目标可以不同

不同的学校，其师资力量、教学资源以及学生的起点和实力都存在着差异。因此，不同高校的教学目标也可能会有所不同，这种差异化的目标设定反映了教育的多样性和灵活性。在现实教学中，顶尖院校可能追求更高的教学目标，鼓励学生挑战更高难度的学术课题，追求学科领域的前沿研究；而后进的院校则可能更注重学生的基本能力培养，力求让每个学生都达到基本的学习要求。这种差异既能够充分发挥不同院校的特色和优势，又能够满足不同学生的需求和发展。即使是同一所学校的学生，他们的英语水平也可能存在较大的差异。有些学生可能具有较高的英语水平，能够应对复杂的学术论文和专业讲座；而有些学生可能英语基础较弱，需要从最基础的单词和语法开始学习。针对这种差异化的情况，学校应该采取分级教学的措施，根据学生的实际水平、兴趣爱好等因素进行分组教学，为每个学生提供个性化的学习支持和指导。通过分级教学，学校可以更好地满足不同学生的学习需求，促进他们的个性化发展和全面提升。要求实力不同的院校、起点不同的学生实现相同的目标显然是不合理的，也是不太可能实现的。因此，学校应该在制定教学目标和开展教学活动时充分考虑到学生的实际情况和差异，采取差异化的管理和教学策略，为学生提供有针对性的教育服务和支持。只有这样，才能够更好地发挥学校和学生的潜力，促进教育的公平与效益，推动学校教育事业的持续发展。

（二）教学目标转向"听、说为主"

重阅读是我国大学英语，甚至是各阶段英语教学的重要特点。这一点在历届大学英语教学大纲和教学目标中都有直观的体现：1962 年，我国第一份大学英语

教学大纲就将阅读当作唯一的教学目标；到了 1999 年，尽管教学目标中增加了"用英语交流信息"的字眼，但并未明确提出培养学生的语言交际能力，而阅读仍然是大学英语教学大纲中的第一层教学目标。2007 年，《课程要求》指出，"大学英语的教学目的是培养学生英语综合应用能力，特别是听说能力，使他们在今后工作和社会交往中能用英语有效地进行口头和书面的信息交流，同时增强其自主学习能力、提高综合文化素养，以适应我国经济发展和国际交流的需要"。至此，《课程要求》才清楚地明确了大学英语教学培养学生语言交际能力的目标，即在强调听、说、读、写各种能力协调发展的同时，还要将听、说能力的培养放在教学的重要位置。这是我国大学英语教学的一个重大突破。

（三）教育理念转向"以学生为中心"

过去的高职英语教学十分注重语言的结构，认为语法是英语教学中最重要的内容，学生只要学会了语法规则，就学会了语言，获得了使用语言的能力。在此基础上，高职英语教学存在"以教师为中心"的教学现象。然而，随着语言教学理论的发展及交际教学法的兴起，人们越来越多地意识到，学习是学生的活动，作为内因的学生本人才是影响学习效果的根本原因。因此，语言教育者提出了"以学生为中心"的教学理念，旨在提高学生学习的主动性、积极性，从而提高教与学的效果。"以学生为中心"起源于美国教育学家杜威（J.Dewey）的"以儿童为中心"的教育理念。杜威认为，教师并非教学的中心，教学中也不应采用"填鸭式""灌输式"的教学方式，而应"以儿童为中心"开展和组织教学，充分发挥他们的主观能动性。在此基础上，人本主义代表人物罗杰斯提出了"以学生为中心"的教育理念。他认为，学生天生就有学习的潜力，若所学内容与学生自身的需求相关，学生就会积极参与学习，如此就可提高学习效果。在此观点的影响下，教师逐渐意识到自己不应是居高临下的指挥者和知识的灌输者，而应是学生学习的参与者、组织者、合作者、指导者和推动者。而如何实现"以学生为中心"的教学理念，避免"一言堂"现象的产生并保证良好的教学效果是需要继续探索的实际问题。

需要指出的是，"以学生为中心"并不意味着教师就要"袖手旁观"，也不意味着教师的任务会变轻。事实上，按照"以学生为中心"的教学理念来开展课堂教学时，教师不仅要参与到教学活动中，还要与学生合作，才能完成整个教学任务。在此期间，教师还要给学生一定的帮助和指导，最后还要对学习活动的开展情况和学习效果做出评估，以促进教学活动的顺利开展，并达到预期效果。由此可见，在"以学生为中心"的教学理念下，教师扮演着"学生顾问"的角色：既要掌握学生的实际需求，又要帮助学生做好学习准备，顺利完成课堂活动。因此，与传统的"以教师为中心"相比，教师的工作不但没有减少、减轻，反而增多、增重了。

（四）教学模式转向"以内容为依托"

在全球化进程不断加快的今天，各行各业对既有专业知识又熟悉相关领域英语的复合型人才的需求量越来越大，这就对专门用途英语的教学提出了更多、更高的要求复合型英语人才大致可分为"专业＋英语"人才和"英语＋专业"人才两类。其中，前者是以英语为工具，从事专业工作。学习期间，学生可以根据自身需要选择两门或多门学科的课程，如经贸＋英语、物理＋英语、机械＋英语等。而后者则主要从事某些领域的口译、笔译工作。在英语教学中，这两类人才的培养都是以英语基础和多学科知识的交融为出发点，力求培养出能对本专业知识融会贯通的综合型人才。在此标准下，各专业学生不仅要具备一般的英语听、说、读、写能力，更要能利用英语来获取专业知识和信息，甚至要能利用英语参与国际学术交流。然而，综观我国目前的高职英语教学可以发现，以讲解语言点为主的"记忆型教学"仍然占据主要地位，教学中的应试意图明显。这样的教学模式对提高学生的学习动机、营造轻松愉快的课堂气氛而言都是十分不利的。显然，这样的教学模式很难取得良好的教学效果，学生也无法运用英语解决实际工作中遇到的问题。由此可见，传统的高职英语教学模式已无法满足社会发展的需要，从某种程度上甚至制约了学生的发展。对此，我们可以从以下两个方面来解决这一问题。

1.实施"以内容为依托"的教学模式

高职英语教学模式应向"以内容为依托"（Content-Based Instruction，简称CBI）的方向发展。"以内容为依托"强调将语言教学融入学科内容的教学之中，强调结合专业进行语言教学。这种教学模式的优点在于将语言教学和专业知识教学结合起来。学生在获得专业知识愿望的驱动下认真学习英语,有助于提高他们的英语综合运用能力。在"以内容为依托"的英语教学中,教学活动并不按照语言教学大纲而开展,而是围绕学生所要学习的内容而展开,即将英语教学建立在某个专业教学基础之上,使语言学习与专业知识学习结合起来,从而促进这两方面的全面提高。"以内容为依托"的教学理念自20世纪60年代在加拿大产生以来,逐渐得到了语言教育界的广泛关注。"以内容为依托"教学也在世界各地开展起来,并取得了良好的效果。例如,在加拿大一所实施"以内容为依托"教学的学校中,接受"以内容为依托"教学模式的学生一个学期后的成绩与用母语上同一门课的成绩一样好,但二语水平却得到了极大的提高。需要指出的是,"以内容为依托"的英语教学还必须根据实际情况把握好教学的侧重点。戴维逊(Davidson)和威廉(William)曾指出,课程目标、教学方法、课程设置、教材、师资力量和学生构成等方面的不同对语言和内容结合的程度有着很大的影响。根据对语言和专业内容的重视程度不同,"以内容为依托"的英语教学可以分为两类:偏重专业知识的强式(strong form)、偏重语言知识的弱式(weak form),如图1所示。

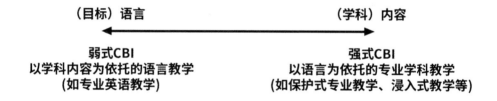

图1 CBI教学中语言与内容的关系示意图

根据教学目标、教学环境、教学对象、教学层次等方面的不同,教师可以灵活选择"以内容为依托"的具体模式,如主题模式、课程模式、辅助模式及沉浸模式。

(1)主题模式。主题模式的教学重点是语言,而主题则是课文组织的线索。该教学模式对教师专业知识要求不高。语言教师可独立完成教学任务,但必须根据学生的实际需求来确定主题。此模式开展起来相对简单。

(2)课程模式。课程模式的教学重点是专业知识,因而通常由专业教师授课，但对专业教师有一定的要求：教师既要有相当的专业知识，又要懂一定的英语，同时还要了解学生的英语水平和语言习得的规律。显然，该模式对学生的英语水平要求也较高：学生要能够听懂教师用英语教授的内容。

（3）辅助模式。在辅助模式下，英语教学与专业知识教学被结合在一起。这是一种较为复杂的教学模式，通常需要英语教师和专业教师合力完成教学任务。其中，专业教师传授专业知识，而英语教师则结合专业内容来传授语言知识和技能。

（4）沉浸模式。在沉浸模式下，教师要直接用英语来教授专业知识，学生也要在学习专业知识的同时提高英语的综合运用能力。显然，这种教学模式对教师和学生的英语水平都有着极高的要求。由上述介绍可以看出，"以内容为依托"的高职英语教学是对传统教学模式的重大突破，它使英语教学从单纯的语言教学转向与具体专业相结合的模式，以专业促语言，培养学生具有更强的社会和学术适应能力，成为复合型人才。然而，我国的CBI教学尚处于摸索阶段，而且这种教学模式在实施过程中还可能出现师资、学生水平、教材、配套制度和措施、语言环境等问题，所以还需要众多学者、教育工作者的努力，合理运用这一教学模式，充分发挥其教学优势，不断地研究、实践，力求尽快摸索出一条可行之路。

2.培养复合型人才须全面规划

复合型英语人才的培养不仅仅是外语系的事情，更是各个系、学员的事情，需要每所高校根据自己的实际情况因地制宜地进行全面规划。若想当然地开设一些英语教师难以胜任的专业课程，不仅教师力不从心，学生也会既学不好专业知识，也学不好英语。毕竟复合型人才的培养是一个复杂而系统的工程，不是一朝一夕、增设一两门课就可以取得明显效果的，必须要有良好的学习环境和氛围。因此，开展以学生为主体的第二课堂教学活动是十分必要的。

（五）开展多媒体网络教学

《课程要求》首次确定了计算机网络在外语教学中的重要地位。这不仅使计算机网络在高职英语教学中受到了重视，还引发了全国规模的高职英语教学改革。以计算机网络为核心的现代信息技术的引进，使外语教学目标、方法、手段、观念、教材、作用、环境、评估等各个方面都发生了巨大变化。与传统教学相比，计算机多媒体教学有着众多优势：计算机软件可以为学生提供地道的发音，可以生动形象地将知识内容呈现给学生，图文并茂，很容易引起学生学习的兴趣，同时也使外语教学突破时空限制，让学生在任何时间、任何地点都能学习英语，这也极大地增加了学生学习英语的时间。

（六）评估方法多元化

评估是英语教学的一个重要方面。教学目标是否实现要依靠教学评估来检验。而交际型的、以学生为中心的教学模式和培养综合应用能力的目标，要求其评估体系也应该是能够考查学生语言运用能力的交际型评估。这也引发了教学评估方式的转变：测试中的客观题减少，主观题增加；终结性评估不再"独霸天下"，形成性评估受到越来越多的重视。随着人们教学评估改革意识的增强，出现了很多可以在计算机网络上实现的、新型的语言测试。这些测试大多具有开放性、形成性和多维性的特点。例如：允许学生多次考试，让他们看到自己的进步和成功；尊重每名学生的学习速度、学习阶段和自我感受，让他们为完成学习任务而学习，而不是单纯为了应付考试。

二、大学英语四、六级考试的改革

大学英语四、六级考试自 1987 年实施以来，至今已有 30 多年的历史，成为世界上规模最大的考试之一。在这 30 多年里，大学英语四、六级考试对提高我国大学英语教学质量、推动我国大学生的英语水平的提高起到了重要的作用。在我国的部分高职高专院校，一般只组织A、B级的考试，而不组织四、六级考试，但是国家并不限制高职高专学生的四、六级考试。只要达到相关要求（如修完大学英语四级的同等课程等），高职高专学生是可以报考英语四、六级的。所以本书也对大学英语四、六级改革做了阐述。1987 年 9 月举办的第一次大学英语四级考试和 1989 年 1 月举办的第一次大学英语六级考试使大学英语教学，得到了全国各高校及社会的重视。大学英语课程也成为高等教育的一项重要内容。大学英语四、六级证书不仅关系到学生是否能够顺利毕业，还关系到是否能够找到满意的工作。然而，大学英语四、六级考试在取得成绩的同时，也暴露出一些问题。比如，学生考试时间分配不合理，很多学生将大部分时间花费在前面的语言知识上，写作文的时间就少得可怜，也有些学生因为来不及写作而干脆放弃。这就使学生的写作能力难以得到提高。

（一）试卷的发放形式

为解决这一问题，考试委员会改变了试卷的发放形式。自1990年起，大学英语四、六级考试的试卷被分成两个部分来发放：客观题部分为试卷一，作文部分为试卷二。这两部分均有一定的时间限制。试卷一的答题时间结束后就收掉试卷一，以此保证学生有足够的时间来写作。但由于作文只占总分的15%，也很容易使教师和学生轻视写作。为了引导师生更多地重视写作，自1991年开始，大学英语考试设立了作文最低分限制，即作文分数低于一定的分数，即使总分达到60分也不给及格，同时公布了成绩计算公示：作文0分者，总分即使高于60分也一律为不及格；作文分大于0小于6分者，计算公式如下：最后分数＝原总分-6分＋实得作文分。此法出台以后，作文就引起了全国各高校的普遍重视，而全国作文平均分也从4分提高到了8分。

（二）选择题的方式

为省时、省力，大学英语四、六级考试多使用选择题的方式来考查学生。但对语言测试来说，选择题无法真实地反映学生的语言综合运用能力。因此，大学英语四、六级考试委员会在题型比例上进行了调整：从1996年1月起，增加英译汉翻译题、简答题；听力理解中增加了复合式听写题。这就大大减少了学生"蒙"的成分。然而，仅仅增加简答、翻译等题型，对学生语言运用能力的考查仍十分有限，对学生说的能力的考查仍是一片空白。为使众高校师生重视英语口语教学，进一步推动我国大学英语教学的发展，大学英语四、六级考试委员会决定从1999年开始实施大学英语四、六级口语考试。口语考试的条件是：四级成绩在80分以上、六级成绩在75分以上的在校大学生。考试结果被划分为A、B、C、D四个等级，而只有A、B、C三个等级的成绩才有证书，而成绩低于C级者不发给证书。口语考试制度的设立促使广大师生将注意力从传统的词汇、语法教学中分离出来，更多地关注英语口语能力，乃至英语综合运用能力的提高。可以说，口语考试的出现，标志着大学英语四、六级考试进入一个相对完善的阶段。

（三）计分体制

　　随着考试次数的增多，大学英语四、六级考试中的弊端也越来越多地显现出来。为适应我国高等教育发展的新形势、满足社会需求，2005 年 2 月，教育部宣布了大学英语四、六级考试改革的试行方案。"自 2005 年 6 月起，四、六级考试成绩将采用满分为 710 分的计分体制，不设及格线；成绩报告方式由考试合格证书改为成绩报告单，即考后向每位考生发放成绩报告单，报告内容包括：总分、单项分等。为使学校理解考试分数的含义并根据各校的实际情况合理使用考试测量的结果，四、六级考试委员会将向学校提供四、六级考试分数的解释。"针对考试内容和形式而言，将增加听力理解的题量，增加快速阅读理解测试及一些非选择性试题的比例。大体来说，大学英语四、六级考试包括六个部分：作文、快速阅读、听力、仔细阅读、完形填空和翻译。写作分值比例为 15%，体裁包括应用文、说明文、议论文等。快速阅读分值比例为 10%，主要测试各种快速阅读的技能。听力理解分值比例为 35%，其中，听力对话占 15%，包括短对话和长对话；听力短文占 20%，包括短文听写和短文理解。所有听力题材均选用对话、讲座、广播电视节目等真实性材料。仔细阅读分值比例为 25%，主要用于测试篇章阅读理解及对篇章中词汇的理解。综合测试分值比例为 15%，包括完形填空和翻译两个部分，其中，完形填空分值比例为 10%，翻译的分值比例为 5%。以上各部分中，写作和快速阅读写在答题卡 1 上，其余各部分均写在答题卡 2 上。从目前的改革进程来说，大学英语四、六级考试仍将实行口试和笔试分开测试的方式。另外，随着计算机网络技术的发展和普及，考试委员会也将积极研究和开发计算机口语测试，进一步扩大口语测试的规模，推动大学英语口语教学的发展。

第二章 高职英语教学模式创新的理论基础

第一节 建构主义理论

一、建构主义理论的内涵和发展

建构主义理论作为一个重要观点诞生于瑞士杰出心理学家皮亚杰所提出的"发生认识论"中。在此基础上，20世纪50年代末和60年代初，美国心理学大师布鲁纳（J. S. Bruner）指出教学应以"学习者为中心"的理论，其中所要阐明的主要思想是，知识不应该由老师直接单向灌输给学生，而应该是学生为主体，在老师的指引下，以"学"为中心，激发学习者的主观能动性，内生动力，自觉地建构学习经验，通过新旧学习资料不断地交融，使自身的知识经验和认知水平得到改造与升华。建构主义重在学习过程中学生的主动作为、建构意识乃至情境的创造意识，提出深度的合作学习、生动的情境教学和深远的意义建构，对深化高等职业英语的教学改革工作有着深远的影响。在以建构主义为主导的学习改造过程中，教育者应当从传统意义上的课程授课中的传播知识、灌输知识转型为学习者建立建构意识过程中的帮辅者。

二、建构主义下高职英语教学的改革策略

（一）积极营造高职英语课堂的学习环境氛围

理想的英语学习环境有利于激发学生学习热情，提高语言的灵活运用能力。基于学生的认知规律，理想的学习环境应具备以下几个要素：情景、会话以及意义建构，所以高职英语教学中应从以下几个方面入手，积极稳妥地改造升级学习

环境。第一，针对学习内容，尽可能创造有利于英语学习的情境。有足够的科学证据证实，情景是语言表示的内涵，语言则是客观事实的倒影，情景模式通过影响人的感官催生其社交和利用英语从事社交活动的动力。失去情景也就失去了语言的内涵，英语的社交事宜与语言表达的情景息息相关。因此，教师要设法利用不同的方式或方法剖析新事物，创造出与主旨息息相关、又对学生意义建构能力养成有积极意义的情境，打造舒适、安逸、放松、愉悦的平等交流平台，营造自由、自然、高质量的学习环境。第二，进行多层次的会话。这是合作进程中的关键一环。将学生分组，以会话的方式决定如何完成常规学习任务。除此之外，合作式的学习进程也是交流的体现，完成了全面的合作进程也就意味着完成了多层次的会话。第三，师生合作总结整合收获，对收获的知识进行建构。建构主义学习理论的重点在于学生与四周存在信息的交互，对于内涵的见解（也就是学习内容意义的建构）发挥着至关重要的作用，这是建构主义的核心观点。学习者在老师的组织串联下聚集进行观点的共同探讨，从而形成学习的有机聚合体并承担重要的作用。通过这种方式，学生们的想法和知识便得到了共享，那么学生整体对学习内容完成了意义建构，也就是说，合作和交流成为意义建构的重要步骤。

（二）完善教学考核标准

构筑合理的建构主义高职英语教育顶层设计方案体系。在新传媒教育野蛮生长的新时代背景下，建构理论正慢慢凸显出苗壮的生长力，其影响力也在教育领域内快速增长。诚然，像每一种处于发展期的新生事物一样，它也有亟需打磨的缺点，而建构主义高职英语教育顶层设计方案体系，目前还存在很多问题等待着被发现和解决，亟待更全面的方法论探索。第一，保持教学资源渠道的畅通。在传统教学中，学习者接收的知识来源自书本、课外辅助资料以及教育者对这些学习资料的讲授、拓展等，不同于前者，在建构思维的教育模式中，知识的来源得到了很大限度的拓展。为了解决某个知识点带来的疑问，学习者可以通过实地考察、实地试验，或利用各种渠道收集相关信息，甚至于利用个人移动设备、因特网等造访相关人员，课本知识的范畴实际上进行了极大扩宽，这说明了教学渠道的拓展和教学思维的改变与适应是多么重要。第二，建立科学权威的学习效果评价体系，对现行的英语考试系统进行建构性改革，传统的英语学习效果评价体系和考试系统重在考察考试者对基础概念的掌握程度，学生单单掌握到了课本中的知识而非领悟到其中的真理。而建构学说中学习方式的多样性，与传统教学是存在偏差的。因此，教育者们需要形成一套与建构性教学相匹配的新型教育评价系统和考核标准，把建构主义的要求用于引导学生学习方法的改良上，以评价促进学生学习的学习效果。

（三）加强学习资源建设

加强信息化条件下师资和相关配套学习资源建设。第一，对高职英语教师来说，实现建构主义教学的道路上面临着全新的挑战。他们要在适当的时机根据实践方案提出能够引导学生主动思考的主题，要站在换位思考的角度，组织学生们交流、探讨，并在技术层面、操作工具等方面予以帮助，这意味着一名合格的教育者应当至少具备两种能力，即成熟的专业素养及全面的专业技能。除此之外，鼓励学习者在学习过程中以更开放、更主动的教学措施难免会对正规化管理、精细化安排等产生负面影响，建构思维的教育模式更注重应用型教学技术的支撑，并结合启用全新的评估模式，因此，面临相对陌生的新环境，教育者的担子不但没有轻，反而是更沉了，教育者势必要通过拓宽知识面，提升专业水平，才能提高新形势下英语教师的专业素养和专业技能。第二，开发出基于建构主义理论的教材体系及配套多媒体辅助学习软件，建构主义的重心在学生，是以学生全面素质提升为驱动，它强调课本中蕴含的信息不仅仅是教育者传授的知识，而是学习者由被动接受转变为主动建构的桥梁。因此，作为学习者主要知识来源的教材的撰写及辅助学习应用工具的研发，应当遵循学习者认知世界的规则，以学习者为重点驱动，遵循交互性、普适性、权威性、趣味性以及重视素质养成的重要原则，以海量的知识输入，精彩的内容框架，层次分明的语言活动，有容乃大的文化包容，提升学习者的知识储备、英语能力、礼仪文化、学习方法以及文化素养等，使学习者在建构过程中全面发展语言运用能力。而我国目前使用的大部分教材都是以教育者为中心驱动的，因此，研发以建构主义为基点的教材和学习应用工具尤为重要。

第二节　情境认知理论

一、情境认知理论的基本内涵

情境认知理论来源于 1992 年的美国，属于继行为主义中的刺激和反应学习理论后的又一学习模式。这种理论要求教师在学习过程中为学生建立相应的情境，并且开展各种各样的实践活动，或者为学生布置一些任务，让学生通过自主或者合作的方式完成，这样便能强化学生的学习。人的认知是建立在实践活动中的，所以实践过程也属于知识的构建过程，获取知识和实践探究之间有着紧密的联系。因此，教师需要在情境认知理论的基础上，为学生设置各种各样的活动情境。尤其是在高校英语翻译中，更需要设置真实的社交情境，使得学生在实践过程中形成系统的知识体系，不但能提高学生的英语素养，也有利于学生形成一定的社交能力、语言应用能力。

（一）布伦特

情境认知作为一种学习理论，与传统的信息加工理论有着显著的不同。在布伦特的论文《理论与实践中的情境认知》中，他指出情境认知强调了与个体和社会层面的认知更为紧密的联系，试图纠正了传统认知理论中过分依赖符号运算方法的失误。情境认知理论关注的不仅是个体意识的推理和思考，更强调了文化和物理背景对认知的重要性。诺曼也指出，人类的知识和互动不能与环境分割开来，人和环境的相互协调对认知和行动至关重要。这种理论观点突出了情境在认知过程中的重要作用，成为了认知科学的一个重要分支。情境认知理论强调了人类认知过程中环境的重要性，与传统认知理论相比，更加注重了认知与情境的交互作用。人们对于外界环境的感知、理解和反应不仅受到内部认知过程的影响，还受到外部情境的影响。因此，情境认知理论提出了一种新的认知模型，强调了人和环境的相互作用，认为认知过程是一种动态的、相互依存的过程，需要综合考虑个体的内部认知过程和外部情境的影响。从实践角度来看，情境认知理论的应用具有重要意义。在教育领域，情境认知理论为教学提供了新的思路和方法。教师可以通过创设丰富多样的情境来促进学生的认知发展和学习成效。例如，在教学设计中融入真实的生活情境、社会情境或者实验情境，让学生在具体的情境中学习和实践，从而增强学生的学习兴趣、提高学习效果。此外，在工作和生活中，理解情境认知理论也有助于人们更好地适应环境、解决问题。通过认识到个体与环境的互动关系，人们可以更加灵活地应对各种挑战和变化，提升自己的适应能力和应对能力。情境认知理论作为认知科学的一个重要分支，强调了个体认知过程与外部情境的密切关系，对认知科学的发展和教育实践具有重要意义。通过研究情境认知理论，我们能够更好地理解认知过程的复杂性和多样性，为提高学习效果、促进个体发展和解决现实问题提供新的思路和方法。在未来的研究和实践中，我们应该进一步深入探讨情境认知理论，探索其在不同领域的应用和发展，为推动认知科学的进步和社会发展做出更大的贡献。

（二）威廉姆

情境学习不仅仅是一种教学方法，也是一种关于人类知识本质的理论，探讨了人类知识在活动过程中如何建构和发展的机制。在威廉姆（William）的论文《情境学习指南》中，他强调了情境学习理论对知识的重新定义，认为知识不仅仅是静态的事实和规则的堆集，也是一种动态的建构与组织过程。情境学习理论认为知识是建立在社会情境中的活动。人类的知识不是孤立存在的，而是与具体的社会情境密切相关的。我们的行为和思维深深植根于我们作为社会成员的角色之中。因此，情境学习强调了人类知识的社会性和相对性，认为知识是在社会情境中共同建构和发展的，而不是个体的静态积累。情境学习理论强调了知识的动态建构与组织。知识不是一成不变的事实和规则，而是随着个体与环境的交互作用而不断建构和重组的过程。人类的知识是通过参与各种社会活动和实践经验的积累而逐步形成的。因此，情境学习理论强调了对学习者进行实践性的教学活动和任务设计的重要性，以促进他们的知识建构和发展。情境学习理论认为，知识是一种适应动态变化环境的能力。人类的知识不仅仅是对静态事实和规则的理解，更重要的是能够灵活应对各种环境变化和挑战的能力。因此，情境学习理论主张教育应该注重培养学生的实践能力、创新能力和解决问题的能力，使他们能够适应不断变化的社会和职业环境。情境学习理论对知识的重新定义和认知机制的探讨，为我们提供了新的认识和理解。它强调了知识的社会性、动态性和相对性，提出了一种全新的认知视角和教学理念。在未来的教育实践中，我们应该更加重视情境学习理论的指导，注重创设丰富多样的情境和实践性的教学活动，促进学生的知识建构和发展，培养他们适应社会变化和解决问题的能力。

（三）MIT 认知科学百科全书

《MIT认知科学百科全书》对情境认知进行了深入研究，强调了个体心理与环境之间的紧密关系（图2-1）。根据这一观点，个体心理常常是由环境所构成、指导和支持的，认知过程的本质由情境决定，情境是一切认知活动的基础。这一理论观点对认知心理学产生了深远影响，促使学者们更加关注认知活动与环境之间的互动关系。情境认知理论强调了认知过程的自然性，认为心理与环境的互动不仅发生在高度机械的任务中，也存在于日常生活中的各种情境之中。因此，研究者们认为，只有在自然情境中才能真正描绘出人类认知的性能和局限，从而更好地理解认知活动的本质和机制。有些学者将情境认知与情境学习统称为"情境性理论"，强调了情境对认知活动的重要影响。心理学和人类学对情境认知有不同的看法。在心理学领域，关注的重点是认知过程，学习者被视为学校中的学生，分析的单位是情境性活动，互动的结果是意义。学习场所是学校，学习目标是为未来的任务做准备，教育学的运用是在实践场景中创设学习情境。而在人类学领域，关注的焦点是个体与共同体的关系，学习者被视为实践共同体中的成员，分析的单位是共同体中的个体，互动的结果是意义、身份与共同体。学习场所是日常生活世界，学习目标是满足即时的共同体社会需求，教育学的运用是构建实践共同体。情境认知与情境学习的跨学科探索为我们提供了不同的认知视角。通过将心理学和人类学的观点进行比较和整合，我们能够更全面地理解认知活动与环境之间的复杂关系，为认知科学的发展和教育实践的创新提供新的思路和方法。在未来的研究和实践中，我们应该更加注重跨学科合作，促进情境认知与情境学习理论的进一步发展，推动认知科学的跨领域融合和应用。

图 2-1 《MIT 认知科学百科全书》

二、基于情境认知理论的教学策略

（一）认知学徒制

认知学徒制是一种教学模式或学习环境，由美国认知心理学家柯林斯等人于1989 年提出。这种教学模式被认为是非常有效的，能够促进学习者高级思维技能的获得和知识的迁移。认知学徒制强调学生与社会实践活动的互动性参与，通过在实践中逐步对知识进行社会化构建，类似于手艺学徒制的方式。在认知学徒制的教学环境中，高校的教育活动按照该模式实施教学。教师扮演着导师或师傅的角色，对学生进行示范性教学或指导性教学，让他们获得相应的知识和技能。这种教学模式强调学生与教师之间的互动和合作，通过学生的实际参与和实践活动来促进知识的建构和技能的培养。

认知学徒制注重学生在实践活动中的参与和实践，通过实际操作来获得知识和技能。这种教学模式使学生能够将理论知识与实际应用相结合，更好地理解和掌握所学内容。倡导师生互动。在认知学徒制的教学环境中，教师不再是传统意义上的知识传授者，而是扮演着导师或师傅的角色，与学生之间建立起更加密切的师生关系。教师通过示范性教学和指导性教学，引导学生进行学习和实践，促进他们的思维和能力的发展。认知学徒制认为知识不是孤立存在的，而是在社会实践活动中逐步构建和发展的。因此，教学活动应该营造出一种社会化的学习环

33

境，让学生通过与他人的交流和合作来共同建构知识。注重知识的迁移。认知学徒制的教学模式不仅注重学生的知识获取，还注重知识在不同情境下的应用和迁移。通过实践活动和项目任务，学生能够将所学知识和技能应用于实际问题的解决中，培养他们的创新能力和解决问题的能力。认知学徒制作为一种有效的教学模式和学习环境，已经在高校教育中得到广泛应用。它通过实践性教学、师生互动、知识的社会化构建和知识的迁移等方式，促进学生的高级思维技能和知识的综合运用，为学生的终身学习和职业发展奠定了坚实的基础。

（二）实例式教学

抛锚式教学，又称为锚定式教学或锚定导向教学，是一种强调学生实际参与和问题体验的教学模式。与传统的经验间接介绍和讲解相比，抛锚式教学要求学生直接参与实际环境中的问题感受与体验，从而深入了解和解决问题。在教学过程中，一旦确定了具体的问题，整个教学内容和进度也就随之确定。这种教学模式通过创建情境、查找问题、合作解决问题和评价教学效果等步骤，引导学生在问题的探索和解决过程中获得知识。抛锚式教学的核心理念在于通过问题导向的学习，激发学生的主动性和探究精神。在实践中，教师首先确定一个具体的问题或挑战，然后引导学生在团队合作的情境中探索和解决问题。在这个过程中，学生不仅仅是被动接受知识，而是通过自主思考和实践操作，深入理解和运用所学的概念和技能。

教师通过设计具体的情境或场景，引起学生的兴趣和好奇心，激发其参与和探索的欲望。学生在情境中积极探索和发现问题，并提出相应的疑问和假设。学生在教师的引导下，通过团队合作和讨论，共同寻找解决问题的方法和策略，展开实践性的探索和尝试。评价教学效果。教师通过观察学生的表现和成果，评价教学活动的效果，并给予相应的反馈和指导，促进学生的进一步发展和提高。在抛锚式教学中，教师起着重要的指导和引导作用。他们需要在设置问题时准确得当，并积极地引导学生进行思考和探索。同时，教师还需要提供必要的支持和资源，确保学生能够顺利完成教学任务，并获得有效的学习成果。抛锚式教学作为一种注重问题导向和实践探索的教学模式，已经在教育实践中得到广泛应用。它能够激发学生的学习兴趣和动机，促进其高级思维技能的发展，为其未来的学习和职业发展奠定坚实的基础。

（三）交互式教学

抛锚式教学作为一种强调问题解决和实践探索的教学模式，突出了教师与学生之间的互动和合作。这种教学方法要求教师与学生共同对教学问题进行探究，在解决问题的过程中获取知识。它体现了教学活动中"教""学"的密切合作，需要充分发挥学生探究学习的积极性和主动性。抛锚式教学强调教师与学生的合作。在这种教学模式中，教师不再是单方面的知识传授者，而是与学生共同参与问题探究和解决的过程中。教师与学生之间建立起一种平等、开放的互动关系，共同探讨问题、分享思考和经验，促进彼此之间的学习与成长。抛锚式教学强调学生的积极性和主动性。在这种教学模式下，学生被激发出自主探究和学习的热情，通过实践活动和合作解决问题的过程，积极获取知识和技能。教师不再是简单地向学生传授知识，而是引导学生主动参与、思考和探索，培养其独立思考和解决问题的能力。抛锚式教学注重教师与学生之间的互动和交流。在教学过程中，教师应该充分倾听学生的想法和观点，及时给予反馈和指导，帮助学生解决遇到的困难和问题。通过有效的互动和交流，教师能够更好地了解学生的学习需求和特点，有针对性地调整教学策略，提高教学效果。抛锚式教学要求教师与学生共同参与问题的探究和解决。在教学活动中，教师应该引导学生分析问题、提出假设、寻找解决方案，并在实践中不断调整和完善。教师与学生共同努力，共同成长，实现教学目标。抛锚式教学的核心特征是教师与学生之间的互动合作。这种教学模式强调教师与学生共同探究和解决问题，充分发挥学生的积极性和主动性，促进其全面发展和成长。通过有效的互动和合作，抛锚式教学能够实现教学活动中"教""学"的有机结合，达到教学目标，促进学生的学习与发展。

第三节 人本主义学习理论

一、人本主义学习理论概述

人本主义心理学兴起于 20 世纪五六十年代的美国，强调自然人性，关注人的需要和自我实现，把自我实现归为人类潜能的发挥。人本主义心理学既反对行为主义把人等同于动物，只研究人的行为，不理解人的内在本性，又批评弗洛伊德只研究神经症和精神病人，不考察正常人心理，因而被称之为"心理学的第三种运动"。人本主义心理学的主要哲学基础，则是西方现代哲学中的人本主义思潮，尤以现象学和存在主义为根本。美国心理学家罗伊斯（Reuss）和莫斯（Mauss）指出："在人本主义心理学内部，现象学的影响与存在主义的影响是相当分明的。现象学对人本主义心理学的影响相对来说更为系统，而且在心理学学科内的影响也更广泛、更明显。无疑地，这部分也有赖于业已形成的格式塔研究传统及在欧洲精神病学和心理学中受人敬重的现象学传统。存在主义观点特别与精神病学及心理治疗的实践相关，它在人本主义心理学内部获得了存在主义人本主义心理学称号"。存在主义是现代西方人学中的时代精神和主要思潮。在反对客观主义和极端决定论，突出"以人为中心"的研究主题，强调人的主体性和主观性，强调自由、价值、选择、责任、自我、情态诸方面的研究上，存在主义给人本主义心理学提供了理论支柱，成为人本主义心理学的主要哲学基础。

人本主义于 20 世纪 70 年代至 20 世纪 80 年代迅速发展，其学习观和教学观在一定程度上颠覆了传统的教育思想。该学派的主要代表人物是马斯洛（Maslow）和罗杰斯（Rogers）。马斯洛的主要观点：对人类的基本需要进行了研究和分类，将之与动物的本能加以区别，提出人的需要是分层次发展的；他按照追求目标和满足对象的不同把人的各种需要从低到高安排在一个层次序列的系统中，最低级的需要是生理的需要，这是人所感到要优先满足的需要。罗杰斯的主要观点：在心理治疗实践和心理学理论研究中发展出人格的"自我理论"，并倡导了"患者中心疗法"的心理治疗方法。人类有一种天生的"自我实现"的动机，即一个人发展、扩充和成熟的趋力，它是一个人最大限度地实现自身各种潜能的趋向。

二、人本主义学习理论的主要观点

（一）自然人性论与需要层次理论

人本主义者坚持自然人性论，反对社会人性论。他们认为，人是自然实体而非社会实体，人性来自自然，自然人性即人的本性。例如，马斯洛认为，自然主义的心理价值体系可以从人自身的本性中派生出来，而无须求助于自身以外的权威；凡是有机体都具有一定的内在倾向，即以有助于维持和增强机体的方式来发展自我的潜能；人的基本需要都是由人的潜在能量决定的。人本主义者认为，自然人性不同于动物的自然属性，人具有不同于动物本能的"似本能"。马斯洛于1943 年提出"需要层次理论"，他将人的本能需要由较低层次到较高层次依次分为以下五点。①生理需要。这是人类生存最基本、最原始的本能需要，如摄食、喝水、睡眠、求偶等。②安全需要。安全需要是生理需要的延伸。人在生理需要获得适当满足之后，就产生了安全的需要，包括生命和财产的安全不受侵害，身体健康有保障，生活条件安全稳定等。③社交需要。社交需要是指感情与归属上的需要，包括人际交往、友谊、为群体和社会所接受和承认等。④尊重需要。尊重需要包括自我尊重和受人尊重两种需要，前者包括自尊、自信、自豪等心理上的满足感，后者包括名誉、地位、不受歧视等满足感。⑤自我实现的需要。这是最高层次的需要，是指人有发挥自己的能力与实现自身的理想和价值的需要。后来，马斯洛在尊重需要和自我实现需要之间又补充了求知和审美两种需要。

（二）自我实现论与内在学习论

人本主义者认为，人的成长源于个体自我实现的需要，自我实现的需要是人格形成、发展、扩充、成熟的驱动力。马斯洛认为，所谓自我实现的需要就是"人对于自我发挥和完成的欲望，也就是一种使他的潜力得以实现的倾向"。人格的形成就是源于人性的这种自我的压力，人格发展的关键就在于形成和发展正确的自我概念。人本主义者认为，学习是个人潜能的充分发展，是人的自我实现，是人格和人性的形成与发展。马斯洛曾指出：学习的本质是发展人的潜能，尤其是那种可使人成为一个真正人的潜能；学习要在满足人最基本的需要的基础上，强调学习者自我实现需要的发展；人的社会化过程与个性化过程是完全统一的。因此，他把"自我实现"作为教育的最终目的，认为教育在根本上就是为了开发潜能，完善人性，使学习者成为完整的人。

（三）有意义的自由学习观

有意义学习指的是一种能使个体的行为、态度、个性及个体在未来选择的行动方针发生重大变化的学习。罗杰斯的有意义学习和奥苏伯尔（Ausubel）的有意义学习是有区别的：前者关注的是学习内容与个人之间的关系；而后者则强调新旧知识之间的联系，只涉及理智，不涉及个人意义。罗杰斯的有意义学习以学生的经验生长为中心，以学生的自发性和主动性为学习动力，融合了学生的愿望、兴趣和需要，使学生以积极投入的方式参与到学习当中，因而学习效率较高。罗杰斯认为，如果让儿童自己去学习，则速度快且不易遗忘，并具有实际意义，而当用一种只涉及理智的方式来"教"他们时，情况就不同了，因为后者不涉及个人意义，只是与学习者的某个部分（如大脑）有关，与完整的人无关，所以儿童不会全身心地投入这种学习中去。罗杰斯对传统教育持激进的批判态度，他认为在课堂学习中有很大一部分内容对学生来说是无个人意义的。此外，传统的学校教育把儿童的身心分开了，儿童的心到了学校，躯体与四肢也跟着进来了，但他们的情感与情绪只有在校外才能得到自由表达的机会。这种教育只涉及心智，而不涉及情感与个人意义，是一种"在颈部以上发生的学习"，与完整的人无关。

自由学习是罗杰斯所倡导的学习原则之一。他从人本主义的学习观出发，认为能够影响个体行为的知识，只能是他自己发现并加以同化的知识。教师的任务不是教学生学习知识（这是行为主义者所强调的），也不是教学生如何学习（这是认知主义者所重视的），而是为学生提供各种学习的资源，提供一种促进学习的氛围，让学生自己决定如何学习。罗杰斯对传统教育中教师的角色问题进行了猛烈的批判，认为在传统教育中，"教师是知识的拥有者，而学生只是被动的接受者；教师通过讲演、考试等方式来支配学生的学习，使学生无所适从；教师是权力的拥有者，而学生只是服从者"。因此，他主张废除"教师"这一角色，代之以

"学习的促进者"。

（四）人本主义的教学观

1."知情统一"的教学目标观

人本主义者认为，行为主义将人类学习混同于一般动物学习，不能体现人类本身的特性，而认知心理学虽然重视人类的认知结构，却忽视了人类的情感、价值观、态度等最能体现人类特性的因素对学习的影响。在他们看来，情感和认知是人类精神世界中两个不可分割的有机组成部分，彼此是融为一体的。要理解人的行为，必须理解他所知觉的世界，即必须从行为者的角度来看待事物。要改变一个人的行为，也必须首先改变其信念和知觉。人本主义者特别关注学习者的个人知觉、情感、信念和意图，认为它们是导致人与人的差异的"内部行为"，因此他们主张教学要"知情统一"。例如，罗杰斯的教育理想就是要培养"躯体、心智、情感、精神、心力融汇一体"的人，也就是既用情感的方式也用认知的方式行事的情知合一的"完人"或"功能完善的人"。

2."以学生为中心"的教学过程观

人本主义者认为，人的潜能是自我实现的，而不是教育的作用使然。在环境对教育的作用问题上，他们认为，虽然"弱的本能需要一个慈善的文化来孕育他们，使他们出现，以便表现或满足自己"，但是归根到底，"文化、环境、教育只是阳光、食物和水，但不是种子"，自我潜能才是人性的种子。他们认为，教育的作用只在于提供一个安全、自由、充满人情味的心理环境，帮助个体发现与他的真正的自我更相协调的学习内容和方法，促使学生实现其固有的潜能。因此，他们主张在教学过程中应"以学生为中心"，让学生成为学习的真正主体，这是"自我实现"的教育目的的必然产物。教师在教学中应重视学生的情感体验，创设能促进学生学习的良好的心理氛围，并帮助学生了解学习内容的意义和价值，建立学习内容与学习者个人之间的联系，指导学生在一定的范围内自行选择学习的材料，激发学生从自我倾向中产生学习倾向，培养学生自发、自觉的学习习惯，实现真正意义上的有意义学习。罗杰斯甚至认为，促进学生学习的关键不在于教师的教学技巧、专业知识、课程计划、视听辅导材料、演示和讲解、丰富的书籍等（虽然这中间的每一个因素有时候均可作为重要的教学资源），而在于特定的心理气氛因素，这些因素存在于"促进者"（教师）与"学习者"的人际关系之中。在这样一种心理气氛下进行的学习，是以学生为中心的教学过程，教师只是学习的促进者、协作者或者说伙伴、朋友，学生才是学习的关键。

三、基于人本主义学习理论的教学方法

（一）全身反应法

全身反应法是由美国心理学家亚瑟（Asher）于 20 世纪 60 年代初提出的。该教学法继承和发展了帕尔默（Palmer）的通过动作学英语的做法，吸取了心理学中记忆痕迹理论的观点，倡导把语言和行为联系在一起，通过身体动作进行语言教学。亚瑟认为第二语习得和儿童习得母语的过程有相似的地方。在儿童学习母语时他们最初是通过动作对父母的指令做出反应，小孩学会说话之前已经能听懂成人的指令，所以母语的学习是先理解再表达。亚瑟认为第二语学习也应如此，首先要培养学生的听力，其次再要求学生用口语表达，最后发展读和写的能力。在教学过程中教师首先用目的语发出指令，并运用身体语言进行示范演示，等学生能理解指令后，再让其通过模仿教师的演示完成动作，然后边说边做，从而感知并理解掌握语言。然而亚瑟提出的全身反应法主要来源于儿童母语学习的经验，一般适用于语言学习的起步阶段，不适合于复杂内容的教学，一些比较抽象的概念单词和句子难以用这种方法进行完整准确的表述，造成教师在解释一些抽象事物的时候会遇到很大的困扰。亚瑟主张以句子为基本教学单位，重视语言内容和意义的理解，提倡整句学习、整句运用，尤其是他认为语言学习应以学习祈使句型为主，其他的句型需要根据教学任务要求酌情使用，采取这种学习方式可以帮助学生快速理解目的语言，尽快实现语言知识的长时记忆，通过一段时间的积累较好地奠定语言基础，能够有效减轻学习压力，有利于培养学生实际运用语言进行交际的能力。然而过多地使用祈使句型不利于中高水平的学生学习较深层次的教学内容，必须同其他教学方法结合在一起使用。

（二）暗示法

暗示法教学过程分为阅读理解、朗读聆听、配乐听说三个部分。讲授新的

课程单元时，教师要先以丰富的表情和肢体动作对相关教学内容和背景知识进行概括介绍，然后播放轻柔的背景音乐，和着音乐的节拍，教师以饱满的激情朗读课文材料，学生在轻松愉快的氛围感染下陶醉于教师的配乐朗诵所营造的语言情境。与此同时，注重听力与口语能力的训练，鼓励教师与学生进行交谈。这样一个轻松的教学情境可以有效激发学生的潜能，使学生产生超强的记忆能力，不知不觉地记忆所学的材料。暗示教学法的基本观点是以学生为中心，在学习过程中不仅包括有意识活动，还包括无意识活动，既是一种理智活动，也是一种情感活动，强调学习活动的整体性，注重发挥整体的功能，主要基于以下几个方面的理解。人具有可暗示性（也可以理解为人的可意会性、可启示性、可影响性）。暗示能力和效果的形成受到很多因素的影响，比如发出暗示的一方和接受暗示的一方在智力结构、社会地位、从事职业、语言能力等方面的差异，如果发出暗示的一方在各方面明显优于接受暗示的一方，那么就会形成较强的暗示能力和效果。人具有无意识心理活动。这是一种非理性活动，人在进行理性活动的过程中同时伴随着非理性活动，也是产生暗示效果的重要因素。人具有非注意心理反应。在谈话过程中，听话者的注意力大部分是集中在说话者谈论的具体内容上，这就是注意心理反应，同时听话者也常常自觉不自觉地被说话者的语音语调、面部表情、动作姿态等外在因素所吸引，分散了听话者的一部分注意力，这就是非注意心理反应。人具有心理上和生理上的各种潜力。学生缺乏信心是最大的心理障碍，要创造轻松愉快的学习氛围和教学情境，以减轻压力，促使人主动挖掘并发挥出自己的潜力，使人产生超常的记忆力、想象力、思维能力等。

（三）沉默法

1.教师教学要求

沉默法教学法在语言教学领域中提出了一种新的理念，强调了学生的自主学习和独立思考，将学习者置于学习的核心位置。然而，与传统的教学模式相比，沉默法更注重学生的参与和主动性，而较少关注教师的直接指导和干预。在实践中，沉默法的应用存在一些挑战和限制，特别是对于自主性较差的学生可能并不适用。沉默法强调学生的学习主体性。在这种教学模式下，学生被鼓励在学习过程中进行自主思考和探究，而不是被动接受知识。这有助于培养学生的独立学习能力和问题解决能力，提高他们的学习动机和兴趣。沉默法倡导学生在学习过程中承担更多的责任。学生被要求对自己的学习负责，通过自主归纳语法规律等方式，积极参与到语言学习中来。这种教学方法有助于培养学生的自律性和自我管理能力，提高他们的学习效率和成果。沉默法也存在一些局限性和挑战。对于自主性较差的学生来说，沉默法可能并不适合。这些学生可能缺乏自我激励和自我管理能力，需要教师的指导和支持。如果教师过于沉默，学生可能会感到迷茫和无助，导致学习效果不佳。沉默法相对忽视了教师的主导作用。在教学过程中，教师的角色从知识的传授者转变为学习的引导者，教师尽量保持沉默，给予学生更多的空间和自由。这种教学模式可能导致教师无法及时发现和纠正学生的语言错误，影响学生语言表达的准确性和流畅度。沉默法作为一种教学方法，强调学生的自主学习和独立思考，有助于培养学生的学习能力和自我管理能力。然而，在实际应用中，需要根据学生的实际情况和学习需求，灵活运用教学方法，充分发挥教师和学生的作用，实现教学目标的最大化。

2.教具的运用

沉默法作为一种教学方法，着重强调了学生的自主学习和探究，以及教师在教学过程中的引导作用。其中，充分利用各种简单的、标准的直观教具是其鲜明特色之一。这些教具能够帮助学生更好地理解知识的难点和重点，激发学生的好奇心和想象力，培养学生的创新思维能力，从而更快地掌握所学知识。沉默法倡导使用各种简单的、标准的直观教具，如菲德尔图表、奎茨奈棒等。这些教具能够直观地展示相关的教学内容，使学生能够通过视觉和触觉等方式更好地理解知识，加深对概念的认识。比如，菲德尔图表可以用来展示单词的发音和构词规律，奎茨奈棒可以用来演示句子的结构和语法规则。通过这些教具的辅助示范，可以创造一个生动活泼的课堂氛围，激发学生的学习兴趣，提高学习的效果。利用教具进行相关教学内容的辅助示范有利于帮助学生直观地理解知识的难点和重点。对于语言学习而言，很多抽象的理论概念和复杂的语法结构可能对学生来说比较晦涩难懂。通过教具的展示和示范，可以将这些抽象的概念和结构具体化，使其变得更加直观和易于理解。比如，通过使用模型或图片来展示语法结构，可以帮助学生更清晰地认识句子的构成和成分，从而更好地掌握语法知识。利用教具进行教学可以激发学生的好奇心和想象力，培养其创新思维能力。教具的使用往往能够吸引学生的注意力，使他们更加主动地参与到教学活动中来。通过观察和探索教具，学生不仅能够加深对知识的理解，还能够启发他们的思维，促进他们对知识的应用和创新。教具的使用也存在一定的局限性。尤其是在涉及到一些复杂的理论概念和语法结构时，仅仅依靠简单的教具可能无法完全覆盖所有的知识点。在这种情况下，教师的讲解和示范仍然是必不可少的。教师可以通过详细的讲解和示范，帮助学生理解和掌握更加抽象和复杂的知识，促进其更深入地学习和理解。充分利用各种简单的、标准的直观教具是沉默法的一大特色。这些教具能够帮助学生更好地理解知识，激发学生的学习兴趣，培养学生的创新思维能力。然而，在教学过程中，教具的使用应该与教师的讲解和示范相结合，共同促进学生的学习和发展。

3.课堂互动

在沉默法中，教师的作用被理解为给学生创造一个语言运用的环境，促进学生的主动参与和语言能力的提升。这一教学方法的核心理念在于让学生在实践中学习，通过实际的语言运用活动来提高听说能力，尤其是即兴讲话的能力，并在此基础上进一步培养学生的阅读和写作能力。在沉默法的课堂中，教师不再是传统意义上的主讲者，而是更像是一位引导者和组织者。教师的主要任务是根据学生的需求确定课堂活动的内容和形式，鼓励学生尽可能多地运用语言进行表达和交流。教师通过设计各种语言实践活动，如角色扮演、小组讨论、问题解决等，来激发学生的兴趣和积极性，引导他们参与到课堂活动中来。在沉默法中，培养学生的听说能力被置于最重要的位置。教师注重让学生通过大量的语言实践活动来掌握外语交际能力。通过与同学互动、展示自己的语言技能，学生在实践中逐渐提高自己的口语表达能力，并且在这个过程中，也会逐步改进自己的发音和语法。然而，沉默法也存在一些明显的缺陷。该方法要求教师在课堂中尽量少说话，很少对教学内容做出详细的解释说明，也不对教学内容过多重复。这可能导致学生在理解和掌握知识方面遇到困难，无法及时得到教师的指导和帮助。当学生出现语言表达错误时，教师不是立即指出，也不是直接予以纠正，而是寄希望于在课堂活动中由其他学生发现并提出改进建议。这种做法可能导致学生长时间内重复错误的发音或语法，浪费学生的学习时间，而且并不保证学生能够及时且正确地纠正自己的错误。沉默法在教学实践中需要谨慎使用，教师需要在鼓励学生自主学习的同时，及时给予指导和反馈，确保学生能够有效地提高语言能力。同时，教师也应该不断反思和调整教学方法，以适应学生的学习需求和实际情况。

第四节　教学系统设计理论

一、教学系统设计的基本概念

20世纪60年代，系统理论和教育、教学相结合，产生了以教学设计为代表的"系统技术（systems technology）"，它不仅使教育技术产生了质的飞跃，也使教育技术成为一门独立的技术与理论相交融的边缘性学科。由于系统技术不仅促进了教育技术理论体系的完善，也对媒体技术的发展产生了直接的指导作用，因此系统技术已经成为教育技术研究的核心。

（一）教学系统设计

在系统技术指导下的"教学系统设计"（也称"教学设计"）实际上包含两个层面的研究：一是教学系统设计过程模式的研究，也就是"怎么做"的问题；另一个是教学系统设计理论研究，也就是"为什么"的问题。其中，教学系统设计过程模式是一套程序化的步骤，一般包括四个基本要素：学生、目标、策略、评价。教学系统设计理论是"关于如何设计教学程序的理论"，是一套决定在一定的教学条件下，为了使学生达到特定的教学目标，应该采取什么样的教学方法的系统化的知识体系。它的研究核心是规定达到教学目标的教学方法。也就是说，"教学系统设计过程模式"和"教学系统设计理论"是教学问题研究中密切相关的两个层面："教学系统设计理论"研究的是"教学问题"，是沿着自下而上的方向进行的理论研究；而"教学系统设计过程模式"是研究"设计过程"的，是沿着自上而下的方向进行的应用研究。由于不同的教学系统需要有不同的教学系统设计过程模式；而不同的教学系统设计模式又需要有与之相适应的教学系统设计理论的指导，所以在教学当中，教学系统设计过程模式和教学系统设计理论是教学研究中不可或缺的两个方面。

（二）设计

"设计"一词随处可见，如建筑设计、服装设计、舞台设计、形象设计等。《现代汉语词典》中对"设计"的解释是"在正式做某项工作之前，根据一定的目的要求，预先制定方法、图样等。"有的学者认为，设计是指"为了解决某个问题，在开发某件产品或实施某个方案之前，所进行的系统而缜密的计划与构思的过程"。可见，设计是指在正式活动（工作）开始之前所做的策划或计划。对"教学设计"一词，不同学者也有不同的理解，归纳起来大致有以下三种观点。

1. "计划"说

教学设计，作为教学过程中至关重要的一环，被定义为用系统方法分析教学问题、研究解决问题的途径，并评价教学结果的计划过程或系统规划。这一定义的最具代表性来源于美国学者肯普（Kemp）的观点。肯普在其对教学设计的定义中强调了系统性方法的运用，以及对教学过程中各个环节相互联系的问题和需求进行分析与解决。教学设计是运用系统方法进行的。系统方法强调将教学过程看作一个有机整体，需要对其各个组成部分进行综合考虑和统一规划。在教学设计中，教师需要系统地分析教学目标、教学内容、教学方法和教学评价等方面的问题，并将它们有机地结合起来，构建一个完整的教学体系。教学设计着重分析和研究教学过程中相互联系的各部分的问题和需求。这意味着教学设计不仅要考虑到教学内容和教学方法的选择，还要关注学生的学习需求和特点，以及教学环境和资源的情况等方面的因素。只有全面了解并满足这些方面的需求，才能够有效地设计出符合实际情况和教学目标的教学方案。在连续模式中确立解决教学问题的方法步骤是教学设计的关键之一。这意味着教学设计不是一蹴而就的过程，而是需要经过多次反复思考和调整的过程。教师需要根据具体情况和教学目标，确定解决问题的方法步骤，并逐步实施和完善教学方案，以确保教学效果的最大化。教学设计包括对教学成果的评价和系统计划过程。教学设计的最终目的是实现良好的教学效果，而评价则是确保教学设计的实施和效果与预期目标相符的重要手段。通过对教学过程和教学成果进行评价，教师可以及时发现问题并加以改进，从而不断提高教学质量。教学设计是一个运用系统方法分析、研究、解决问题，并评价教学结果的计划过程或系统规划。肯普的定义强调了教学设计的系统性、整体性和连续性，为教师提供了指导和借鉴，有助于他们更好地设计和实施教学方案，提高教学质量，促进学生的全面发展。

2."方法"说

教学设计被视为一种系统方法，旨在研究教学系统、教学过程，并制订教学计划。这种方法与以往的教学计划有所不同，其主要区别在于它强调了教学目标的明确性，以及着眼于激发、促进、辅助学生学习，并以帮助每个学生的学习为目标。教学设计将教学系统视为一个整体，包括教学目标、教学内容、教学方法、评价方式等各个方面。通过系统的方法，教师可以对这些方面进行全面分析和研究，以确保教学设计的科学性和有效性。教学设计注重教学目标的明确性。教学目标是教学设计的核心，它明确了教学的方向和目的。与以往简单罗列知识点的教学计划不同，现代教学设计要求教师设定具体、可操作的教学目标，以便评价学生是否达到了预期的学习效果。教学设计强调激发、促进、辅助学生学习。教师在设计教学方案时，需要考虑如何激发学生的学习兴趣和主动性，如何促进他们的思维发展和能力提升，以及如何为他们提供必要的支持和辅助，使其能够更好地完成学习任务。教学设计以帮助每个学生的学习为目标。现代教学设计强调个性化教学，关注每个学生的学习需求和特点。教师需要根据学生的实际情况，灵活调整教学策略和方法，以确保每个学生都能够得到有效的学习支持和指导。教学设计作为一种系统方法，强调了教学目标的明确性，以及着眼于激发、促进、辅助学生学习，并以帮助每个学生的学习为目标。这种方法的实施有助于提高教学效果，促进学生的全面发展，符合现代教育的要求和趋势。

3."技术"说

鲍嵘在《教学设计理性及其限制》一文中提出了对教学设计的一种观点，将其定义为一种旨在促进教学活动程序化、精确化和合理化的现代教学技术。然而，关于教学设计概念的解释并不一致，这种差异主要源于研究者对研究对象的关注视角和取向不同。一些学者从教学设计的形态描述来界定。他们将教学设计视为一种"计划"，强调教学设计的目的在于制定教学计划，确定教学活动的具体内容、安排和步骤。这种观点下，教学设计更加侧重于教学过程中的组织和安排，注重课程的安排、学习目标的设定以及教学资源的选择。另一些学者从教学设计的功能出发进行界定。他们将教学设计视为一种"方法"，强调其作用在于指导和引导教学实践，提供有效的教学方法和策略，以实现教学目标。在这种观点下，教学设计被认为是一种实用性的技术，其关注点在于如何有效地组织和实施教学活动，以促进学生的学习和发展。还有一些学者从揭示教学设计本质的角度进行界定。他们将教学设计视为一种"技术"，强调其是一种系统化的方法论，旨在提高教学效果和效率。这种观点下，教学设计被视为一种科学性的技术活动，其目的在于运用系统化的方法和原则，设计出适合于特定教学环境和学生特点的教学方案和策略。对于教学设计概念的界定存在着不同的观点和取向。一些学者将其视为一种计划，注重教学过程的组织和安排；另一些学者将其视为一种方法，侧重于指导和引导教学实践；还有一些学者将其视为一种技术，强调其科学性和系统性。这种多元化的界定反映了教学设计作为一个复杂而多维度的概念，在不同学科领域和研究背景下，具有多种解释和理解方式。

二、教学系统设计的发展

通常认为，教学设计起源于 20 世纪 40 年代，而作为一门正式的学科是在 20 世纪 60 年代末至 20 世纪 70 年代初，随着系统方法的应用而诞生的。教学设计的发展存在不同的时期或阶段，可以将其划分为自在孕育期、诞生兴起期、正式发展期、转型发展期四个发展阶段。每个阶段都因媒体技术、学习理论、社会历史背景等方面的不同而形成其特点。

（一）自在孕育期

在 20 世纪 30 年代以前，特别是在 20 世纪初期，教学设计领域经历了自由的孕育期。在这个时期，一些重要的理论和著作出现，为教学设计学科的发展奠定了基础。其中，美国哲学家、教育家杜威提出的建立一种特殊的"连接或桥梁学科"的构想尤为重要。这一构想旨在将心理学研究与教育教学实践联系起来，重点在于研究如何设计教学活动以促进学习。杜威的构想对教学设计学科的萌发产生了积极的推动作用。他强调教学设计不仅仅是简单的知识传授，而是应该建立在对学生个体差异和学习需求的理解基础上。此外，杜威还提出了实验性的学习理论，强调学生通过实践活动来构建知识和理解，这为后来的教学设计理论提供了重要的思想支持。在中国，现今的教学设计教科书也多次提及了杜威的理论和构想。他的思想对中国教育界产生了深远的影响，为我国教学设计学科的发展提供了宝贵的借鉴和启示。教学设计的概念逐渐深入人心，成为教育教学工作中不可或缺的重要组成部分。除了杜威之外，20世纪初期还涌现了一些其他重要的教学设计理论和著作。例如，德国教育学家海德格尔提出了"生活化教学"的理念，强调教学应该与学生的生活经验和实际情境相结合，以增强学习的实效性和可持续性。这种理念在一定程度上促进了教学设计理论的发展，为后来的教学设计实践提供了新的思路和方法。20世纪初期是教学设计学科发展的关键时期，一些重要的理论和著作为该学科的形成和壮大奠定了坚实的基础。杜威的"连接或桥梁学科"构想尤为重要，为后来教学设计理论的发展提供了重要的思想支持，并对全球范围内的教育教学实践产生了深远的影响。

（二）诞生兴起期

在教学设计的诞生和兴起阶段，涌现了许多与教学设计密切相关的理论和著述，这些理论和著作成为了教学设计发展的标志和动力。特别是在"第二次世界大战"期间，大量具有培训和实验研究经验的心理学家和教育家被召集到一起，致力于为军队的培训开展相关研究和开发培训材料。在这一时期，研究人员主要关注影响培训材料开发的特点，并开发了大量创新的分析、设计和评价方法。例如，米勒（Millet）开发了详细的任务分析方法，成为当时培训设计的重要工具。这些心理学家和教育家将军队中成功的训练方法应用到了教学领域，将培训视为一个系统，并将培训设计的方法论应用到教学设计中。随着"第二次世界大战"的结束，20世纪50年代早期，许多视听教学研究者开始对各种传播理论和传播模式产生兴趣。他们认识到一个完整的信息传播过程包括信息发送者（信源）、信息接收者（信宿）和通道媒体等要素。因此，设计传播过程时需要全面考虑构成传播过程的各种要素，而不仅仅关注媒体要素。这一观念的提出对教学设计理论和实践产生了深远的影响。传播模式的倡导者强调，教学设计应该注重整个信息传播过程的各个要素，而不是仅仅关注教学媒体的选择和使用。仅关注媒体问题会导致视听研究的局限性，因此，传播模式的提出为教学设计理论的发展开辟了新的方向。这些理论和实践为教学设计领域的进一步发展和完善提供了重要的思想和方法支持。

（三）正式发展期

20世纪50年代中期至20世纪60年代中期，程序教学运动的兴起推动了教学设计的应用和发展。在这一时期，美国心理学家斯金纳（Skinner）提出了他的理想，即增进人类学习成效，开发有效的教学材料。为实现这一目标，他提出了程序教学的概念，并将其付诸实践。程序教学的主要思想是将教学材料分解为小步骤，逐步呈现给学生。学生需要对每个问题做出回答，并且教学材料要及时提供反馈，允许学生按照自己的步调学习。斯金纳的研究方法积累了大量的试验数据，并进行了不断的修正和调整，这种方法实际上就是今天所称的"形成性评价"方法。斯金纳的教学材料开发过程和步骤对后来的教学设计模式产生了深远的影响。他的方法强调了学习过程中的逐步指导和及时反馈的重要性，这为后续的教学设计提供了重要的借鉴。同时，程序教学的理念也促进了教学设计模式的多样化和创新，为教育领域带来了新的发展机遇。在斯金纳的理念影响下，教学设计不再是简单地传授知识，而是更加关注学生的学习过程和效果。教学材料的设计变得更加系统化和精细化，更加注重学生的个性化学习需求。这一时期的教学设计实践推动了教育领域的发展，为学生提供了更为有效和切实的学习体验。

（四）转型发展期

在20世纪60年代初，任务分析、目标陈述和标准参照测试等概念相继兴起，这些概念通常融合在一起，构成教学模式，为系统地开发教学材料服务。最早描述这种设计过程和模式的专家是加涅（Gagne）等人。这些专家运用诸如"教学设计""系统开发""系统教学"和"教学系统"等术语来描述他们创造的模式。在这一阶段，巴纳斯（Banas）等人开发了一些教学模式，并应用到实际之中。经过数十年的孕育期，特别是诞生兴起期的发展，使教学设计在20世纪60年代末至20世纪70年代初终于正式成为一门独立的学科。对于这一结论，国内外学者的看法比较一致。荷兰教育技术学家迪杰斯（Dijess）认为，教学设计的构想最初起源于美国，它跟教育技术学密切相关。所谓教育技术学是对待教育的一种观点，该观点起源于 20 世纪 50 年代的美国，它把工业制造和系统工程学引入了教育。根据这种观点，教学设计问题的解决方法都可以被概括在一个设计模型中。到 20 世纪 60 年代后期，教学设计的研究已经形成一个专门领域。我国有学者认为，"教学设计学作为一门新兴学科，它用一种解决教学问题的系统方法过程作为基本框架，将许多重要的理论概念加以有机结合，构成一个新的知识体系。" 20 世纪 80 年代以来，教学设计的发展逐渐进入转型发展时期，至今这一过程仍在持续。

第三章　高职英语教学方法的创新

第一节　词汇教学方法的创新

一、高职英语词汇学习的重要性

　　词汇是语言的基础，维系着语音与语法。对一门语言进行教学或者学习，首先就需要从此会方面入手，在掌握了较大量的词汇之后，才能够对词组、句子以及语法融会贯通，尤其是对初学者来说，掌握较大的词汇量远比掌握语法结构重要得多。特别是在高职英语教学中，大部分学生都缺少用英语进行交流的环境，这就需要从最基础的词汇抓起，进行教学。词汇也是学习英语并用其进行交流的基础，许多学生由于掌握的词汇量不够而无法将自己所想表达清楚。对高职学生来说，在考试中会遇到听力、阅读等类型的题目，要想做好这些题目，离不开掌握大量的词汇。学生只有掌握了大量的词汇，在进行听力测试时才能迅速反应过来录音中所表达的含义，特别是在进行阅读时，学生的词汇量如果较小，只能靠猜来理解文意。如果学生掌握了一定的词汇量，即便不能将整篇文章看懂，也可以依托自己能看懂的部分并根据上下文对整篇文章进行合理的推测，在学习外语时，只有掌握了大量的词汇才能更好地进行听力与阅读的测试。可以说，词汇量在一定程度上制约着学生进行外语学习的效果。

二、创新高职英语词汇教学方法

（一）激发学习兴趣

　　高职院校的学生普遍缺乏学习文化课知识的热情，这就要求教师采取一些列的措施，激发学生学习英语的兴趣，从根本上让学生认识到英语的乐趣以及重要性。教师在教学过程中可以采取竞赛的方式，在进行完词汇的讲解之后，在课上给学生一定的时间，让其进行记忆，并当场与其他同学进行比拼，选出在最短的时间内记忆了更多单词的同学，并给予其一定的奖励。词汇记忆竞赛可以以小组为单位开展，也可以以学生个人为单位开展，让学生在不断的竞争中激发斗志，激励学生更用功的学习英语词汇。教师在进行词汇的讲解时需要采用多种方法。例如一些名词，教师可以向学生展示图片，让学生更为形象直观的理解其含义，教师可以将每堂课的词汇进行分类，根据词性教授给学生。例如在学习形容词时，教师可以将这些形容词串联到一个故事之中，最好能给这个故事配图或者制作成小动画，这样一边让学生进行观察，以便为学生进行讲解，可以有效的激发起学生学习英语词汇的兴趣。

在时间较为充裕时，教师可以根据所授内容设计一些游戏，让学生在玩的过程中不断学习词汇。例如教师可以根据词汇内容设计一些谜语，要注意用英文编写谜语，在解释的过程中也尽量利用中文，在学生实在无法理解时再利用中文进行讲解。在学生掌握了一定的词汇量之后，教师可以带领学生进行词汇接龙、故事新编等游戏，将学过的词汇在游戏中不断重复，从而加深印象。这样教师通过改进教学方式，是学生认识到英语词汇学习是快乐的，才能激发学生学习词汇的兴趣。同时，教学形式的丰富还可以降低学生识记单词的难度，使学生能够更为直观地理解单词的含义，教师还要注意在授课过程中及时对学生进行鼓励，特别是一些在单词的学习上明显落后的学生，教师要给予其一定的帮助。

（二）掌握记忆方法

掌握大量的词汇不能仅仅依靠死记硬背，还需要掌握一定的方法。高职院校的学生在合理的学习方法上比较欠缺，需要教师进行总结，并予以传授。在记忆词汇时，教师可以鼓励学生将所学过的单词进行分类与比较，选出词义相近或者构词相近的词汇，在比较中加深印象。还要鼓励学生将单词的拼写与其读音结合起来，通过音标来判断单词的拼写，这样不仅能够帮助学生记忆单词，还能够矫正其读音。联想法也是记忆词汇的好的方法，在进行记忆时可以将词汇所对应的固定搭配以及相关的变形进行归纳，这样在记忆一个单词的同时，可以进行一系列的复习，使得英语学习更加系统化。例如offer这个单词，它在不同的用法中可以表示给予、提供、试图做某事、出价、贡献等含义，这个单词的拼写对高职学生来说十分简单，但如何记清这些词汇的含义对学生来说有一定的难度。教师就可以将有关offer的固定搭配整理给学生，并根据这些固定搭配编写一个小故事，尽量将这些搭配都运用进去学生就可以在不断地回忆故事的过程中加深对offer的理解。

（三）多媒体教学

通过利用多媒体资源，如视频、音频、图片等，来呈现高职英语词汇内容，可以使学习过程更加生动直观。借助在线学习平台或者自制教学视频，可以激发学生的学习兴趣，带动他们积极参与。在这样的教学环境下，教师可以结合具体的词汇内容，设计精美的图片、图表或实地拍摄的视频，来呈现词汇的意思、用法及相关场景。例如，对于工程领域的英语词汇，可以通过展示工程设备的图片或视频，并配以相关的英文词汇和解释，让学生能够直观地理解词汇的含义和在实际工作中的应用场景。利用音频资源可以帮助学生更好地掌握词汇的发音规则和语调。通过播放标准的英语音频，让学生模仿跟读，并及时纠正发音错误，提高他们的口语表达能力。教师还可以设计一些互动性强的教学活动，如词汇游戏、小组讨论等，结合多媒体资源，让学生在轻松愉快的氛围中学习词汇，提高他们的学习积极性和参与度。利用多媒体资源进行高职英语词汇教学，不仅可以使学习过程更加生动有趣，还能够提高学生的学习效果和学习动力，是一种有效的教学方法。

（四）游戏化学习

1.单词拼图

将词汇单词的字母打乱，让学生通过重新排列字母来拼出正确的单词是一种互动性强、生动有趣的高职英语词汇教学方法。教师可以根据学生的英语水平和课程内容，设计不同难度的拼图，逐渐增加挑战，以促进学生对词汇的掌握和记忆。教师可以选择一些与课程内容相关的高频词汇，将它们的字母打乱，形成拼图。对于初学者，可以选择一些较简单的词汇，如基础的动词、名词或形容词。

而对于英语水平较高的学生，则可以选取一些更具挑战性的专业术语或者复合词汇。教师可以将打乱的字母以拼图的形式呈现给学生，要求他们根据已知的字母，重新排列组合，构成正确的单词。学生可以个人或小组合作完成拼图，增加了互动性和合作性。为了增加趣味性和挑战性，教师可以根据课程内容和学生的实际情况，设计一些特殊的拼图形式，如根据给出的提示词汇来拼写相关词汇、结合图片来拼写单词等。在教学过程中，教师应及时给予学生反馈和指导，鼓励他们尝试不同的拼写方式，并在拼图完成后，逐一核对答案，强化正确的拼写。通过这种形式的词汇教学，不仅可以提高学生对词汇的记忆和掌握，还能够培养他们的逻辑思维能力和团队合作意识，是一种富有趣味性和实用性的教学方法。

2.闪卡游戏

在高职英语词汇教学中，采用闪卡游戏是一种活泼生动、互动性强的教学方法。通过准备一组包含词汇和对应图片的闪卡，让学生在规定的时间内猜出单词或给出单词的释义，不仅可以增强学生的词汇记忆，还能够培养他们的语言应用能力和团队合作意识。为了进行闪卡游戏，教师需要事先准备一组闪卡，每张闪卡上包含一个英语词汇和与之对应的图片。这些词汇应当与当前课程内容相关，并且涵盖学生已经学过或即将学习的单词。图片的选择应当清晰明了，能够直观地表达词汇的含义，从而帮助学生更好地理解和记忆单词。在课堂上，教师可以将学生分成小组，每个小组派出一名代表来参加游戏。也可以选择个人比赛的形式，让每个学生独立作答。在游戏开始前，教师可以简要说明游戏规则和计分方式，以及奖励机制，如得分最高的小组或个人可以获得奖励。教师将闪卡逐一展示给学生，学生需要在规定的时间内快速作出反应。对于给出词汇，学生需要说出对应的图片或释义；对于给出图片或释义，学生则需要说出对应的词汇。在游戏过程中，可以设置时间限制，增加游戏的紧张氛围和挑战性，激发学生的竞争欲望。同时，为了增加游戏的趣味性和互动性，教师还可以设计一些特殊的闪卡任务，如谜语闪卡、填空闪卡等。这些任务不仅能够检验学生对词汇的掌握程度，还能够锻炼他们的逻辑思维和创造力。在游戏结束后，教师可以统计每个小组或个人的得分，并进行总结和讨论。通过分析游戏中出现的错误或不足之处，可以帮助学生发现和纠正自己的问题，进一步提高词汇记忆和语言运用能力。闪卡游戏作为一种活泼生动的词汇教学方法，不仅能够增强学生的学习兴趣和参与度，还能够有效提高他们的词汇记忆和语言运用能力。通过合理设计游戏规则和任务，以及及时给予反馈和指导，可以使闪卡游戏成为高职英语词汇教学中的一种有效工具，为学生的学习带来更加丰富的体验和成果。

3.词汇挑战赛

在高职英语词汇教学中，分为团队比赛或个人比赛，并设置不同的关卡和题目，是一种富有趣味性和互动性的教学方式。通过这种形式的比赛，不仅可以激发学生的学习兴趣，还能够提高他们的词汇记忆和语言运用能力。教师可以根据班级人数和学生水平将学生分成若干个小组，每个小组派出一名代表参加团队比赛，也可以选择个人比赛的形式。在比赛开始前，教师可以简要说明比赛规则和奖励机制，以及各个关卡的任务和要求，让学生充分了解游戏的流程和目标。教师可以设置不同的关卡和题目，增加游戏的多样性和趣味性。比如，第一关可以是词汇释义配对，学生需要根据给出的词汇释义，找到对应的单词；第二关可以是填空题，学生需要根据句子的语境填写合适的词汇；第三关可以是听写，学生需要听取教师朗读的句子，然后写出听到的词汇。在比赛过程中，教师可以设置时间限制和答题要求，增加游戏的紧张氛围和挑战性。同时，可以通过设置不同的关卡难度，逐渐增加游戏的挑战，让学生在竞赛中不断提高自己的词汇水平。为了增加游戏的趣味性和互动性，教师还可以设计一些特殊的任务和挑战，如谜语解密、词汇连连看等。这些任务不仅能够检验学生对词汇的掌握程度，还能够锻炼他们的逻辑思维和团队合作意识。在比赛结束后，教师可以根据学生的表现进行评分和总结，并给予相应的奖励和鼓励。通过分析比赛中出现的问题和不足之处，可以帮助学生发现和纠正自己的错误，进一步提高词汇记忆和语言运用能力。团队比赛或个人比赛结合不同的关卡和题目，是一种富有趣味性和实用性的高职英语词汇教学方法。通过合理设计比赛规则和任务，以及及时给予反馈和指导，可以使比赛成为学生学习词汇的有效途径，为他们的英语学习带来更加丰富的体验和成果。

4.词汇接龙

学生围绕一个初始单词，每人轮流说出以前一个单词结尾字母开头的新单词，形成一种称为"单词接龙"的有趣游戏。这个游戏不仅能够锻炼学生的词汇记忆，还可以培养他们的思维灵活性和逻辑推理能力。在高职英语词汇教学中，通过这种形式的游戏教学，可以使学生在轻松愉快的氛围中提高词汇量，加深对词汇的理解和应用。教师可以选择一个适当难度的初始单词，最好与当前学习的词汇或主题相关。例如，如果正在学习关于环境保护的词汇，初始单词可以是"environment"（环境）。然后，教师向学生解释游戏规则，让学生明白他们需要说出以前一个单词结尾字母开头的新单词。学生按照规则依次进行游戏，每人说出一个新单词，以前一个单词的结尾字母作为新单词的开头字母。例如，如果前一个单词是"environment"，那么下一个单词可以是以"t"开头的单词，比如"tree"（树）。接着下一个学生要以"e"开头的单词，比如"earth"（地球），依此类推。在游戏过程中，学生需要运用他们所学的词汇知识，以及逻辑推理能力，来选择合适的单词。这不仅需要他们熟悉词汇，还需要他们能够迅速地联想到以某个字母开头的单词，这样能够锻炼他们的词汇记忆和思维灵活性。如果有学生无法接上，那么他将被淘汰出局，直到最后只剩下一个学生为胜利者。这样的竞争性规则能够激发学生的参与热情，增加游戏的趣味性和紧张感。除了提高词汇量和思维灵活性外，单词接龙游戏还可以促进学生之间的合作与交流。学生们在游戏中可以相互帮助，共同思考如何选择合适的单词，这有助于增强他们的团队合作意识和沟通能力。教师可以在游戏结束后对学生的表现进行总结和评价，给予他们适当的鼓励和反馈。通过这种形式的游戏教学，学生们不仅能够在愉快的氛围中学习，还能够在游戏中不知不觉地提高自己的词汇水平，是一种非常有效的高职英语词汇教学方法。

5.词汇抢答

在高职英语词汇教学中，采用音频或视频片段抢答游戏是一种生动有趣、具有互动性的教学方式。通过播放包含待学习词汇的音频或视频片段，让学生在听到目标词汇后迅速抢答，不仅可以加深他们对词汇的记忆，还能够培养他们的语言理解能力和反应速度。教师需要事先准备好包含待学习词汇的音频或视频片段。这些片段可以是对话、新闻报道、广播节目等各种语言环境下的实际应用场景，其中包含了需要学习的目标词汇。片段的选择应当与当前课程内容相关，并且具有一定的难度，以激发学生的学习兴趣和挑战性。在课堂上，教师可以播放这些音频或视频片段，并在播放过程中突然停顿或屏幕冻结，让学生在听到目标词汇后迅速抢答。学生可以口头回答、举手或使用答题卡等方式参与抢答，以增加互动性和参与度。为了增加游戏的趣味性和挑战性，教师可以设置一定的奖励机制。例如，抢答正确的学生可以获得一定数量的积分或奖励，或者获得表扬和鼓励。这种奖励机制可以激发学生的学习积极性和参与度，提高他们对词汇的记忆和理解能力。教师还可以在抢答过程中给予适当的提示和指导，帮助学生更好地理解和运用目标词汇。例如，可以提供词汇释义、示范用法或者相关的语境信息，以帮助学生更准确地抢答。在抢答游戏结束后，教师可以对学生的表现进行总结和评价，并给予相应的奖励和反馈。通过分析学生的抢答情况和问题反馈，可以帮助他们发现和纠正自己的错误，进一步提高词汇记忆和语言运用能力。音频或视频片段抢答游戏作为一种生动有趣的词汇教学方法，不仅能够提高学生的学习兴趣和参与度，还能够有效地促进他们对词汇的理解和记忆。通过合理设计游戏规则和奖励机制，以及及时给予反馈和指导，可以使抢答游戏成为高职英语词汇教学中的一种有效工具，为学生的学习带来更加丰富的体验和成果。

第二节　阅读教学方法的创新

一、创新高职英语阅读教学研究的重要性

（一）对这一教学的认知分析

高职学校重点在于培养学生的专业技术能力和实际操作能力，对学生的综合能力的培养和提升有很大的作用。高职从相关数据和统计中，我们不难发现，在高职英语教学这一领域还有很大漏洞。举例说明，在英语阅读教学方法改进中，人们往往定义英语教学是记忆和练习，严重存在表面形式主义，没有贯彻到实际中去，这也很大程度上限制了英语阅读教学方法的创新。在对需要专业能力的企业来说，英语不单单是单词练习，还有更多涉外的商业信函和口语交际等能力需

要培养，那么英语阅读能力就是基础保障了。我们要通过对高职英语阅读教学的课程研究，教学的相互协调配合，进一步提升学生能力，培养综合应用型人才。通过问卷调查和课堂抽查等形式，我们深入学生思想中去，了解他们的真实想法和学习情况。在对于高职英语阅读学习中，学生强调说对教学模式有着一些不够积极的态度，认为存在学习难度，而且对教师讲课的方式希望能够不断创新，运用各种软件或者有趣的学习可见，浅显易懂的让阅读能力得到提升。国家教育部也对英语阅读提出了实际要求，要求学生在简单的基础上不断深入研究学习，拥有较高的专业能力，对未来工作有很大的帮助，也能开阔视野。总得来说，高职英语阅读教学方法的研究探讨势在必行，努力让英语阅读真正提升发挥作用。

二、高职英语阅读教学的策略分析

（一）情景带入学习，激发学生兴趣

互联网信息技术的发展，让我们将想象事物变成了可以看的见用得上的东西。在高职英语阅读教学中，我们要改变以往传统的教学模式，不局限在课本的灌输，教师可以通过对课件的丰富完善，提前设置课堂素材。通过对本章节的学习重点归纳，在网上进行搜索学习，作用有趣的图形文字，或者视频播放等方式呈现给学生，还可以在这一过程中师生互动，共同完成，也能让学生提高自学积极性和开拓学习视野范围。最后，以问答方式，让学生主动分析回答问题，老师对其补充，使学生对于所需要掌握的知识有一个清晰的框架归纳，完成预订教学目标，提高学生掌握程度。

（二）小组探究学习，引导学生自我总结

一个人的力量是有限的，但多个人力量加在一起便会翻倍。小组学习一直是教学模式中所推广的，不仅能让学生相互合作，还能取长补短，弥补学习上的疏漏点。传统的英语小组学习，只是单纯的在课堂上大家讨论互动，然而这一操作暴露了很多学生不愿意讨论学习任务的缺点。我们可以通过在教学课堂之前，分配给各个小组教学任务，并且指导告知一些学习软件，采取奖励制的措施，激发学生的求知心。同时这一过程，还提高了学生的动手操作能力，提高他们对互联网学习的熟练度，增进英语阅读内容的理解，提高学习总结能力，让有效的课堂

时间发挥最大的有效性，切实提高英语学习效果。

（三）提高思维导图在高职英语阅读教学中的应用

思维导图是现代工作和学习常用的方法之一，是一种图形思维工具，帮助表达内心意思和总结概括。这个方法在互联网发展的时代不断更新进步，数字化、立体化等模式更加形象多样化。在高职英语阅读教学中，通过这个方法，可以帮助学生们将思维和语法联系在一起，建立相互关系。同时教师在这一过程中，要做好辅导作用。首先让学生们自我制作，然后根据学习任务和英语阅读的具体内容，对所绘制的思维导图进行指导修正。例如，在制作中，各个英语内容的关键词能否准确找出、各句中的语法时态能否准确判断、阅读的整体掌握表达是否清楚等突出问题，通过这种方式，快速的将学生和知识融入一起，帮助学生清晰掌握文章主题结构和内容，达到英语阅读教学内容的最大化掌握，提升学生的英语阅读兴趣。

（四）培养学生良好的学习习惯

在高职英语阅读教学中，教师的教学模式方法能促进学生对英语阅读能力的提升，同时学生的自我学习习惯，也是重要的环节。教师应该对于学生的学习情况进行相应的学习指导，提出建议，引导学生树立良好的英语学习和阅读习惯。在实际教学中，学生的能力是有差异的，可以从英语的完形填空、短篇阅读能开始，布置在规定的时间完成学习任务，而且根据自己的学习能力和情况进行标注圈点，做好学习笔记。在逐渐熟练的进度中，加强学习难度和学习任务，当然针对较难的长篇阅读，可以分开段落理解，然后在整体把握，让学生在自我学习中获得更多的知识技能，有利于养成良好的学习习惯，奠定有效的学习基础。

（五）教授阅读策略

掌握一定的阅读策略对学生的阅读大有帮助。因此，阅读教学中，教师应注意阅读策略的传授，不能一味沿用旧的教学方法，让学生按照自己的指挥来学习。概括来说，阅读中常用的策略主要有以下几种。

1.略读

略读是一种快速阅读文章以获取文章大意的阅读方式。这种阅读方式要求读者以意群为单位，双眼迅速扫读文章，同时注意选择一些重要的词语、句子来读，以获取主要信息，那些次要的信息和细节—不影响文章大意理解的词句、段落则可以直接略过。需要指出的是，略读过后，读者要能够确定文章结构和作者语气。略读的作用主要在于快速抓住文章梗概、测试读者在只阅读部分句子的情况下对文章的掌握程度。根据略读的结果，读者可以进行针对性训练，从而提高阅读的效率。

2.跳读

如果在阅读中只需要查找我们所需要的信息，这时就没有必要逐字逐句、从头到尾通读下去，而是可以采用跳读的方式。跳读尤其适用于时间紧迫，不能进行通篇阅读，而对选择题中的几个选项又无法判定时，其目的是根据问题寻找答案，准确定位详细而又明确的信息。

3.寻读

和略读、跳读一样，寻读也不需要对文章进行逐字逐句的阅读，而只需根据需要在文章中迅速搜寻所需内容。这种具有极强针对性的阅读技巧提高了阅读速度。在寻读过程中，学生可快速浏览全篇，忽略与题目要求不相关的信息，积极寻找和题目相关的内容。

4.寻找主题句

文章是由段落组成的，因此对段落大意的理解是语篇理解的基础。理解段落大意的关键是寻找主题句。主题句是文章大意的概括，结构较为简单，一般位于段落的开头，有时也位于段落的结尾或中间，甚至隐含在段落里面，需要读者认真分析、理解。

5.推理判断

并不是所有的信息都能从文章字面意思上看出，有时就需要推理判断。推理判断对学生的要求较高，它要求学生要以理解全文为基础，从文章提供的各个信息出发，对文章逐层进行分析，最后准确推断出文章的中心思想。推理判断有直接推理判断和间接推理判断之分。直接推理判断是指在理解原文表层含义的基础之上，结合所提供的信息推断文章的结论。间接推理判断是指挖掘文章的深层含义去推测作者的态度和文章的主题等。

6.猜测词义

猜词策略要求读者根据上下文线索、逻辑推理、背景知识及语言结构等知识猜测某一生词、难词、关键词的词义。熟练掌握猜词策略对提高阅读速度与能力、增强英语阅读的兴趣和信心具有极大的促进作用。具体来说，猜词策略主要有以下几种。根据定义猜测词义。为了便于读者理解，很多作者都会对文章中论文的概念做进一步的解释和说明，而且常会使用一些标志性短语，如which means、in other words、namely、refer to等，据此就可以猜测词义。利用同义词和反义词猜测词义。在介绍或说明某个概念时，文章作者常会采用与其相同或相反的词来重复说明，根据这些同义词和反义词就可以猜测词义。根据上下文猜测词义。有时，生词所在的上下文会为其语义提供指引，学生可利用生词所处的语言环境来猜测词义。利用构词法猜测词义。英语构词法知识，如词根、词缀、混成法、截短法等是词义猜测的一个重要而且科学的方法。

（六）引导学生读前预测

有效合理地使用阅读策略和技巧对提高阅读能力发挥着重大的作用。而根据元认知策略，对文章内容进行有根据的预测是阅读前的一项重要准备，如果做好了读前的预测工作，那么学生就会在头脑中对文章构成合理的想象。对文章有一个大致的了解，并形成初步的阅读计划，进而胸有成竹地继续阅读。因此，在阅读教学中，教师首先应向学生布置相关的预测任务。在进行整篇阅读之前，教师可要求学生依据文章的标题以及文中的插图等信息对文章内容进行有根据的预测。与此同时，教师要充分发挥课堂提问的作用，通过有效的提问来激发学生的想象力，并组织学生积极展开讨论，以扩大话题，发散学生的思维，从而使学生的预测与文章内容更加接近。此外，教师还可以从文章中找出一些关键词，让学生根据这些关键词展开想象，预测文章的内容。让学生对文章的内容进行预测，不仅可以激发学生的学习兴趣，发展学生的思维和想象力，还能培养学生的预测和推断能力，进而培养学生的阅读能力。

（七）引导学生读中监控

在阅读过程中，教师要根据不同的阅读目的引导学生采用不同的阅读策略。如果阅读文章只需要了解其大概含义，就可以采用泛读法，具体来讲，教师可以引导学生阅读文章的首尾段以及各个段落的首尾句，找出各段的主题句、中心句等，来了解文章的各段大意。如果需要对文章进行全面细致的了解，就需要精读或细读，在了解整篇文章的大概意思之后，还要引导学生对文章的句子、短语和词汇进行细致理解，分析重要的句子结构和语法。对于一些较难且重要的文章，教师则要引导学生对重要句子的语法点进行深入的分析和比较，梳理清句与句之间的内部关系，弄清句子的深层含义和作者的意图与观点。而这些都需要学生根据阅读目的对自己的阅读策略和过程进行有意识的监控，即在实际的监控过程中依据上下文猜测词义，找出能体现作者写作意图的句子，并提出自己的观点。此外，教师在教学中还要指导学生根据自己的阅读情况调节自己的阅读速度，减慢或者加快，但这要在保证准确理解的基础上对阅读速度进行调整，以保证阅读的有效性。

（八）引导学生读后反思

学生阅读完以后，教师要引导学生反思和评价自己的阅读情况，总结阅读经验，在日后遇到同类问题时能够更好地处理。具体来说，教师要教会学生如何分析和解决阅读中的问题，如遇到生词和陌生的语法时，不能因为抠生词含义而降低阅读速度，导致阅读时间不足，继而影响对整篇文章的理解。另外，教师还要让学生总结阅读过程中哪里做得好，哪里做得不好，找出原因和解决的办法，并写成反思日记，作为以后的借鉴。

三、创新英语阅读教学的方法探索

（一）网络英语阅读教学的优势

随着网络技术的不断创新和升级，网络英语阅读教学在高职院校中得到了广泛的肯定和发展。这种发展主要体现在教学模式的改变、教学内容的形象化以及教学手段的探索等方面。通过创新的教学方法，将听、说、读、写等英语技能融为一体，达到提升教学质量的目的。现代网络技术为高职院校英语阅读教学带来了更加丰富多样的教学模式。传统的英语阅读教学往往局限于课堂讲解和书本阅读，而网络技术的应用可以将教学内容形象化呈现，通过图文并茂的方式使学生更容易理解和记忆。例如，利用网络教学平台，可以制作生动的课件、教学视频等，使学习过程更加生动有趣，激发学生的学习兴趣。网络英语阅读教学的发展还提升了学生的英语学习和掌握能力。通过网络教学，学生可以随时随地进行学习，不受时间和地点的限制，提高了学习的灵活性和自主性。同时，网络资源丰富，学生可以通过网络平台获取海量的英语学习资源，包括英语文章、英语小说、英语影视等，有利于拓展学生的英语阅读广度和深度。网络英语阅读教学还可以提高学生的动手实践能力。通过网络教学平台，学生可以参与各种英语阅读活动和实践项目，如在线阅读社区、英语写作比赛等，从而提高自己的英语表达能力和写作能力。同时，网络教学还可以提供实时的在线交流平台，学生可以与老师和同学进行互动交流，分享学习心得和体会，促进学习效果的提升。网络英语阅读教学为高职院校的英语教育带来了全新的发展机遇。通过创新的教学模式和手段，提高了教学的灵活性和有效性，使学生能够更好地掌握英语阅读技能，为其未来的学习和职业发展奠定了坚实的基础。

（二）网络行为的自主性和操作性

网络技术的迅速发展为高职院校的英语阅读教学带来了前所未有的机遇和挑战。网络作为一个巨大的信息资源库，可以及时更新学习信息，为学生提供更加及时有效的学习资源。在英语阅读教学中，学生可以通过网络平台获取最新的英语文章、新闻报道、学术论文等各种资料，极大地丰富了他们的学习内容，提升了学习的实用性和生动性。网络教学为高职英语阅读学习提供了更加灵活多样的参与方式。传统的教学模式往往局限于课堂讲解和书本阅读，学生的学习形式比较单一，难以调动学生的学习积极性。而通过网络教学，学生可以随时随地进行学习，不受时间和地点的限制。他们可以根据自己的兴趣和需求选择合适的学习资源，自主安排学习时间，提高了学习的自主性和灵活性。网络教学可以帮助学生及时发现和纠正自身的学习问题。通过网络技术，学生可以进行自我诊断和自我评估，分析自己在英语阅读学习中的薄弱环节和不足之处。他们可以利用各种在线评测工具进行自测，了解自己的学习水平和掌握情况，及时调整学习策略，提高学习效果。网络教学还可以提高学生的学习兴趣和注意力集中度。通过网络平台呈现的学习内容更加生动直观，例如通过视频、图片、音频等多媒体形式呈现，可以吸引学生的注意力，激发学习的兴趣。同时，网络教学还可以提供在线互动平台，学生可以与老师和同学进行实时交流和讨论，分享学习心得和体会，促进学习效果的提升。网络教学为高职英语阅读学习提供了更加便捷、灵活和多样化的学习方式。通过充分利用网络技术，学生可以随时随地进行英语学习，获取最新的学习资源，及时发现和纠正学习问题，提高学习兴趣和效果，为其未来的学习和职业发展打下坚实的基础。

（三）网络英语阅读教学需要注意的弊端

网络教学的引入确实为高职英语阅读教学带来了革命性的变革，但同时也带来了一些挑战和问题。尤其是在学生使用网络进行学习时，可能会遇到一些诱惑和挑战，影响到他们的学习效果和学习态度。网络的双向性给学生带来了诱惑。网络上充斥着大量的娱乐内容和社交平台，各种诱人的信息和游戏让学生很容易分心，忽略了英语阅读学习的重要性。有些学生可能会沉迷于网络世界，花费大量时间在社交媒体上，而忽视了英语阅读学习的时间和精力。这样一来，他们可能会选择简单地搜索答案，完成任务，而缺乏深入思考和自主学习的能力，导致学习效果的真实性受到质疑。学生需要清楚地认识到网络教学与实际课堂教学的区别。虽然网络教学可以为学生提供更加便捷和丰富的学习资源，但它仍然只是一种辅助性的工具和平台。学生不能完全依赖网络教学，而应该结合实际课堂教学进行学习。在实际课堂中，学生可以与老师和同学进行面对面的交流和互动，获得及时的反馈和指导，培养更加扎实的英语阅读能力和学习习惯。因此，我们应该充分认识到网络教学的优势和局限性，合理利用网络资源，引导学生正确使用网络进行学习。教师应该加强对学生的引导和监督，帮助他们建立正确的学习态度和方法，培养他们的自主学习和批判性思维能力。同时，学校和教育部门也应该加强对网络教学平台的管理和监管，确保网络教学的质量和安全性，为学生提供一个良好的学习环境和条件。网络教学虽然带来了一些挑战和问题，但只要我们充分认识到其优势和局限性，合理利用和引导，就能够最大程度地发挥其在高职英语阅读教学中的作用，提高学生的学习效果和学习质量，实现教育教学的双赢。

第三节　语法教学方法的创新

一、语境法

运用语境法教授语法是指结合具体的语境对语法知识加以阐释。这种教学法于无形中解决了传统语法教学中对外在语言环境的忽视。例如，可以在模拟的情景中扮演角色，在角色扮演中巧妙地创设语言情景来设计语法教学。这样不仅能克服非母语教学的缺陷，而且还利于激发学生对于语法学习动力和兴趣，提升教学活动的效果。教师引导学生想象搬新家后的情景，情景中涉及的情境包括自己的房间如何设计以及家具如何摆放，其中家具包括a sofa，two armchairs，pictures on the walls，a television set，a light，a piano，a table lamp，and so on。两人一组讨论，限时 10 分钟。教师播放一个内容涉及两个人决定如何在起居室摆放自家家具的对话录音，对话中涉及大量介词的使用，并让学生画出所有家具的位置。

二、竞技法

竞技法是运用知识竞赛来促进语法教学的一种方法。这种方法能通过对学生好奇心、求胜心的调动来提高学生的语法学习的兴趣。对大学生而言，这种方法也对课堂氛围的调动具有积极的作用。在语法教学中，运用竞技法可按如下步骤展开教学。对学生首先进行分组，每讲完或要求学生看完 1–2 个语法现象之后，学生提问。问题的形式可设置为必答题和抢答题两种。答题方式可按组为单位也可由组代表来回答。同时，教师还可以根据各组回答情况的好坏，让其他组同学给予适当的精神上的掌声鼓励，以勉励回答差的个人或小组。下课之前，教师还应留给学生几分钟的时间，让他们全面浏览自己本节课的语法笔记，并以个人或分组的形式就刚讲完的语法知识进行竞赛，进而巩固当天所学。事实上，这种竞技法的语法教学的开展方法不止一种，教师可以根据班级情况采取多种多样的方法。

三、四步教学法

四步教学法是根据语言学家们提出的交际语言教学模式即"交际—呈现—练习—再交际"演变而来的，这种教学法将语法教学分为"展示—解释—练习—评估"四步课堂教学程序。在具体的教学中，可按如下步骤来实践。

（一）展示

在英语语法教学中，如何有效展示语法项目是至关重要的，因为它直接影响着学生对语法知识的理解和掌握程度。展示方式的选择应根据具体情况和学生的需求来确定，多样化的展示方式可以更好地激发学生的学习兴趣和注意力，提高教学效果。一种常见的展示方式是将语法项目融入到课文或对话中进行展示。通过精选的文本材料，学生可以在实际语境中直观地感受语法结构的运用和含义，加深对语法知识的理解。教师可以通过分析课文或对话中的语法现象，引导学生发现语法规则和结构，并进行归纳总结。这种方式不仅使语法学习更加生动有趣，还能够帮助学生将语法知识与实际语言运用相结合，提高语言表达能力。另一种展示方式是通过情景或训练材料展示语法项目。教师可以设计各种情景或场景，让学生在实际情境中运用语法知识进行交流和表达。例如，通过角色扮演、情景模拟等方式，让学生在特定情景中运用特定的语法项目，加深对语法知识的理解和记忆。此外，还可以利用丰富多样的训练材料，如练习册、语法练习题等，让学生通过实际练习掌握语法项目的应用技巧。除了以上两种方式，还可以采用多媒体技术进行语法项目的展示。通过图片、视频、音频等多种形式的展示，可以使语法知识更加形象直观，激发学生的学习兴趣。例如，可以通过播放相关视频或音频素材，让学生听、看、说、写，全方位地感受语法知识的运用，从而加深记忆和理解。在选择展示方式时，教师应根据学生的学习特点和教学目标来确定，灵活运用多种方式相结合，使教学更加生动有趣，提高学生的学习积极性和效果。同时，教师还应注重对学生的引导和激励，培养其自主学习的能力，使其在语法学习中能够主动探索、积极思考，不断提升语言水平。

（二）解释

在教学中，教师需要以学生为中心，通过多种方式来有效展示语法项目，使学生能够理解、掌握并运用语法知识。其中，从语法结构所在的上下文中提取语法项目是一种常见的教学方法。教师可以选择适当的文本材料或对话片段，将语法项目置于其中，并对其作用、结构、使用规则和意思进行解释和说明。这种方式有助于学生在实际语境中感知语法知识的实际运用，增强理解和记忆。除了直接解释外，教师还应该启发学生观察句型的结构特征，采用发现性的方法或策略，让学生通过自主探索、分析和总结的方式理解语言的使用规则。通过引导学生参与讨论和交流，激发学生的学习兴趣和主动性，提高学习效果。同时，在讲授新的语法项目时，教师还可以运用熟词、句型、短句等将语法规则融入具体的语言环境中分析，帮助学生更好地理解和记忆。教师在教学过程中需要注意难点的处理。难点不宜太过集中，应该适当分散，以保证学生的学习质量和效率。同时，教师应避免过于沉淀在规则以外的特殊情况，以免深入讨论导致学生理解的混淆。解释语法规则时，教师应该简单明了，避免使用过于专业的术语，适当地使用母语进行辅助解释，并结合实际的例子来说明，帮助学生更好地理解。教师在教学语法项目时应该灵活运用多种教学方法，以学生为中心，注重启发学生的思维，培养其自主学习的能力。通过多样化的展示方式和交互式的教学方式，帮助学生建立起对语法知识的正确理解和应用能力，从而提高英语学习的效果。

（三）练习

在教学中，一旦语法规则和用法被展示完毕，为了帮助学生更好地掌握所学内容，教师可以设计一系列课堂练习。这些练习可以分为控制、半控制和自由运用三个层次，以逐步巩固和提高学生对语法项目的理解和运用能力。控制练习可以帮助学生逐步熟悉和掌握语法规则。这种练习可以是填空练习、选择题练习等，让学生在固定的语境中运用所学的语法知识，从而加深对语法规则的理解。例如，学生可以被要求填写空白处的单词或词组，使其符合语法要求。半控制练习可以在一定程度上引导学生，让他们更加自主地运用语法知识。这类练习可以是简单的句子构建或对话编排，要求学生根据给定的语法规则，完成一些特定的任务。例如，学生可以被要求根据所学的语法规则，编写一段对话或短文。自由运用练习是为了让学生在真实语境中自由运用所学的语法知识。这种练习可以是口语活动、写作练习或完成任务，让学生将语法知识应用到实际生活中去。例如，学生可以被要求以所学的语法为基础，自由发挥，进行口语对话或写一篇文章。在设计练习的方式时，教师应该灵活多样，结合课程内容和学生的实际情况，采用不同形式的练习方式。同时，练习的内容应该紧密围绕着所学的语法项目，注重形式与意义的结合，让学生在练习中不仅能够熟练掌握语法规则，还能够理解其在语言交际中的实际运用。语法练习还应该体现交际的成分，突出语用原则。通过练习，学生不仅能够掌握语法知识，还能够培养语言运用的能力，提高语言交际的效果。因此，教师可以设计一些与实际情境相关的练习，让学生在练习中体会语言的真实运用场景，从而更好地理解和应用所学的语法知识。

（四）评估

在语法练习之后，对学生的语法掌握情况进行评估是非常重要的。这可以通过相应的语法测试来实现。语法测试可以帮助教师和学生客观地了解教学效果，评估学生的学习进展，并及时纠正和反思存在的问题。语法测试的形式可以多样化，包括笔试、口试、作业、小组讨论等。通过这些测试，可以检查学生对语法项目的理解程度、掌握程度和运用能力。例如，教师可以设计一些选择题、填空题、改错题等形式的笔试题目，让学生在书面上进行语法知识的测试；同时也可以组织口语活动或小组讨论，让学生在口头表达中展示所学的语法知识。在进行语法测试时，教师应该根据学生的实际情况和教学目标，设计合适的测试内容和难度，确保测试的准确性和有效性。此外，教师还应该给予学生充分的准备时间，并提供必要的指导和帮助，以确保他们能够在测试中发挥出最佳水平。除了语法测试之外，教师还可以组织一些课外训练活动，帮助学生巩固和强化所学的语法知识。这些训练活动可以包括练习册、作业、阅读材料等，让学生在不同的语言环境中运用所学的语法知识，从而加深对语法规则的理解和掌握。通过语法测试和课外训练，可以帮助学生更好地内化语法规则并熟练运用。同时，也可以帮助教师及时了解学生的学习情况，指导教学实践，促进教与学的双向发展。

四、简图呈现法

由于语法本身具有抽象性的特点，有些语法项目比较难以用语言清晰表达，或表达出来后学生还是感觉很费解。因而可以使用简图、表演、图片等方法使其形象化。教师在对时间状语从句连词的选择和理解时，首先要考虑到学生对主句和从句中两个动作的时间关系判断。教师若仅仅用语言阐释While，when，as的区别，由于里面涉及"某一刻时间""某一段时间""短暂性动词""延续性动词"等术语，学生会因语言理解能力和想象力等个体差异的不同而感觉很抽象，甚至会给一些基础薄弱的同学带来理解上的障碍。而如果教师设计出如图所示两个动作对比的画面，在讲解时辅助以简图呈现，学生便对While，when，as三者区别的更清晰直观一些。

五、多媒体语法教学法

在英语教学中，运用多媒体教学也具有很多的优势。在语法教学中运用多媒体是指，在课堂上利用多媒体计算机演示预先制作好的多媒体教学软件，利用计算机综合处理和控制教学软件中的符号、文字、声音、图像等教学信息，按教学要求和教学进度完成多媒体操作，同时设置学生参与教学活动的教学过程。多媒体语法教学的方法能让学生在不知不觉中将所学的知识转化为能力。在新课讲授的处理上具有其本身的优势。

1.步骤一

教师在大屏幕上展示动画，并结合画面背景对学生进行提问。T：What is she doing? S：She is watching TV.学生回答完问题之后，单击画面下方事先拟定好的时间at five o ' clock yesterday evening；学生思考之后，教师可能会说She was watching TV at five o ' clock yesterday evening.重读并引出过去进行时态这一语法项目。接着结合多媒体屏幕上的下一个画面，Have a party.T：What are they doing? S：They are having a party.接着点击出现 at this time yesterday.T：They were having a party at this time yesterday.教师同样重读 were having a party，逐个让学生看画面对话。通过画面，学生对时态的概念、结构和用法便有了深刻的印象。

2.步骤二

对过去完成时的语法进行详细讲授。教师可制作一张画面投影：在火车站，一列车刚被开走，一位旅客在后面到达。T: happened to the train? Ss: The train left.T：What happened to the man? S：The man was late for the train.教师根据画面提示学生，当他到达时，火车已经开走。教师接着问：When he arrived，the trained had already left.从而引出过去完成时态的结构。"火车开走"发生在"他到达"之间，并很直观地说明过去完成时指该动作发生在过去的过去。

3.步骤三

对上述两种时态的进行总结，借助于多媒体展示给学生。过去进行时通常和表示过去的时间状语连用，表示过去某一时间正在进行的动作。例如：They were building a dam last winter.过去完成时则表示过去某时或某动作之前已完成的动作或情况，即表示过去的过去。例如：The plane had already taken off when we arrived at the airport.多媒体语法教学集语言、声音、文字、图像等多种信息于一体。它是一种新型的科学化的教学手段，师生能够在课堂上很好地互动，打破传统课堂沉闷的氛围，在轻松愉悦的环境下加深学生对语法知识点的记忆和理解。同时，使用多媒体教学还可以创设情境、感染学生，增添课堂教学的兴趣和活力。对学生自主学习能力的培养和思维灵活性和创造性的开发也具有很好的作用。

六、归纳法和演绎法

（一）归纳法

运用归纳法进行语法教学，可以先让学习者大量接触一些含有要学习的语法规则的语言材料，并在教师的引导和启发下，观察语法规则并概括出有关规则。这种语法教学方法能避免单纯抽象的讲解，学生通过对大量生动、具体的语言实例的接触来寻找和发现语言规律。它比较符合语言习得的自然顺序，同时还能培养学生探索语言的精神，启迪学生的思维活动，调动他们学习的主动性和积极性，从而形成学习的内在动机。结合归纳法对"so / such…that"结构进行介绍。教师首先在黑板上展示以下例句：He is such a nice person that he is willing to help anyone.I was so tired that I could do nothing but go to bed.3. It is so cold today that most people stay inside. It is such a cold day that most people stay inside.It is such a difficult examination that most of the students have failed it.It is so difficult an examination that most of the students have failed it.然后教师可针对下列问题进行提问，让学生思考并回答。Which word goes before a noun, with or without an adjective? Which word goes before an adjective on its own, so or such? 学生在教师的引导下总结该句式的用

法：So+adj.Such+（adj）实践证明，很多语法点通过归纳法进行讲授都能取得良好的效果。学生通过自身亲自思考、观察、分析和对比总结出来的规律，印象也会比较深刻。但是如果归纳法使用不当，就会使过程烦琐，费时费力。

（二）演绎法

演绎法正好和归纳法相反，它是用一般原理证明个别性论断的一种方法。其运用过程遵循一般到特殊的过程。运用演绎法进行语法教学时，教师可先简单地向学生提出抽象的语法概念，再加以举例说明，将抽象的概念引用于具体的语言材料，并结合大量类似的练习材料让学生在练习中能够独立运用。下面将结合演绎法对"过去完成时"的用法进行讲授。这种讲解方法分两步进行，首先是处理形式上的规则（过去完成时由"had＋动词的过去分词"构成；然后讲解用法规则（过去完成时表示过去的过去）。运用演绎法进行语法教学过程简便，省时省力，非常适合学习动机很强烈的学习者。这种教学方法侧重语法规则的讲授，也迎合所有学生的智力水平。但如果在演绎法教学时处理不当，也会让学生有语言学习就是完全的语法规则学习的感觉。由此可见，归纳法和演绎法各有利弊。在教学中如果仅仅采用归纳法，也可能会因设计方法不当产生事倍功半的效果。如果仅仅采用演绎法，很容易造成填鸭式教学，对学生积极性的发挥产生不利影响。因此，在选择教学方法时，根据学习者的英语程度、学习目的、语言材料等不同而不同，同时也可将两者有机结合起来，以归纳为主，适当地结合演绎，注重方法之间的区别、联系和侧重点，尽可能做到相互补充。

七、显性和隐性教学法

（一）显性教学法

显性学习受意识控制，需要意识参与并采取一定策略，这种学习方式是有选择性的、有目的的。这种教学方法对成人而言比较适合。隐性学习是无明确意识或无法陈述出控制学习者行为规则的具体内容，但是却获得了这种规则的学习方法。近年来，使用显性的方式还是隐性的方式来教授语法也引起许多专家的关注。不同的专家和学者对显性和隐性的语法教学的看法也各不相同。埃利斯认为，显性教学是直接教授学生语法规则，然后加以练习。隐性教学是指学习者从所给的例子中归纳语法规则。威尼茨指出，显性教学指的是以正式的陈述来学习语法规则；隐性教学指的是学习者通过接触英语理解语法和句法。显性语法教学侧重于学习者对语法规则进行有目的的学习，来达到准确、高效地使用语言成分的程度，并通过各种方法将学生的注意力转移到语言形式上。在具体的教学实践中，显性语法教学也往往采用演绎的方法，教师在讲解语法规则之后在引导学生做有一定语境的练习。总体上呈现出由总体到具体，由理论到实践的具体教学步骤。

（二）隐性语法教学

隐性语法教学侧重于让学生置身于可理解的、有意义的语言环境中，并尽可能自然地习得目标语语法。在具体的教学实践中，隐性语法教学多采用归纳的方法，由具体到总体，教师引导学生从大量的语言材料和具体的语言实践中归纳出语言规则。在具体的语法教学实践中，究竟采用哪种教学方式还应充分考虑学生的个性差别，使教学方法尽可能和学生的学习风格相适应。同时也不能割裂显性语法教学和隐性语法教学之间的内在联系。尤其是在高职英语语法教学中，应将两者有机结合起来，适当增加显性教学的成分，即将语法教学处于显性和隐性的动态平衡中，在不同的学习阶段，针对不同学习者的个体特征采用不同的显性和隐性教学方式，帮助学生切实有效地将语法知识转化为语法能力，达到语法教学的目的。

八、互动式教学法

互动式教学法是一种很有创意和实效的教学方法。它以社会互动论、人本主义为基础，又被称为互动教学法或互动合作学习法。语法教学过程中的互动活动的形式也是多样化的，主要有以下两种类型。

（一）生生互动

用所学语言进行交际是语言学习的根本目的。生生互动是让学生通过用英语进行交际来完成预设的学习任务。这同时也体现了合作学习的一种形式，并将枯燥的语法项目置于生动的语言交际活动中，给学生提供更多的语言交际的实践机会，引导和组织学生运用所学的语法知识进行互动的活动，学生人情入境，展示自我。例如：在对情态动词may、can、must、might这一语法点进行讲授时，可先对各自的含义进行精讲：can表示"能够"或"可能"；must表示"必须"或"一定"；may（might）表示"可以"或"可能"。同时，当这几个单词都用于"推测"之意时，其可能性逐级增强（might may can must）。教师还可以结合这几个情态动词的用法设计一个小案例John房中的保险柜里面的一笔巨款被盗，Kate，Tom和Jack三位都是警方的嫌疑人。Kate是John的同事，了解John的活动规律；Tom是John的好朋友，有John家门的钥匙；Jack是John的中学同学、惯偷犯，能进入John的房间。教师可以让学生们扮演警察的角色，分组讨论"Who is the thief?"并尽量用以上情态动词。为了破案，"警察"们可能会对案情做如下讨论：As John's work mate, Kate knows when John leaves home and when he comes back，so it might be her. "No, it can't be Kate，because she can't enter John's room." "Because Tom can enter John's room，it may be him." It may not be Tom because he and John are good friends. "It must be Jack because he often steals something and he can enter John's room and we can tell the footprints on the floor are his." "I agree. It must be Jack." 这个例子巧妙地将几个情态动词的用法运用到了生动的语境中，让学生之间互动进行扮演，不仅能够加深学生对这个语法点的记忆，还能深化对这些语法知识的理解。为后期的语言交际奠定基础。因而，在教师的课堂教学中，应充分利用教材创设情境，组织学生运用英语语法知识进行有意义的互动，培养学生之间的合作精神。

（二）师生互动

师生互动是师生关系在课堂上的现实化和具体化，也是教师和学生利用目的语进行有意义的交际的活动。教师在互动式教学中作为课堂活动的参与者和设计者，不仅要注重对学生自主性和独立性的培养，还要帮助和引导学生在语言实践中习得语法。师生在语法教学中的互动主要体现在"问"与"答"上，尤其体现在教师"问"的环节上，高质量的问题更能有效促进学生积极的参与意识和激发学生的思维，并通过问题的环节对语法项目理解得更透彻。例如，教师在课堂上将学生引入虚拟语气学习的情景时，可在关键之处设置如下两个问题：T：If your Chinese teacher hadn't given you homework，how would you have spent evening hours? S1：Play，play PC games.T：If you were a teacher，would you give your students any homework? S2: No, I wouldn't.教师和学生之间通过简单的交流和互动来导入和进一步学习虚拟语气的规则，并对语言知识和现象进行归纳总结，让学生于无形中接受了语法项目。

九、任务+语篇动态教学法

任务+语篇动态语法教学法目前已被应用于语法教学中，旨在提高学习者的语篇语法意识和形式的意识程度。根据埃利斯的观点，任务+语篇的动态语法教学有以结构为基础的产出型任务、理解任务以及增强意识任务三种类型。但这些任务都是交际性的，学习者必须参与以意义为主的任务。产出型任务需要使用目的语的形式来完成纯粹的交际活动，从性质来看，任务材料不仅局限在语法形式，且学习者需要借助目的语的结构来完成这些任务。理解型任务目的是让学习者理解和注意经过精心设计的输入材料中的语法形式，并做出适当的反应。产出型任务和理解型任务都是以隐性的形式在交际情景中介绍目的语的语法形式，并对学生学习语法时应置身于可理解的有意义的语言环境进行强调，同时结合具体的语言实践和大量的语言材料来推导语言规则，使学习者尽量自然地习得目标语语法。增强学习者语法意识的任务则以完全显性的方式要求学习者用目的语结构完成任务。这种任务首先向学习者提供目的语语法结构的例子，再要求学生把握这些结构，从中推断出一定的规则。

第四节　听力教学方法的创新

一、影响高职生英语听力困难的因素

我国对高职高专英语课程教学的基本要求是坚持"应用为主，够用为度"的原则，培养高职毕业生具备以英语为工具进行日常交际和有关的业务工作的能力。其中，英语听力理解就是人际交往中的必需技能之一。而且，在各类英语等级测试中，听力部分一般占到30%至40%，可见听力理解的重要性。但是，实际上大多数高职学生英语听力的能力是非常薄弱。经过数年来高职英语的教学实践和理论分析，找到了造成高职学生英语听力理解障碍的原因。

（一）语音基础能力缺失

高职学生在小学和初中学习英语时，常常面临着发音不标准、语感差等问题。这些问题主要源于他们在学习过程中缺乏有效的语音训练和系统的发音规则学习。许多高职学生在学习英语时没有重视发音的训练。他们可能缺乏意识，不知道发音的重要性，或者觉得发音是次要的，而更注重词汇和语法的学习。因此，他们在学习过程中往往忽视了正确发音的重要性，导致了发音不标准的问题。很多高职学生缺乏有效的听力训练和模仿录音的机会。他们可能很少听英语录音或者不够频繁地进行模仿练习，这使得他们无法有效地吸收英语语音的特点和规律。因此，即使接触到英语单词、短语或句型，他们也无法准确地辨音或反应，导致了语感差的问题。许多高职学生也缺乏对英语语音规则的了解。他们可能不知道连读、弱读、失爆、省音等发音规则的存在，更不用说正确应用这些规则了。这导致了他们在发音时存在许多错误，无法准确地掌握英语的语音特点。

因此，要解决高职学生在发音方面的问题，可以采取以下几种措施：加强学生对发音的意识和重视。教师可以通过生动有趣的教学方式向学生介绍发音的重要性，以及正确发音对于交流和理解的必要性，从而引起学生的重视。提供充足的听力训练和模仿录音的机会。教师可以为学生准备各种类型的英语录音，让他们反复听、模仿，提高他们的听力水平和语音准确度。同时，系统地教授发音规则。教师可以通过课堂讲解、示范、练习等方式向学生介绍连读、弱读、失爆、省音等发音规则，并指导他们在实践中正确应用这些规则。鼓励学生进行朗读和口语练习。教师可以设计各种口语练习活动，让学生在真实的交流情境中练习发音，提高他们的语音表达能力。定期进行听力测试和发音评估，及时发现学生存在的问题并给予指导和帮助。通过这些措施的实施，可以帮助高职学生有效地解决发音不标准、语感差等问题，提高他们的英语语音水平和交流能力。

（二）词汇储备量不足

提高高职学生英语水平，特别是词汇储备和听力理解能力，是当前教育改革中的重要课题之一。这种薄弱的基础可能会在未来的职业生涯中成为一个明显的障碍。因此，有必要采取一系列有效的措施来帮助学生克服这些困难。针对词汇基础薄弱的问题，学校可以设计系统的词汇教学计划。这个计划应该包括词汇的分类、记忆技巧和应用方法。例如，可以通过将词汇按主题分类，采用图片、例句等多种形式进行教学，帮助学生更好地理解和记忆词汇。此外，学校还可以鼓励学生利用词汇书籍、在线资源或词汇App等进行自主学习，并定期进行词汇测试，及时发现和纠正学生的学习盲区。针对听力理解能力不足的问题，可以通过增加听力训练的时间和频率来加强学生的听力技能。这包括在课堂上安排专门的听力练习时间，提供丰富多样的听力材料，如英语电影、纪录片、英语广播等，并配备听力理解题目，帮助学生提高听力速度和准确度。同时，老师还可以引导学生学习常见的听力技巧，如预测信息、留意关键词等，以提高他们的听力理解能力。针对词汇一词多义和固定搭配的问题，学校可以通过词组和短语的教学来加强学生的语言应用能力。在课堂上，老师可以引导学生学习常见的词组和固定搭配，并通过例句和练习来帮助他们掌握这些概念。同时，学校还可以组织一些语言实践活动，如角色扮演、小组讨论等，让学生在实际情境中运用所学的词汇和短语，提高他们的语言表达能力。学校和教师还应该注重培养学生的学习兴趣和学习动力。可以通过丰富多彩的课外活动、英语角、英语俱乐部等方式，激发学生学习英语的兴趣，使他们能够持之以恒地进行英语学习，不断提高自己的语言水平。提高高职学生英语水平需要学校、教师和学生共同努力。通过系统的词汇教学、听力训练、词组和固定搭配的学习，以及培养学生的学习兴趣和学习动力，相信高职学生的英语水平将会得到有效提高。

（三）相关背景知识缺乏

对于高职学生来说，英语听力训练的不足可能是由于他们在课堂之外的时间里缺乏自主进行英语听力训练的意识和动力。然而，这并不意味着无法通过其他方法来弥补这一不足，并帮助他们提高听力理解能力。一种方法是通过丰富多样的英语听力材料，来帮助学生拓展知识面。这些材料可以覆盖各个领域，如政治、经济、人文、科技等，从而提供更多背景知识，帮助学生更好地理解所听内容。教师可以引导学生，让他们在课后自主选择并听取这些材料，然后进行讨论和分享，以增进对内容的理解和思考。教师也可以通过课堂教学，注重培养学生对英语国家政治、经济、历史、文化等方面的了解。可以通过引入相关背景知识、展示相关视频、讨论相关话题等方式，激发学生的兴趣，增加他们对英语听力内容的理解和认识。利用现代科技手段也是提高学生听力理解能力的有效途径。例如，教师可以推荐一些适合学生水平的英语听力App或网站，让学生在课余时间进行听力练习。这些平台通常提供了丰富多样的听力材料，包括新闻、访谈、演讲等，可以帮助学生提高听力水平，并且增加对不同领域知识的了解。学校和教师也可以组织一些英语听力活动，如英语听力比赛、听力沙龙等，以激发学生的学习兴趣，提高他们的听力训练积极性。通过这些活动，学生不仅可以在竞争中提高自己的听力水平，还可以在交流中增加对知识的吸收和理解。通过丰富多样的英语听力材料、加强背景知识的学习、利用现代科技手段以及组织相关活动等方式，可以帮助高职学生弥补课堂外听力训练不足的问题，提高他们的听力理解能力，从而更好地应对英语听力挑战。

（四）听力方式单一

高职学生在学习英语的过程中面临的问题是多方面的，其中包括发音、语感以及对听力材料内容的理解。这些问题的根源往往可以追溯到他们在小学和初中阶段英语学习的基础上。对于发音不标准的问题，这可能源于他们在初学阶段没有得到有效的语音训练和模仿的机会。发音准确与否对于听力的理解至关重要，因为发音不准确会影响听力的准确性。为了解决这一问题，教师可以通过系统的发音训练和模仿录音的方式，帮助学生纠正发音错误，提高发音准确度。语感的培养也是关键。语感是指对语言的音、调、韵、节奏以及语言表达的敏感度和把握能力。由于缺乏对英语语音、语调等方面的教育，高职学生的语感相对较差。为了提高语感，教师可以采用丰富多样的听力训练活动，让学生不断接触英语语言环境，提高对语言的敏感度。对听力材料内容的理解受到了学生知识面的限制。高职学生在学习英语时，缺乏对英语国家的政治、经济、历史、文化等方面的了解，导致他们对听力材料中涉及到的相关内容理解困难。

（五）听力训练量不足

提升英语听力理解能力在高职学生中确实是一个具有挑战性的任务，特别是在课堂教学时间有限的情况下。然而，尽管面临这些挑战，仍然有许多方法和策略可以帮助高职学生在业余时间提高他们的英语听力水平。教师在课堂上可以积极利用有限的时间进行有效的听力训练。这可能包括选择适合学生水平的听力材料，如简短的对话、新闻片段或录音讲座，并结合课堂活动进行听力练习。通过这种方式，学生可以在课堂上获得一定的听力训练，同时也可以增强他们的听力技巧和策略。教师可以鼓励学生在课后利用各种资源进行英语听力练习。这可能包括在线听力材料、英语电台或播客、英语电影或电视节目等（图3-1、图3-2、图3-3、图3-4）。通过选择感兴趣的内容，并结合适当的听力练习，学生可以在业余时间不断地提高他们的听力水平。教师还可以向学生介绍一些有效的听力技巧和策略，帮助他们更好地理解听力材料。这可能包括提取关键信息、预测内容、识别关键词汇和短语、注意听力材料的语调和语速等。通过培养这些听力技能，学生可以更有效地应对各种听力场景，并提高他们的听力理解能力。教师还可以组织一些学生互助的听力活动，如听力小组讨论、听力对话练习等。通过与同学一起合作，学生可以互相交流听力体验、分享听力技巧，并共同努力提高听力水平。教师应该鼓励学生树立正确的学习态度和自律意识，意识到提升英语听力需要持之以恒的努力和坚持。通过积极主动地参与听力练习，并定期评估和调整自己的听力学习计划，学生可以逐渐提高他们的听力理解能力，实现自我进步。尽管高职学生面临课堂时间有限等挑战，但通过合理利用课堂时间、充分利用业余时间、掌握有效的听力技巧和策略，以及培养正确的学习态度和自律意识，他们仍然可以有效地提高英语听力理解能力，实现自身的学习目标。

图 3-1 英语电台

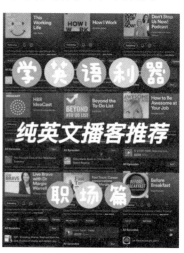

图 3-2 英语播客

图 3-3 英语电影   图 3-4 英语节目

二、英语听力学习的进级阶段

学习英语的高职学生在听力理解方面大致要经历以下五个阶段。第一阶段，学生听到一串英语，什么内容都没有听懂。但多听、常听之后，对英语语音、语调会产生一种语感，这种语感有利于学生的发音，更有利于学生逐渐习惯英语的正常语流。第二阶段，学生可以在一串声音中辨别出一些单一的或相关联的单词，会逐渐试图从上下文猜内容，抓住内容大意。第三阶段，学生可以在语流中辨别出一些短语和句型，能够大致的理解日常生活中基本话题，会具备从整体上把握句子或短文内容的能力。第四阶段，渐渐地，学生就能在语流中辨认出分句或句子，明白它们的含义，大致的了解听力内容。如果遇到生词，会从上下文所提供的线索中猜出生词的意思，逐渐扩大词汇量。第五阶段，学生就能比较连贯地听懂听力内容。但是针对不同的听力题材和内容，学生的听力阶段会有反复。如果是遇到熟悉的内容，那会直接听懂；如果是很陌生的题材，那会直接回到第三阶段或第四接单。所以学生听力理解能力的提高需要帮助他们不断地吸收新词汇和知识。

三、听力理解技能培养的方式方法

听力理解的过程实质上就是听者大脑中的先存知识与新输入的信息相互影响、共同作用的过程。听者大脑中的知识存量越丰富，其听力理解行为就越准确、越迅速。因此，在教学过程中，教师应加强丰富学生的英语和非英语的各方面知识。

（一）加强语音学习，培养语感

教师在英语教学中的语音评估和纠正是确保学生发音准确的关键步骤。在评估学生语音状况时，教师应该倾听学生的发音，并对其准确性、流利度和自然度进行评估。接下来，教师可以针对学生的发音问题进行课堂指导，采用系统的方法重新教授语音知识，确保学生能够全面掌握48个英语国际音标的正确发音。教师可以通过示范和练习帮助学生纠正他们的发音错误。重点应该放在连读、弱读、重读和爆破等重要发音技巧的训练上。通过反复练习和模仿，学生可以逐渐养成大声准确朗读英语的习惯。教师应该鼓励学生多听英语，包括听歌曲、听演讲等各种形式。通过听力训练，学生可以更好地理解英语的语音、语调和语流，提高他们的听力水平和语感。除了听力训练，辨音训练也是非常重要的一部分。教师可以采用从易到难的方式，从单音开始，逐步过渡到篇章的训练。通过练习，学生可以提高他们的辨音能力，并且对英语的语音特点有更深入的理解。在实施这些训练的过程中，教师应该注重培养学生的感性认识。通过不断地练习和体验，学生可以逐渐形成对英语语音、语调和语流的感性认识，从而更加自然地运用这些技巧和知识。教师应该采取多种方法，从听力训练到发音纠正，从易到难地帮助学生提高他们的语音能力。通过系统的训练，学生可以更加自信地运用英语，并且提高他们的英语交流能力。

（二）重视词汇学习，扩大词汇量

词汇是英语学习的基石，对听力理解水平有着直接而深远的影响。因此，教师在词汇教学中的角色至关重要，他们需要为学生提供有效的记忆方法，帮助他们扩大词汇量。

1.背诵例句法

通过背诵包含目标单词的例句，学生可以更好地理解单词的用法和语境。这不仅有助于他们记忆单词，还可以帮助他们更好地理解单词在不同语境中的含义。强调让学生通过语境来理解单词和句子。教师可以选择一些真实的语言材料，如新闻、访谈、演讲等，让学生在真实的语境中去理解和分析内容。鼓励学生进行大量的听力练习，可以通过听录音、观看视频、参与听力活动等方式来进行。这些练习可以帮助学生提高他们的听力技能，同时也能够增加他们对不同主题和语境的了解。教师应该注重向学生介绍英语听力材料所涉及的背景知识，包括政治、经济、历史、文化等方面的内容。通过增加学生的背景知识，可以帮助他们更好地理解听力材料，并且提高他们的听力理解能力。

2.构词法、词根法、词缀法

在高职英语听力理解技能培养过程中，学生掌握单词的构词规律、词根和词缀是至关重要的。这些技能不仅能够帮助他们更轻松地记忆和理解单词，还能够提高他们对英语听力材料的理解能力。学生应该学习英语中常见的构词规律，包括前缀、后缀和词根的概念和用法。例如，学习前缀"un-"表示否定或相反，"re-"表示重新，"pre-"表示在前面，"dis-"表示分开等。通过了解这些构词规律，学生可以更容易地推断单词的含义，从而提高他们的听力理解能力。学生应该积极学习常见的词根和词缀，如"bio-"表示生命，"tele-"表示远程，"-logy"表示学科，"-able"表示能够等。通过了解这些词根和词缀的含义和用法，学生可以更好地理解复杂单词的构成和含义，从而更容易记忆和应用这些单词。在听力理解过程中，学生应该尝试根据上下文和已知信息推断单词的含义。通过分析单词的构成和词根、词缀的含义，学生可以更准确地理解听力材料中的单词，从而提高他们的听力理解能力。通过学习构词规律、词根和词缀，学生可以更有效地扩展他们的词汇量。他们不仅可以记忆更多的单词，还可以理解和应用这些单词在不同语境中的含义，从而提高他们的听力理解能力。学生应该通过练习和应用来巩固他们所学的构词规律、词根和词缀。他们可以通过阅读英语文章、听力材料或参与英语交流活动来应用所学的知识，从而提高他们的听力理解能力。通过以上方法和策略的综合应用，可以帮助高职学生更好地掌握单词的构词规律、词根和词缀，从而提高他们的听力理解技能。这不仅有助于他们在英语学习中取得更好的成绩，还能够提高他们在实际应用中的交流能力和竞争力。

3.拼读法、谐音法

在高职英语听力理解技能的培养中，学生掌握单词的拼读和谐音是至关重要的。这些技能不仅有助于学生正确地发音和拼写单词，还能够帮助他们更容易地记忆和理解单词。学生应该学习英语中常见的拼读规则，包括元音、辅音的发音规律以及不同字母组合的发音规则。例如，学生可以学习元音字母在不同位置的发音变化规律，如"a"在单词开头通常发音为/æ/，在单词中间通常发音为/ə/等。通过了解这些拼读规则，学生可以更准确地发音和拼写单词，从而提高他们的听力理解能力。谐音记忆法是一种通过将单词的发音与其他容易记忆的词语或短语进行联系，从而帮助学生记忆单词发音和拼写的方法。例如，学生可以将单词"bear（熊）"的发音与"bare（裸露）"进行联系，以此来记忆单词"bear"的发音和拼写。学生可以通过学习国际音标来帮助他们更准确地理解单词的发音。教师可以在教学中使用国际音标来标注单词的发音，帮助学生正确地发音和拼写单词。

4.比较记忆法、分组记忆法、近义记忆法、反义记忆法

在高职英语听力理解技能的培养过程中，通过将单词进行比较、归类、对比，以及对近义词和反义词进行对比，可以帮助学生更好地理解和记忆单词的含义和用法。教师可以选择一些具有相似或相反含义的单词，让学生进行比较和对比。例如，教师可以选择"happy"和"sad""big"和"small"等单词，让学生分析它们的含义和用法，从而加深对这些单词的理解和记忆。将单词按照某种规则或特征进行分类归类，让学生通过分类来理解单词的含义和用法。例如，将单词按照词性、主题、语境等进行分类，让学生通过分类来理解单词之间的关系和区别。教师可以选择一些近义词和反义词，让学生进行对比和区分。例如，教师可以选择"happy"和"joyful""big"和"huge"等单词，让学生分析它们的含义和用法的差异，从而帮助他们更好地理解和记忆这些单词。鼓励学生从不同的角度去理解和记忆单词。例如，除了直接比较和对比单词的含义和用法，还可以通过举例、解释、图像等方式来加深学生对单词的理解和记忆。教师可以通过举例说明的方式来帮助学生理解和记忆单词的含义和用法。例如，教师可以选择一些生活中常见的场景或情境，将单词应用到其中，让学生通过实际案例来理解单词的含义和用法。在教学过程中，要注重反复强化学生对单词的理解和记忆。可以通过多种方式和多次练习来巩固学生对单词的理解和记忆，从而提高他们的听力理解能力。

5.联想记忆法

在高职英语听力理解技能的培养过程中，将目标单词与具体的场景、形象或

情境联系起来是一种非常有效的记忆方法。这种方法不仅可以帮助学生更深刻地记忆单词，还可以增加单词在实际运用中的记忆和应用能力。教师可以引导学生将目标单词与具体的图像或场景联系起来。例如，对于单词"apple"（苹果），学生可以想象自己正在吃一个新鲜的苹果，或者想象一个装满苹果的果篮。这样的图像可以帮助学生更加深刻地记忆单词，并且在需要时更容易地回想起来。教师可以设计一些情境，让学生在其中运用目标单词。例如，通过角色扮演或模拟对话，让学生在实际情境中使用目标单词，这样他们就可以更好地理解单词的含义和用法，并且记忆效果更加持久。教师可以设计一些故事情节，将目标单词融入其中。学生通过阅读或听故事，并且在故事中找出目标单词的使用场景，可以更加轻松地记忆和理解这些单词。教师可以组织一些实践活动，让学生在实际情境中应用目标单词。例如，组织一个关于购物或旅行的角色扮演活动，让学生在其中使用目标单词，这样可以增加学生的参与度，同时也可以加深他们对单词的记忆和理解。教师可以教授一些联想技巧，帮助学生将目标单词与已知的事物或经验联系起来。例如，对于单词"pencil"（铅笔），学生可以将它与自己常用的铅笔进行联想，或者将它与在学校写作业时的场景联系起来。这样的联想可以帮助学生更加直观地理解单词的含义，并且更容易记忆。

（三）加强背景知识学习，充实英语文化积淀

　　语言学习既是一项技能的培养，也是一次文化的体验。特别是对于英语学习者来说，理解以英语为母语的国家的文化是至关重要的。只有通过广泛地了解西方文化背景，才能更准确地理解和运用英语。因此，在英语教学中，融入文化背景知识成为了不可或缺的一部分。对于词汇、短语、习语或篇章的教学，结合西方文化背景知识进行讲解是十分必要的。举例来说，当教授学生关于"感恩节"（Thanks giving）这个词汇时，可以辅以介绍美国人民庆祝这一节日的方式，以及其历史由来。这样一来，学生不仅能够学会单词的意思，还能够了解到其所代表的文化内涵，增进对英语的理解。在进行听力练习之前，教师也应该向学生解释与听力内容相关的文化背景知识。例如，在播放一段关于美国传统婚礼的听力材料之前，可以简要介绍一下美国婚礼的一般流程及其中的一些习俗。这样一来，学生在听力练习时就不会因为文化背景的陌生而感到困惑，反而能够更加专注于

内容的理解和把握，从而提高听力水平。通过这种结合文化背景的教学方式，学生不仅仅是在学习语言，更是在体验一种文化。他们能够更深入地理解英语的使用背后所承载的文化内涵，从而更好地适应和运用英语。此外，这种教学方法也能够激发学生的学习兴趣，使他们更加主动地去了解和探索英语国家的文化，从而形成更为全面和深入的语言学习态度。语言学习与文化学习密不可分。在英语教学中，结合西方文化背景知识进行教学不仅有助于提高学生的语言水平，更能够拓展他们的文化视野，使其在语言运用上更加得心应手，同时也能够培养他们对多元文化的尊重和理解。因此，教师应该在教学中重视文化的渗透，使语言学习更加丰富和有意义。

（四）培养听力技巧，提高综合能力

1.精听和泛听结合

重视精听和泛听的结合，在英语教学中是一种有效的方法，它有助于培养学生获取主要信息的能力，并提升他们的听力水平。精听和泛听各有其独特的优势，在教学实践中结合起来，能够全面发展学生的听力技能。精听要求学生不仅仅是听懂整篇文章的意思，而且要逐字逐句地理解，做到字字不漏。这种听力训练有助于提高学生对语言细节的把握能力，让他们能够更加深入地理解听力材料。在精听过程中，学生需要聚焦于每一个单词、每一个句子，确保完全理解其意思。此外，学生还应该重点记录下听力材料中的关键名词，以及材料中的细节和关键点。通过这种方式，学生可以更准确地捕捉到语境中的重要信息，提高对听力内容的理解和把握能力。而泛听则是另一种重要的听力技能。泛听强调的是抓住大意，不要被细节所困扰，而是注重对整体内容的理解。这种听力训练有助于培养学生获取主要信息的能力，提高他们对英语听力材料的整体把握水平。泛听训练常被称为"磨耳朵"，因为学生需要通过大量的听力材料来提高自己的听力水平。在泛听过程中，学生不必过于关注每一个细节，而是应该注重整体把握，抓住文章的主题思想以及主要内容。通过不断地进行泛听训练，学生可以逐渐提高对英语听力的敏感度和理解能力。精听和泛听的结合，能够使学生在听力训练中得到全面的提升。通过精听，学生可以提高对语言细节的把握能力，加深对听力材料的理解；而通过泛听，学生可以培养获取主要信息的能力，提高对听

力内容的整体把握水平。因此，在英语教学中，教师应该注重精听和泛听的结合，设计多样化的听力训练活动，以帮助学生全面提升听力水平，更好地适应英语语境的沟通需求。

2.培养预测的能力

在进行听力训练之前，教师可以通过提问或介绍背景知识，启发学生，让他们明确听力目的，并提前做好准备。这种准备方式有助于激发学生的学习兴趣，使他们更加积极主动地参与听力训练，从而提高听力理解能力。通过提问或介绍背景知识，教师可以帮助学生建立起对听力内容的期待和预期。例如，在进行听力训练之前，教师可以向学生提出一些与听力内容相关的问题，引导他们思考和探讨。这些问题可以涉及到听力材料所涉及的主题、背景信息、可能出现的关键词等。通过这种方式，学生能够在听力训练之前就对听力内容有一个初步的了解，从而更有针对性地进行听力理解。学生在做听力理解题目时，应该先了解所有题目，然后找出题目中的关键词，根据关键词预测考察点，推测听力内容。这种准备方式有助于学生在听力过程中更加有针对性地捕捉关键信息，提高对听力内容的准确理解能力。例如，如果听力材料中提到了关键词"Thanksgiving"，学生可以预测该材料可能与美国的感恩节有关，从而更加专注地听取与这一主题相关的信息。通过提前做好准备，学生可以在听力训练中更加有目的地去获取信息，从而提高听力理解能力。教师在设计听力训练活动时，可以考虑引入一些问题或背景知识，启发学生思考，并通过帮助学生找出题目中的关键词，让他们更加有针对性地进行听力理解。这种听力准备方式不仅能够增强学生对听力内容的理解和把握能力，还能够提高他们的学习积极性和主动性，促进听力技能的全面发展。

3.培养猜词悟义的能力

听力理解并不意味着学生必须听懂每一个单词，但确实存在一些词汇对于听力理解至关重要，因为它们在整个句子或文章的语境中扮演着关键角色。然而，有时候这些关键词汇恰好是学生的陌生词汇，这就需要学生通过其他因素来推测这些生词的意义，如听力话题、背景知识、上下文、词义关系以及句法结构等。了解听力话题是非常重要的。通过听力材料的话题，学生可以对将要涉及的内容有一个大致的了解，从而帮助他们预测可能会出现的关键词汇。例如，如果听力话题是关于旅行，那么可能会涉及到相关的词汇如"airport""ticket""boarding pass"等。背景知识也是帮助学生理解陌生词汇的重要因素。了解与听力内容相关的文化、历史、地理等背景知识，可以为学生提供更多的线索来推测生词的意义。例如，如果听力材料提到了美国的一个特定地区或事件，学生可以根据自己对美国文化和历史的了解来推测相关的生词。此外，上下文也是推测生词意义的关键。学生可以通过周围的句子、段落甚至整个文章的内容来推断生词的含义。有时候，即使学生不了解特定的词汇，但通过上下文可以推测出其大致意思。例如，如果一个句子提到了"expensive restaurant"，即使学生不知道"expensive"是什么意思，但通过与"restaurant"的搭配，学生也可以推测出其意义为"昂贵的餐厅"。此外，词义关系和句法结构也可以帮助学生推测生词的意义。学生可以通过词与词之间的关系以及词在句子中的位置来推测其含义。例如，如果一个句子中出现了"drive"和"car"，那么学生可以推测"drive"可能与"car"相关，意思可能是"开车"。对于听力理解中的陌生词汇，学生可以依赖听力话题、背景知识、上下文、词义关系以及句法结构等因素来作出适当的猜测。通过培养学生的推断能力和上下文理解能力，可以帮助他们更好地应对听力材料中的生词，提高听力理解的准确性和效率。

（五）利用听写和背诵，加强听力训练

英语听力训练对于学生的语言能力发展至关重要。针对高职生的特点和需求，设计有效的听力训练课程至关重要。针对高职生的英语听力训练，需要根据学生的水平和学习目标设计合适的听力材料。这些材料应该符合高职生的兴趣爱好和学习领域，同时又能够提供足够的挑战，促使他们不断提高听力理解能力。可以选择一些与他们专业相关的听力素材，比如关于技术、商务或者职业生涯发展方面的内容。听力训练课程应该注重培养学生的听力策略和技巧。学生应该学会先整体把握听力材料的大意，然后分析段落和句子结构，逐步提高对听力内容的理解和把握能力。这可以通过多次听取同一段材料，并结合教师的引导，逐步提高学生对听力内容的把握能力和理解深度。接着，针对听力中不懂的词汇或句子，可以采取反复听、分析、填空的方法进行训练。学生可以先尝试听懂大意，

然后逐句听取，分析句子结构，将听懂的词语按顺序写在纸上，对于听不懂的词汇则留出空白。随后，学生可以对照听力原文，填补空白处，加深对听力内容的理解。通过反复练习和模仿录音中的语音语调进行朗读，帮助学生提高语音语调的准确性和流利度。通过背诵一些常用的句型和话题，可以增加学生的语言储备，提高他们对英语听力材料的理解能力。针对高职生的英语听力训练需要结合实际情况，设计具体的训练内容和方法。教师在教学过程中需要不断调整和改进，激发学生的学习兴趣，引导他们积极参与听力训练，从而提高他们的英语听力理解能力。只有通过师生共同的努力和反复练习，高职生的英语听力水平才能够不断提高。

第五节　口语教学方法的创新

一、高职英语口语教学的重要意义

高职教育是指高等职业教育，是我国培养新一代职业技术人才的摇篮，而在高职教育体系中，也包括英语教育，其主要是为了适应现代社会的发展。在经济全球化以及知识全球化的背景下，英语是社会人才必备的技能之一，在当代社会中英语是非常普遍的知识技能。高职教育阶段的学生，毕业面临着寻找工作，所以掌握熟练的英语口语能力对于其日后的工作和发展有着非常重要的作用。另外，在当前社会背景下，高职英语教育中良好地开展口语化教学，对于学生日后学习和深造也有重要作用。在我国现有的教育体制中，高职学生也可以通过国家统招考试来进行高考和大学再教育，而在大学教学中，英语教学依然是非常重要的，所以高职教育阶段打下良好的学习基础，对于高职学生日后的学习有着非常重要的作用。

二、高职英语口语教学现状及存在问题

口语教育属于高职英语教学的主要内容之一，随着高职英语教学逐渐改革，各院校对英语口语教学重视程度逐渐增强。如在对外贸易、跨境电商等专业英语

教学中，已经开始重视英语教学的开展，实际教学过程中，教师也开始注重学科教育与口语教学良好融合。通过相关专业英语口语教学的良好开展为其他专业英语教学打好了基础，有利于高职英语教学质量的提升。英语口语教学在实际教学活动开展中，还存在一定的口语教学问题，具体包括以下几方面问题。

（一）学习基础较差

英语口语教学过程中，学生的英语学习基础相对比较差，一定程度上影响了高职英语口语教学开展。高职教育阶段的学生，其大部分学生的英语学习比较薄弱，并且其自主学习能动性和自主学习能力也比较差。在实际的英语口语教学中，英语口语与英语知识教学有所不同，其对于学生的英语基础能力要求更多，其中包括学生的音标能力、学生的语调以及弱读能力，而在实际的高职学生中，大部分学生音标能力、语感并不是很好，致使学生在实际学习中出现一定的问题。

（二）心理障碍

高职英语口语教学过程中，高职学生学习英语口语还存在一定的心理障碍。口语练习和学习是一种语言类的练习，学生在学习的过程中应该不断地练习口语表达。而在实际的口语练习中，部分学生始终无法突破自身的心理障碍，害怕进行口语练习，同时也害怕与别人去交流和表达，使得学生英语综合素养提升十分困难。

（三）课程体系问题

英语口语教学过程中还存在课程体系问题，口语教学是英语教学的重要组成部分，但是在教学方式和当前我国英语教学体系中，我国英语口语教学还未形成体系，口语教学缺乏单独的教学模块，导致高职英语口语教学未成系统。并且在当前我国英语科目教学中，口语知识并未在教育考试体系之内，导致高职英语教师对于口语教学不够重视，学生口语能力培养被忽视。

（四）教学理念落后

高职英语口语教学中教学方法以及教学理念比较落后，从而对高职英语口语教学的成效产生十分不利的影响。当前，在口语教学过程中，教师使用传统的口语传授教学方法，长此以往导致学生学习兴趣持续下降，使得学生对英语口语产生一种厌恶感，对学生英语综合素养提升产生不利影响。另外，在当前我国高职教育体系中，口语教学还缺乏专业的教师。在实际教学中，很多高职教师虽然英语知识非常丰富，但是，其自身的口语表达能力不够专业，影响到高职英语口语教学质量。

三、高职英语口语教学策略

（一）高职英语口语教学体系建设

口语表达是高职英语教学中的重要组成部分，同时，在我国教育体系中推行的核心素养教学理念下，高职英语教学应该更加注重口语教学，口语表达能力是语言类学科教育的核心素养之一。但是，当前高职英语教学中，其英语口语教育并未受到重视，其根本原因是由于高职口语教学未成体系，所以在当前高职英语口语教学过程中，应该重视高职英语口语教学体系的建立，具体可以从以下几方面做起。高职英语教学过程中，应该充分重视口语教学的地位，在未来社会发展过程中，英语口语在社会中应用将更加广泛和普遍，英语口语表达能力也将成为人才的重要指标之一，所以在实际的高职英语教学过程中，应该重视口语教学合理开展。高职院校应该在高职专业英语教学中特殊开设英语口语教学课程，开设专业性、系统性课程，进一步使得英语口语教学更加系统化，同时也更加科学化，为提升英语口语教学成效助力。

英语口语教学体系建立过程中，相关教育部门应该负起重要的责任，根据当前高职英语教育以及高职英语的实际应用情况，编撰专门的英语口语教材，通过英语口语教材的良好设计，保证高职学生学习英语课程更加高效。高职英语口语教学体系建设过程中，教育部门应该进行英语科目改革，传统的高职英语教学体系分为英语听力模块以及实际知识模块两个部分，而在优化的高职英语教学体系中，应该加人英语口语教学环节，并且在实际的英语考试体系中，也应该酌情增加英语口语测试模块，通过英语口语的良好测试，保证英语学习能够更加高效。

（二）充分运用优质英语口语教师资源

当前高素质英语教师诸多，但其英语口语表达能力与整体英语教学相比有很大差距，以致于使得高职院校英语口语教学水平提升缓慢。教师对整个教学活动成效影响很大，故学校需要高度关注优质教师资源，充分利用英语口语水平高的教师，促使英语教学综合质量有效提升。高校通过教师资源的优化，保证高职英语口语教学能够更加优化。高职英语教师资源的优化可以从以下几个方面做起。

学校应该加强对高职英语口语教师资源的优化，教师资源优化属于学校体系中的重要组成部分，对于高职英语口语教学也有非常重要的作用。而在实际的教师资源优化过程中，学校可以采取聘用外教的方式进行实践教学。外籍教师授课是当前我国高等教育中采取的教育模式，其讲课方式以及思维方式与外语实际的交流环境相同，对于学生口语能力的提升有非常重要的作用。并且采用英语外教的方式也能够加强英语外教与本校教师之间教学经验分享与交流，从而做到英语教师口语能力提升以及口语教学能力提升，保证高职英语教学能够更加高效。教学资源优化中，教师应该重视自身口语能力的提升，通过自身口语能力的提升最大限度提升其口语教学能力。一方面，教师在进行口语教学的过程中自身也应该进行口语学习，多与学生进行口语交流练习，做到与学生共同交流进步;另一方面，教师可以更多地参与社会实践活动当中，自身开展口语练习，通过实践活动提升自身的口语交际水平，提升自身的口语表达能力。

（三）高职英语口语教学中应该注重口语教学氛围营造

上文提及，高职英语口语教学的过程中，学生始终无法突破自身的心理障碍，对于口语练习缺乏自信心，导致实际英语学习过程中其口语表达能力提升相对比较慢。所以，在当前高职英语口语教学过程中，教师应该注重口语教学和口语学习气氛的营造，从而在不知不觉的情况下，提升学生的口语自信心。教师应该注重应用合理的教育教学方式，传统的批评式教育会对学生口语学习积极性造成一定的影响，而在实际的高职英语教学工作中，教师可以采取鼓励式教学方法，对学生英语口语要进行鼓励，并及时与学生沟通，沟通的过程中尽可能多地使用英语进行沟通交流，保证高职英语口语教学合理开展"。高职英语口语教学过程中，教师要想烘托口语学习气氛，应该注重趣味英语游戏的融入，通过游戏教学方法的合理应用，让学生对英语口语教学更感兴趣，同时也能够保证高职英语口语教学更加高效。实际的口语游戏教学活动中，教师可以采取"角色扮演游戏"，组织英语微剧设计，全程使用英语进行交流沟通，从而保证学生学习更加高效，也保证学生能够共同参与口语练习过程，提升高职英语口语教学质量叫。

（四）创新高职英语口语教学方法

在高职英语口语教学中，教师需要不断转变教学方式，以打破传统教学的束缚，激发学生学习的积极性，提升他们的英语综合素养。其中，采用电影教学方法结合多媒体技术与微课教学技术，是一种创新而有效的教学手段。通过电影教学方法，教师可以选取一些生动有趣、具有代表性的英语电影片段，结合课程内容进行教学。在观影过程中，学生不仅可以感受到英语在真实语境中的运用，还可以通过视听的方式更加直观地理解英语口语表达。教师可以根据电影情节设计相关的口语练习和讨论活动，引导学生进行口语交流，提高他们的口语表达能力和听力理解能力。利用多媒体技术与微课教学技术，教师可以下载更多的口语交流视频资源，为学生提供丰富的口语学习素材。通过精心策划的微课内容，将口语知识进行系统化、生动化地呈现给学生，有助于加深他们对口语技能的理解和掌握。同时，教师还可以结合在线教学平台，设计互动性强、趣味性十足的口语学习任务和练习，让学生在轻松愉快的氛围中提升口语能力。在教学过程中，教师应该注重口语活动的良好开展。例如，可以组织口语辩论、角色扮演、情景对话等活动，让学生在模拟的情境中进行口语训练，锻炼他们的口语表达能力和沟通能力。同时，教师还可以设置小组合作任务，让学生之间展开合作性学习，相互交流、互相学习，激发他们的学习兴趣和动力。通过采用电影教学方法结合多媒体技术与微课教学技术，以及开展各种口语活动，教师可以有效地促进高职英语口语教学的开展，提高学生的口语水平和学习动力，为他们的英语综合素养提升提供基本保障。

第六节　写作教学方法的创新

一、高职英语写作教学现状及存在问题

（一）基础薄弱

高职院校的英语写作教学面临着诸多挑战，其中学生英语基础薄弱是一个主要问题。这些学生在词汇量、语法知识等方面存在明显不足，直接影响了他们的写作质量。高职院校的学生在英语基础方面普遍存在词汇量不足的问题。由于缺乏有效的词汇积累途径，学生的词汇量往往无法满足写作的需求，导致表达单一、内容贫乏。此外，由于英语词汇的广泛性和复杂性，学生往往面临记忆困难的挑战，导致词汇量积累缓慢，进而影响了写作能力的提升。学生在语法知识方面存在较多错误。由于缺乏系统的语法学习和训练，学生往往无法准确理解和运用英语语法规则，导致在写作过程中频繁出现语法错误。例如，错误的主谓一致、时态错误、句子结构混乱等问题都较为普遍，严重影响了写作质量。学生缺乏写作技巧和策略，不知道如何组织和展开文章。他们可能会陷入内容重复、逻辑不清等问题，导致文章表达杂乱无章，无法很好地表达自己的观点和思想。此外，学生对于写作过程中的规范要求和标准认识不足，常常存在格式不规范、用词不当等问题，影响了文章的整体质量和可读性。学生缺乏对于写作的兴趣和动力，缺乏自主学习的能力。由于缺乏对于写作的积极性和主动性，学生往往缺乏自发地去学习和提升写作能力的动力，导致写作水平长期得不到有效提高。针对高职院校英语写作教学存在的问题，有必要采取一系列有效的措施加以解决。教师应该设计针对性强的写作课程，注重词汇和语法的系统学习和训练，帮助学生夯实基础。教师应该引导学生通过大量阅读，积累丰富的语言素材，提高词汇量和语感。同时，教师还应该注重写作技巧和策略的培养，指导学生如何组织和展开文章，提高写作的逻辑性和连贯性。另外，教师可以通过激发学生的兴趣和动

力，培养其自主学习的能力，使其在写作过程中更加主动和积极。综合来看，只有通过系统而有效的教学措施，才能有效解决高职院校学生英语写作能力不足的问题，提升他们的写作水平和综合素质。

（二）缺乏实践机会

高职院校的英语写作教学在传统模式下，通常注重理论知识的传授，但往往忽视了实践机会的重要性。学生缺乏实际写作的锻炼，导致他们在表达思想时显得生涩和不自信。传统的英语写作教学往往侧重于理论知识的灌输，而忽略了实际写作的训练。教师通常会介绍写作的基本原则、结构、技巧等，但很少为学生提供充分的写作机会和实践平台。这导致学生缺乏实际动手的机会，无法将理论知识转化为实际的写作能力，从而在写作时感到困惑和不安。由于缺乏实践机会，学生的写作能力无法得到有效地锻炼和提升。写作是一项需要不断练习和实践的技能，只有通过实际的写作活动，学生才能逐步提高自己的表达能力和写作水平。然而，由于传统教学模式的局限性，学生往往无法获得足够的写作实践机会，导致他们的写作能力得不到有效地培养和提升。缺乏实践机会也导致学生对于写作的自信心不足。由于缺乏实际的写作锻炼，学生往往对自己的写作能力缺乏信心，容易产生自我怀疑和消极情绪。这进一步影响了他们的写作表达，使其显得生涩和不自信。传统的英语写作教学往往缺乏个性化的指导和反馈机制。由于教师资源有限，很难对每位学生进行针对性的指导和辅导。这导致学生在写作过程中缺乏有效的反馈和指导，无法及时发现和纠正自己的问题，从而难以提高写作水平。

教师应该重视实践机会的提供，为学生创造丰富多样的写作机会和实践平台。可以通过课堂写作、作业布置、写作比赛等形式，激发学生的写作兴趣，促进他们的写作实践。教师应该注重个性化的指导和反馈，针对每位学生的写作特点和问题，提供有针对性的指导和辅导。可以通过个别指导、小组讨论、同学互评等方式，帮助学生发现和改进自己的写作问题，从而提高写作能力。教师还可以通过引入实践案例、模拟写作等形式，帮助学生将理论知识与实际写作相结合，提高他们的写作能力和表达水平。通过这些措施的落实，可以有效解决高职英语写作教学存在的问题，提高学生的写作水平和综合素质。

（三）缺乏创新性

高职院校的英语写作教学存在着传统教学方法过于死板、缺乏创新性和趣味性的问题，这导致学生可能会感到枯燥乏味，缺乏动力去学习和应用英语写作技巧。当前高职院校的英语写作教学往往过于注重知识的传授，而忽视了学生的兴趣和动机。传统的教学方法以讲解和练习为主，缺乏足够的互动和实践环节。这种单调的教学模式容易让学生产生学习疲劳和抵触情绪，导致他们对写作课程失去兴趣，进而影响了学习效果。传统的英语写作教学缺乏趣味性和互动性。教师往往采用单一的教学手段和教材，课堂内容单一，难以激发学生的学习兴趣。缺乏趣味性的教学内容会导致学生的学习动力不足，难以主动参与到教学活动中去，进而影响了写作能力的提升。传统的教学方法缺乏创新性和灵活性。教师通常会按照固定的教学计划和内容进行教学，缺乏针对性和灵活性。这种刻板的教学模式难以满足学生的个性化需求，往往导致教学效果不佳。教师应该注重增加课堂的趣味性和互动性。可以通过引入多媒体教学手段、游戏化学习、小组讨论等形式，激发学生的学习兴趣，提高他们的参与度。教师应该注重培养学生的写作兴趣和动机。可以通过设计有趣的写作任务和项目，让学生参与到真实的写作实践中去，从而增强他们的写作兴趣和动力。同时，教师还可以根据学生的兴趣爱好和特长，设计个性化的写作任务，激发他们的学习潜能。教师应该注重创新性和灵活性。可以不断尝试新的教学方法和教学手段，根据学生的反馈及时调整教学内容和方式，使教学更具针对性和灵活性。通过这些措施的落实，可以有效解决高职英语写作教学存在的问题，提高学生的学习兴趣和写作能力。

（四）评价标准不清晰

在高职英语写作教学中，评价标准不够明确是一个普遍存在的问题，这会导致评价不公平或不准确，同时也会降低学生对写作的积极性和投入度。目前在高职院校的英语写作教学中，评价标准往往缺乏明确性和具体性。教师在评价学生的写作时往往只注重内容和结构，而忽略了语言运用和表达能力。由于评价标准不够明确，教师的评价往往具有主观性，导致评价结果不公平或不准确。缺乏明确的评价标准也给学生带来了困扰和不确定感。学生往往不清楚教师对于写作的要求和标准是什么，无法准确判断自己的写作水平。这会降低学生的学习积极性和投入度，导致他们对写作课程失去信心和兴趣。由于缺乏明确的评价标准，教师的评价往往缺乏针对性和指导性。教师往往只是简单地批改错误或提出修改意见，而缺乏对学生写作能力的全面评价和指导。这使得学生很难从评价中获取有效的反馈和帮助，无法及时发现和改进自己的写作问题。

教师应该明确制定写作评价标准，包括内容、结构、语言运用、表达能力等方面。这样可以使评价更具客观性和准确性，确保评价结果公平合理。教师应该将评价标准和要求及时告知学生，并在写作过程中进行示范和解释。通过示范和解释，可以帮助学生更清晰地理解评价标准，提高他们的写作意识和能力。教师应该注重评价的指导性和建设性。在批改学生的作文时，不仅要指出错误和不足之处，还要提出具体的修改建议和改进方法。通过指导性的评价，可以帮助学生更好地理解和掌握写作技巧，提高他们的写作水平。教师还应该注重评价的及时性和连续性。及时给予学生反馈和评价，帮助他们及时发现和改进写作问题，避免问题积累和恶化。同时，教师还应该建立起连续的评价机制，跟踪学生的写作进展，及时调整教学内容和方式，保证评价的有效性和准确性。通过这些措施的落实，可以有效解决高职英语写作教学存在的评价标准不明确的问题，提高评价的准确性和公平性，增强学生对写作的积极性和投入度。

（五）应用能力欠缺

在高职院校的英语写作教学中，学生缺乏应用能力是一个普遍存在的问题。他们往往只是简单地照搬课本知识，缺乏创造性地运用语言表达自己的观点和思想。目前高职院校的英语写作教学往往过于注重基础知识的传授，而忽视了实际应用能力的培养。教师往往将大量的课堂时间用于讲解语法规则、词汇和句型结构等基础知识，而较少涉及到实际的写作训练和应用场景。这导致学生在写作时只能机械地运用课本知识，缺乏灵活性和创造性。由于缺乏实际应用能力的培养，学生在写作中往往表现出缺乏自信和主动性。他们对于如何运用语言表达自己的观点和思想感到困惑和不安，因此倾向于选择安全的、熟悉的表达方式，而不愿尝试新的写作风格或结构。这使得他们的写作缺乏个性化和创新性，难以吸引读者的注意力和共鸣。缺乏实际应用能力也使得学生在写作中缺乏语言的流畅性和连贯性。他们往往无法灵活地运用语言表达自己的思想，导致文章结构混乱、逻辑不清，影响了写作的质量和效果。

　　教师应该注重培养学生的实际写作能力。可以通过设计多样化的写作任务和项目，让学生参与到真实的写作实践中去，从而提高他们的写作应用能力。教师应该注重引导学生思考和表达。在教学过程中，教师可以引导学生进行思维导图、讨论和辩论等活动，帮助他们理清思路，明确观点，从而更好地表达自己的观点和思想。同时，教师还可以通过分析优秀范文，引导学生学习优秀的写作技巧和表达方式，激发他们的创造性和表达欲望。教师还应该注重写作技巧和策略的培养。可以通过讲解写作技巧、进行写作练习和反复修改等方式，帮助学生掌握写作的基本技能和方法，提高他们的写作水平和应用能力。通过这些措施的落实，可以有效解决高职英语写作教学存在的应用能力不足的问题，提高学生的写作质量和表达能力，满足他们在实际应用中的需求。

二、高职英语写作教学方法的创新

（一）词汇量的积累

　　在高职英语写作教学中，创新的教学方法对于学生的词汇扩展和写作能力的提升至关重要。除了传统的教学方式，引入一些创新的教学方法可以更有效地帮助学生系统地扩大词汇量，并提高他们的写作水平。词根词缀法和词汇分类归纳法是非常有效的词汇扩展活动。教师可以通过讲解词根、前缀和后缀的含义和用法，引导学生掌握单词的构词规律，从而扩大他们的词汇量。同时，教师还可以通过词汇分类归纳的方式，将相似意义或相近词性的单词进行归纳总结，帮助学生更好地理解和记忆词汇。建立词汇笔记本或使用词汇记忆软件是一种有效的词汇记忆方法。学生可以将新学的单词、词组或短语记录在笔记本或记忆软件中，并添加例句、同义词、反义词等相关信息，以便于复习和记忆。通过不断地整理和复习，学生可以加深对词汇的理解和记忆，提高词汇运用的能力。

　　定期进行词汇测试是巩固所学词汇的有效方式。教师可以设计不同形式的词汇测试，如选择题、填空题、翻译题等，对学生进行词汇量和词汇应用能力的考核。通过测试的形式，可以及时发现学生的学习进展和问题，有针对性地进行教学调整和指导。除了以上方法，还可以结合现代科技手段，开展更加生动有趣的英语写作教学活动。例如，利用多媒体技术和互动教学软件，设计富有创意的课堂活动，吸引学生的注意力，提高他们的学习积极性。教师可以组织学生进行词汇游戏、写作比赛等活动，让学生在轻松愉快的氛围中学习和应用英语写作技能。教师还可以引导学生进行个性化的写作实践，让他们选择感兴趣的主题进行写作，并提供及时的反馈和指导。通过个性化的写作实践，可以激发学生的写作潜能，培养他们独立思考和表达的能力。创新的高职英语写作教学方法对于学生的词汇扩展和写作能力的提升至关重要。通过引入词根词缀法、词汇分类归纳法等词汇扩展活动，建立词汇笔记本或使用词汇记忆软件，定期进行词汇测试，以及结合现代科技手段开展生动有趣的教学活动，可以更好地帮助学生提高英语写作能力，为他们的学习和职业发展提供更好的支持。

（二）输出能力的培养

在高职英语教学中，除了写作，口语表达也是一种重要的输出形式。为了提高学生的口头表达能力，教师可以结合课堂活动，组织各种口语交流活动，并引导学生参与英语角或辩论赛等活动，从而锻炼他们的逻辑思维和表达能力。教师可以设计各种口语交流活动，以提高学生的口头表达能力。例如，可以组织学生进行小组讨论、角色扮演、即兴演讲等活动，让学生有机会在轻松愉快的氛围中进行口语练习，自由地表达自己的观点和想法。通过这些活动，学生可以提高口语流利度，增强表达自己思想的能力。引导学生参与英语角或辩论赛等活动，是提高口语表达能力的有效途径。英语角是一个提供练习英语口语的平台，学生可以在这里与其他人交流、分享经验、练习口语。而辩论赛则是一个锻炼学生逻辑思维和表达能力的好机会，学生需要在一定时间内准备并展开辩论，通过辩论来表达自己的观点和论据。这些活动不仅可以提高学生的口语水平，还可以增强他们的团队合作能力和自信心。利用现代科技手段开展创新的口语教学活动也是一种有效的方法。教师可以借助在线视频会议工具组织远程口语交流活动，让学生与海外学生或外教进行实时交流，提高他们的听说能力和跨文化交流能力。同时，可以利用语音识别软件进行口语评估，及时给予学生反馈和指导，帮助他们改进口语表达技巧。通过设计各种口语交流活动、引导学生参与英语角或辩论赛、利用现代科技手段开展创新的口语教学活动等方法，可以有效提高学生的口语表达能力。这些创新的教学方法不仅可以丰富课堂教学内容，还可以增强学生的学习兴趣和参与度，促进他们在口语表达方面的全面发展。

（三）主题导向的写作训练

在高职英语写作教学中，设计多样化的写作任务是非常重要的，可以帮助学生拓展写作内容和语言表达能力，提高他们的综合能力。除了茶文化，还可以涵盖更多不同主题，如科技发展、环境保护、文化交流等。针对不同主题的写作任务，可以采用项目式学习的教学方法。教师可以设计具体的项目任务，如撰写科技发展报告、环境保护计划书、文化交流体验记等，要求学生在完成项目的过程中进行相关领域的阅读、素材搜集和写作实践。通过项目式学习，学生不仅可以提高写作能力，还可以培养研究能力、团队合作能力等综合能力。可以引入跨学科的写作任务，将英语写作与其他学科知识相结合。例如，可以设计与科技发展相关的跨学科写作任务，让学生在撰写科技论文或科技报告的同时，学习并运用相关的科学知识和技术术语。这样不仅可以提高学生的科技素养，还可以增强他们的写作表达能力。可以通过引入真实场景的写作任务，激发学生的写作兴趣和学习积极性。教师可以组织学生进行实地考察或参观，然后要求他们根据所见所闻进行写作，如写景观描写、人物访谈、社会调查报告等。通过真实场景的写作实践，学生可以更加深入地理解和运用英语写作技巧，提高写作质量和效果。还可以利用网络资源和现代科技手段开展创新的写作教学活动。例如，可以组织学生进行在线协作写作，利用网络平台共享写作成果，并进行互相评价和改进。也可以利用写作软件或应用程序，进行个性化的写作训练和反馈，帮助学生提高写作效率和质量。通过设计多样化的写作任务，涵盖不同主题和领域，结合项目式学习、跨学科教学、真实场景写作等创新教学方法，可以有效丰富学生的写作内容和语言表达能力，提高他们的综合能力。同时，利用网络资源和现代科技手段，开展创新的写作教学活动，可以更好地激发学生的学习兴趣和写作潜能，促进他们的全面发展。

（四）采用讨论法指导学生掌握语法知识

在高职英语写作教学中，语言知识的教育确实至关重要。学生只有全面掌握相关知识内容，才能更好地参与到写作活动中，全面提升各方面的写作水平，满足当前的教学工作要求。在讲解"Written notification"相关写作内容的过程中，教师可以采取一系列针对性的教学策略，以确保学生能够全面掌握相关的语言知识，并能够运用到实际的写作中去。教师可以将学生分成几个小组，为其选择优秀的范文，并要求每个小组的学生共同进行讨论。在讨论的过程中，学生可以相互交流、分享对范文的理解和看法，从中学习范文中的语言表达技巧和写作结构。这样的小组讨论不仅可以促进学生之间的合作与交流，还可以提升学生对写作内容的理解和掌握。在小组探讨的过程中，教师应该开展针对性的指导，根据每位学生的写作特点和水平，引导他们明确自身存在的问题，并提供具体的改进建议。例如，针对语法问题，教师可以通过详细解释和示范，帮助学生正确理解并运用相关的语法知识。同时，教师还可以提供大量的语言示范和练习，让学生在实践中不断地巩固和提高语言能力。

在教学过程中，教师还应该注重培养学生的写作思维和创造力。除了掌握语言知识，学生还需要学会如何运用这些知识来表达自己的想法和观点。因此，教师可以引导学生进行头脑风暴、写作练习等活动，激发他们的写作潜能，培养他们的写作技能和写作能力。教师还可以利用多种教学资源和教学手段，如网络课件、教学视频等，丰富教学内容，提高教学效果。通过生动有趣的教学形式和丰富多样的教学内容，可以激发学生的学习兴趣，增强他们的学习动力，提高他们的学习效果。在高职英语写作教学中，教师应该根据学生的学习特点和兴趣特点，采取有效的教学策略，确保学生能够全面地掌握和了解英语写作语法知识，提高他们的写作水平和写作能力，满足当前的教学要求，达到预期的教学目的。

（五）合理使用任务驱动法培养学生篇章结构掌握能力

在高职院校的日常教学工作中，教师应采用任务驱动教学方式，按照学生的学习特点、需求和规律，开展教育工作，提升整体教育工作质量。对于任务驱动而言，主要就是在构建主义基础上开展教学方式，不仅要求明确任务目标，还需建设出良好的情境内容，将学生带领到较为真实的学习环境中，凸显出学生的主体性，并使其按照具体的任务项目内容，更好地学习和掌握各种知识，增强其学习效果。例如，在讲解"启事"写作的过程中，可以为学生设置相关的任务，形成驱动力，促使各方面教学工作的合理落实。此阶段将学生分成几个小组，然后为不同小组设置不同的任务主题，主要为"Pencil notice""Notice of puppy"等，要求学生明确其中的时间、地点、起因、经过等元素，使其在写作的过程中，更好地完成任务。且在使用任务驱动法期间，最为重要的就是针对任务进行合理设计，吸引学生参与到相关的写作活动中，全面激发学生学习兴趣，并增强学生的参与积极性。一般情况下，在任务设计的过程中应该遵循层次性的原则，根据学生的基础能力和写作能力，正确地进行指导，针对性地开展任务驱动的设计，在一定程度上可以增强任务设计效果，打破传统局限性，更好地满足相关学习任务。

（六）多媒体设备和网络技术的教学法

在高职院校的英语教学过程中，教师应该总结经验，积极使用先进的教学方式开展写作教育工作，全面激发学生的学习兴趣和积极性，以此促使各方面教育工作效果的改善和提升。使用多媒体设备和网络信息技术，有助于全面提升相关教学的直观性和形象性，并结合学生的身心特点进行指导，使得学生养成良好的写作习惯和学习习惯，促使写作质量和水平的全面提高。例如，在讲解"邀请信"相关内容时，应该重视学生相关写作知识和内容的掌握，可以先使用多媒体设备为学生设置情境和具体的邀请信内容"I ' d like you and Tom to come to dinner next Monday，May the fifth at 6 o ' clock p.m.，at the Locus Hotel"，然后指导学生正确地学习相关的写作语法知识和技巧，使其在形成正确学习观念意识的情况下，全面增强各方面的学习效果。此阶段教师可以使用多媒体设备为学生播放各种写作内容的情境，使得学生全面了解写作的中心情感和思想，有感情地写作文章，并激发学习兴趣。同时教师可以使用网络信息技术的方式，要求学生利用相关的网络平台写作，然后教师在网络中进行批改。小组学生之间也可以在网络相互评价，在评价之后选择优秀作品，上传到主页中展示。这样不仅可以激发学生参与写作活动的欲望，还能促使相关学习质量和效果的增强，以此优化各方面的工作模式和机制，达到预期的教学目的。在高职院校教育教学实际发展的进程中，教师要树立先进的观念意识，根据学生的学习特点、兴趣爱好和行为习惯等，利用合理的方式进行教学指导，全面增强学生的学习效果，打破以往工作的局限性，总结丰富的经验，遵循与时俱进的工作原则，编制出相应的计划内容，提升各方面工作质量。

第七节　翻译教学方法的创新

一、高职英语翻译教学现状及存在的问题

（一）重理论轻实践

1.理论知识灌输与实际操作脱节

在传统的翻译教学中，往往存在着一种倾向，即过分注重向学生传授翻译理论知识，而忽略了实际操作和实践机会。这种偏向性使得学生在课堂上接触到大量的翻译理论，但却缺乏实际的翻译实践机会，导致他们对于实际翻译工作的经验较为匮乏，同时也使得理论知识与实际操作能力之间存在较大的脱节。在高职英语翻译教学中，这种现象尤为突出。随着国际交流的日益频繁，英语翻译已经成为了一个日益重要的技能。然而，传统的翻译教学往往未能及时适应这一变化，仍然停留在传授翻译理论知识的层面上，而对于实际操作和实践机会的安排则相对不足。这就导致了学生在面对真实的翻译工作时，往往感到手足无措，缺乏自信，甚至可能无法胜任。究其原因，这种现象可能与传统翻译教学的教学模式和资源配置有关。传统的翻译教学往往采用讲授式教学，教师通过讲解翻译理论知识来向学生传授相关知识。这种教学模式相对简单高效，但却难以为学生提供充分的实践机会。另外，由于翻译教学涉及到大量的语言素材和文本材料，教学资源的获取和管理也是一个不小的挑战。传统的教学资源往往有限，难以满足学生的实际需求。

2.缺乏真实场景的模拟

传统的翻译教学在高职英语教育中存在明显的问题，其中包括缺乏真实场景的模拟和对学生面对真实翻译任务和挑战的培养机会。传统的教学方法主要集中在课堂内完成一些简单的翻译练习，这些练习往往是从教材中摘录的句子或段

落，缺乏真实性和挑战性。这种教学模式使得学生难以真实地感受到翻译工作的复杂性和挑战性，也无法有效地运用所学的理论知识解决实际问题，从而导致他们在真实翻译工作中的应对能力不足。在高职英语翻译教学中，传统教学模式的局限性尤为显著。缺乏真实场景的模拟使得学生无法充分了解翻译工作的实际情况。真实的翻译任务往往涉及到不同领域的专业知识，而传统教学往往无法覆盖这些方面，导致学生在实际工作中面对陌生领域时难以应对。简单的翻译练习难以激发学生的学习兴趣和主动性。学生可能会觉得这些练习缺乏挑战性，从而导致学习积极性的下降，甚至产生对翻译工作的误解和抵触情绪。传统翻译教学模式还存在着教学资源的有限性和教学方法的单一性。教师往往依赖于教材中提供的文本材料进行教学，而这些材料往往无法真实反映出翻译工作的多样性和复杂性。同时，教学方法过于注重理论知识的灌输，忽视了学生实际操作能力的培养。这种单一的教学方法难以满足学生的多样化学习需求，也无法充分发挥学生的潜能。

3.缺乏与实际工作相关的专业技能培养

在传统的高职英语翻译教学中，存在一个普遍的问题，即过度强调学生的语言能力和翻译理论知识，而忽视了与实际工作相关的专业技能培养。这些专业技能包括但不限于翻译软件的使用、术语管理、文档格式规范等，而这些技能在实际工作中却至关重要。然而，传统教学往往未能为学生提供足够的机会去掌握这些技能，导致学生在面对复杂的翻译任务时无法胜任。当前的高职英语翻译教学现状呈现出一些明显的问题。教学内容主要集中在语言知识和翻译理论方面，忽略了实际工作中所需的专业技能。教师往往将大部分时间用于教授语法、词汇、翻译理论等内容，而对于翻译软件的使用、术语管理等实际操作技能的培养则相对不足。教学方法较为单一，缺乏针对性的实践性训练。传统的教学模式主要以课堂讲授和书面作业为主，学生缺乏与实际工作相关的真实场景模拟和专业技能实践机会。这使得学生在毕业后面对真实的翻译工作时，往往无法熟练运用翻译软件，无法有效进行术语管理，也不了解文档格式规范，从而影响了他们的职业竞争力和职业发展。教学资源的匮乏也是造成这一问题的原因之一。翻译软件、专业术语库、真实案例等教学资源在一定程度上受限，难以满足学生的实际学习需求。教师在教学过程中也可能面临着教学资源获取不足、更新不及时等挑战，导致无法为学生提供充分的实践机会和技能培训。

（二）技能培养不足

1.缺乏专业技能培养的现状

在高职英语翻译教学中，尽管传授翻译理论知识是必要的，但却普遍存在着一种问题，即过度侧重于理论知识的传授，而忽视了学生实际操作能力的培养。这种现象导致了学生在课堂上学习了大量的翻译理论知识，但却缺乏实际的翻译实践机会。由于缺乏实际操作经验，学生在翻译速度、准确性、语言流畅度等专业技能的培养方面存在较大的不足，导致他们难以胜任复杂的翻译任务。教学内容主要集中在翻译理论知识的传授，忽略了实际操作技能的培养。教师往往通过讲解翻译原理、语言特点、翻译技巧等方面的内容来教授学生，但却较少涉及到实际翻译项目的操作和实践。教学方法相对单一，缺乏实践性训练。传统的教学模式主要以课堂讲授和书面作业为主，学生缺乏与实际翻译工作相关的真实场景模拟和专业技能实践机会。这种教学方法无法有效地培养学生的实际操作能力，导致他们在面对真实的翻译任务时感到无所适从。教学资源的匮乏也是造成这一问题的原因之一。缺乏真实的翻译项目和专业技能培训设施，使得学生无法在学校内获得充足的实践机会。同时，教师在教学过程中可能面临着教学资源获取不足、更新不及时等问题，难以为学生提供充足的实践机会和技能培训。

2.学生对实际操作的匮乏经验

在高职英语翻译教学中，存在一种普遍的现象，即传统的教学模式过于偏重学生对翻译理论知识的掌握，而忽视了实际操作的训练和实践机会。这一现状导致学生缺乏与真实翻译场景相关的经验，对于翻译工作的实际操作流程和技巧了解不足，从而在实际工作中难以胜任。教学内容主要集中在翻译理论知识的传授，而忽视了实际操作的训练。教师往往通过讲解翻译原理、语言特点、翻译技巧等内容来教授学生，但却较少涉及到实际翻译项目的操作和实践。教学方法相对单一，缺乏实践性训练。传统的教学模式主要以课堂讲授和书面作业为主，学生缺乏与真实翻译场景相关的真实场景模拟和实践机会。这种教学方法无法有效

103

地培养学生的实际操作能力，导致他们在面对真实的翻译任务时感到无所适从。教学资源的匮乏也是造成这一问题的原因之一。缺乏真实的翻译项目和专业技能培训设施，使得学生无法在学校内获得充足的实践机会。同时，教师在教学过程中可能面临着教学资源获取不足、更新不及时等问题，难以为学生提供充足的实践机会和技能培训。这种教学模式下的学生往往对于翻译工作的实际操作流程和技巧了解不足。他们缺乏实际操作的经验，无法有效地运用所学的理论知识解决实际问题。在面对真实的翻译任务时，他们可能感到手足无措，犯下诸多错误，甚至无法按时完成任务。这不仅影响了他们的个人职业发展，也影响了整个翻译行业的发展。

3.面临复杂翻译任务的挑战

在高职英语翻译教学中，普遍存在着一种情况：教学内容通常局限于简单的翻译任务，比如句子翻译或段落翻译，而缺乏对复杂翻译任务的训练。然而，实际工作中的翻译任务往往更加复杂，涉及到多种文体和专业领域，这就要求学生具备更高水平的翻译能力和专业技能。然而，目前的教学模式却未能充分满足这一需求，导致学生在这方面的培养不足。教学内容主要集中在简单的翻译任务上，忽视了复杂翻译任务的训练。教师往往通过课堂练习或作业安排一些简单的句子或段落进行翻译，而这些练习往往不能真实反映出实际工作中的复杂性和多样性。教学方法相对单一，缺乏针对性的训练。传统的教学模式主要以课堂讲授和书面作业为主，学生缺乏与实际翻译工作相关的真实场景模拟和专业技能实践机会。这种教学方法无法有效地培养学生面对复杂翻译任务的能力，导致他们在实际工作中难以胜任。教学资源的匮乏也是造成这一问题的原因之一。由于缺乏真实的翻译项目和专业领域的资料，学校无法为学生提供多样化、复杂化的翻译实践机会。同时，教师在教学过程中可能面临着教学资源获取不足、更新不及时等问题，难以为学生提供充足的复杂翻译任务的训练机会。这种教学模式下的学生往往缺乏应对复杂翻译任务的能力。他们可能对于不同领域的专业术语不熟悉，缺乏相应领域的知识储备；也可能在跨文体翻译方面存在困难，无法准确把握不同文体的特点和要求。这使得他们在面对真实的翻译任务时感到手足无措，影响了他们的职业发展和竞争力。

4.缺乏综合素质的培养

高职英语翻译教学的现状确实存在一些问题，其中之一是过度注重学生的语言能力和翻译技巧的培养，而忽视了综合素质的培养。这些综合素质包括跨文化交流能力、团队合作精神以及解决问题的能力。学生在这些方面的培养不足，导致他们无法全面胜任复杂的翻译任务。目前的高职英语翻译教学普遍存在着过分偏重语言和技能方面的培养，而忽视了综合素质的培养。教学内容主要集中在语言知识、翻译理论和技巧等方面，课程设置偏向于文学、语言学等领域，对于跨文化交流、团队协作和问题解决等方面的培养较为缺乏。教学方法也相对单一，主要以课堂讲授和书面作业为主，缺乏针对性的综合素质培养。这种教学模式下的学生往往缺乏跨文化交流能力。翻译工作常常涉及到不同文化背景和价值观的交流，需要翻译者具备跨文化沟通的能力，但由于学生在这方面的培养不足，他们可能无法很好地理解和传达不同文化之间的信息，导致翻译产生误解或不准确。学生也缺乏团队合作精神。在实际工作中，翻译项目常常需要多人合作完成，需要团队成员之间的良好沟通和协作能力。然而，由于学生在团队合作方面的培养不足，他们可能无法有效地与他人合作，导致翻译项目的质量和效率受到影响。学生在解决问题的能力上也存在不足。翻译工作中常常会遇到各种问题和挑战，需要翻译者具备独立思考和解决问题的能力。然而，由于学生在这方面的培养不足，他们可能无法有效地应对突发情况，导致翻译任务无法顺利完成。

（三）跨文化交际能力不足

1.教学内容偏重语言技能，忽视文化意识

目前，高职英语翻译教学的确存在一个普遍的问题，即过度侧重于学生的语言技能培养，如语法、词汇、句型等，而忽视了跨文化交际能力的培养。这种教学模式使得学生往往只关注语言表面的翻译，而对于不同文化背景下的语言使用规范和文化意涵缺乏深入理解。这对于学生的翻译水平和综合素质的提升构成了制约。目前的高职英语翻译教学在内容设置上主要注重语言技能的传授，这包括英语语法、词汇量的积累、句型结构等方面。在教学方法上，通常采用课堂讲授、练习题演练等传统方式进行教学。这种教学模式使得学生倾向于将翻译视为一种语言转换的过程，仅仅关注语言表面的转换，而忽视了语言背后的文化内涵和语境。然而，跨文化交际能力对于翻译工作的重要性不言而喻。在全球化的背景下，翻译工作往往涉及到不同文化之间的交流和理解。因此，除了语言技能，翻译者还需要具备跨文化交际能力，能够理解和传达不同文化背景下的语言使用规范和文化意涵。然而，目前的高职英语翻译教学往往忽视了这一点，使得学生在这方面的培养不足。导致这一问题的原因有多方面的，包括教学内容设置的局限性、教学方法的单一性以及教学资源的匮乏等。教学内容设置的局限性主要表现在教学内容过于注重语言技能，而忽视了跨文化交际能力的培养。教学方法的单一性使得学生往往只进行表面的语言转换练习，而缺乏对于不同文化背景下语言使用规范和文化意涵的深入思考和理解。此外，教学资源的匮乏也制约了跨文化交际能力的培养，因为教师缺乏足够的案例和资源来进行相关的教学和训练。

2.学生对于跨文化交际的重视程度不高

在当前的高职英语翻译教学中，存在一些学生对于跨文化交际的重视意识不足的问题。这些学生往往将翻译仅仅看作是语言转换的过程，而忽视了文化背景对于翻译的重要影响。这种现象导致了学生对于不同文化背景下的语言表达和文化差异缺乏深入了解，从而影响了他们的翻译质量和跨文化交际能力。教学内容和方法的局限性导致了学生对于跨文化交际的重视意识不足。传统的教学模式主要注重语言技能的培养，而对于跨文化交际的培养则相对不足。教师往往通过讲解语法、词汇、句型等内容来进行教学，而对于文化差异和跨文化交际技巧的训练往往较少涉及。其次，学生的学习态度和观念也对问题的存在起到了一定的影响。部分学生可能认为翻译只是简单的语言转换，忽视了文化因素对翻译的重要影响，从而导致对跨文化交际的重视意识不足。这种现象存在的原因是多方面的。传统的教学模式存在一定的局限性，教师往往缺乏足够的跨文化交际经验和教学资源，导致无法有效地进行相关教学和训练。学生的学习态度和观念也有一定的影响，部分学生可能认为翻译只是简单的语言转换，忽视了文化因素对翻译的重要影响，从而导致对跨文化交际的重视意识不足。

（四）教材匮乏

1.教材内容过于理论化，缺乏实用性

当前的高职英语翻译教学中，存在着一些英语翻译教材过于注重翻译理论知识的介绍，而忽视了实际翻译工作中的应用技巧和实践经验的问题。这些教材通常着重介绍翻译的基本原理、方法和技巧，但却缺乏实际案例和练习，导致学生难以将理论知识转化为实际操作能力，从而影响了他们在实践中的表现和能力发展。许多现有的英语翻译教材在内容设置上过于偏重理论知识，忽视了实践经验的积累。这些教材往往详细介绍了翻译的基本概念、原则和方法，但缺乏真实的翻译案例和实践练习。学生在阅读这些教材时可能会感到枯燥乏味，难以将理论知识与实际应用相结合，从而影响了他们的学习积极性和效果。部分英语翻译教材的编写者可能缺乏实际翻译工作的经验，导致教材内容偏离了实际需求。一些教材可能过于理论化，缺乏实践性和可操作性，无法有效地帮助学生掌握实际翻译工作中的应用技巧和实践经验。这使得学生在实际工作中可能面临着理论与实践脱节的问题，无法灵活应对各种翻译挑战。一些英语翻译教材可能更新不及时，无法跟上翻译行业的发展和变化。随着全球化的推进和科技的发展，翻译工作的形式和要求也在不断变化，需要翻译者具备新的技能和知识。然而，部分教材可能未能及时更新，仍停留在传统的翻译理论和方法上，无法满足学生的实际需求。

2.实用性较强的教材缺乏系统性和深度

另一方面，虽然一些实用性较强的英语翻译教材提供了丰富的实际案例和练习，但它们常常缺乏系统性和深度。这类教材往往零散地介绍一些实用的翻译技巧和方法，缺乏组织性和连贯性，无法帮助学生建立起系统的翻译思维和能力。这一问题影响了学生在翻译实践中的表现，并且制约了他们的职业发展。当前高职英语翻译教学中存在着一些实用性较强的教材，这些教材通常以提供丰富的实际案例和练习为特点。这种教材的设计初衷是为了让学生通过实践来提升翻译技能，培养实际应用能力。然而，这些教材往往缺乏系统性和深度，其内容零散、片段化，缺乏组织性和连贯性。教材可能只是简单地列举一些常见的翻译技巧和方法，缺乏对于这些技巧和方法背后原理的深入探讨，也缺乏对于不同翻译场景

下的综合应用训练。这种情况下，学生可能会感到困惑和无助，他们缺乏对于翻译任务的系统性思考和处理能力。他们可能只是机械地运用教材中提供的一些技巧，而无法深入理解翻译任务的本质和要求。这使得他们在实践中往往会遇到各种困难和挑战，无法灵活应对，影响了翻译质量和效率。

3.缺乏针对性的教学资源和教学方法

教材的不足反映在教学资源和教学方法上，这是当前高职英语翻译教学面临的另一个问题。教学资源相对匮乏，缺乏针对性地提供给学生实际的翻译任务和案例，同时教师在教学过程中也缺乏创新的教学方法，过于依赖传统的讲解和练习，无法激发学生的学习兴趣和动机。教学资源的匮乏限制了学生的实际操作能力和专业技能培养。当前的教学资源主要集中在传统的教材、课件和学习资料上，而缺乏与实际工作相关的专业技能培养。很少有教学资源针对性地提供给学生实际的翻译任务和案例，使得学生在实践中缺乏经验积累，无法真正掌握翻译工作所需的技能和技巧。这种情况限制了学生的职业发展和竞争力。教师在教学过程中缺乏创新的教学方法，过于依赖传统的讲解和练习。目前的教学方法主要以课堂讲授和书面作业为主，缺乏针对性的实践性训练和案例分析。教师往往只是简单地向学生介绍翻译理论知识，而忽视了实际操作能力和专业技能的培养。这种教学方法不仅缺乏足够的互动性和参与性，而且无法激发学生的学习兴趣和动机，使得教学效果不佳。当前的教学资源和教学方法也未能充分适应翻译行业的发展和变化。随着全球化进程的加速和科技的发展，翻译工作的形式和要求也在不断变化，需要翻译者具备新的技能和知识。然而，当前的教学资源和教学方法未能及时跟进，无法满足学生的实际需求和市场需求。

4.缺乏行业和实践经验的教师队伍

在高职院校的英语翻译教学中，教师队伍大多缺乏行业和实践经验，这是当前面临的一个显著问题。这些教师通常缺乏与翻译行业直接相关的工作经历，因此无法及时了解和把握翻译行业的最新动态和要求。这导致了教师在教学内容和方法上无法及时更新，无法满足学生的实际需求，从而影响了教学质量和教育效果。高职院校的英语翻译教师队伍普遍缺乏行业经验。这些教师往往是从事教学工作的专业人士，虽然具备一定的教学经验和专业知识，但却缺乏与翻译行业直接相关的工作背景。他们可能没有在翻译公司、出版社或国际组织等相关机构工作的经历，无法深入了解翻译行业的实际运作情况和行业趋势。因此，他们无法及时了解行业的最新动态和要求，也无法将最新的行业知识和经验融入到教学中。缺乏行业经验的教师导致了教学内容和方法的滞后。由于无法及时了解翻译行业的发展，教师往往仍然沿用传统的教学内容和方法，无法及时更新教学内容，也无法为学生提供与实际工作相关的专业技能培养。这使得教学内容缺乏新颖性和实用性，无法满足学生的学习需求，影响了教学效果和教育质量。缺乏行业经验的教师也影响了学生的职业发展和就业前景。由于教师无法提供与实际工作相关的专业指导和建议，学生可能无法有效地掌握翻译行业的最新要求和技能，从而影响了他们的职业发展和就业竞争力。这使得学生在面对实际工作时可能感到困惑和不适应，难以胜任复杂的翻译任务，进而影响了他们的职业发展和就业前景。

（五）评价标准不清晰

1.缺乏明确的评价标准

目前许多高职院校的英语翻译教学普遍存在着缺乏明确的评价标准的问题。评价依据主要是模糊的一般性要求，如准确性、流畅度、通顺度等，缺乏具体的量化指标和标准化评分体系。这使得评价结果难以客观、准确地反映学生的翻译水平，从而影响了教学质量和学生的学习效果。当前许多高职院校的英语翻译教学中，评价标准往往比较模糊和笼统。教师通常会根据一些一般性要求来评价学生的翻译作品，如是否准确、是否流畅、是否通顺等，但这些要求缺乏具体的量化指标和标准化评分体系。因此，评价结果往往比较主观，存在着评价不公平和评分不准确的问题。缺乏明确的评价标准也导致了评价过程的不透明和不可操作性。学生往往无法清楚地了解评价标准和要求，不知道如何针对性地提高自己的翻译水平。同时，教师也可能因为评价标准不明确而无法对学生的表现进行准确的评价和指导，从而影响了教学效果和教学质量。缺乏明确的评价标准也给学生带来了不确定性和焦虑感。由于评价标准模糊不清，学生往往无法准确地评估自己的翻译水平，不知道自己的优势和不足在哪里，也不知道应该如何提高自己的翻译能力。这可能会影响到学生的学习积极性和学习动力，进而影响到他们的学习效果和学业成绩。

2.评价体系缺乏多样性和全面性

当前许多高职院校的英语翻译教学评价体系存在着一定的局限性，往往局限于对翻译准确性和语言表达的评价，忽视了翻译过程中其他重要因素的考量，如文化适应能力、语体转换能力、语境把握能力等。这导致评价结果不够全面，无法充分反映学生的翻译能力，从而影响了教学质量和学生的学习效果。现有的评价体系主要关注翻译准确性和语言表达的评价，而忽视了翻译过程中其他重要因素的考量。在实际翻译工作中，除了翻译的准确性和语言表达外，还需要考虑到诸如文化适应能力、语体转换能力、语境把握能力等因素。然而，目前的评价体系往往没有对这些因素进行充分的考量和评价，导致评价结果不够全面，无法准确反映学生在翻译过程中的综合能力和水平。由于评价体系的局限性，学生可能会产生误解或不公平的感受。如果评价体系只关注翻译准确性和语言表达，那么学生可能会觉得只有这两个方面的表现才被重视，而其他重要因素被忽视了。这可能会降低学生对于翻译过程中其他方面的重视程度，影响他们的全面发展和提高。现有的评价体系也无法提供有效的反馈和指导，无法帮助学生全面提高翻译能力。如果评价体系只关注准确性和语言表达，那么教师在评价学生作品时可能只会指出错误和不足，而缺乏对于其他方面的指导和建议。这使得学生无法全面理解自己的不足之处，并且无法得到针对性的指导和训练，从而影响了他们的学习效果和进步速度。

3.学生对于评价结果的认知不清

在当前的高职英语翻译教学中，学生对于评价结果的认知往往并不清晰，这主要源于评价标准的不明确和学生对于评价过程的理解不足。由于评价标准不明确，学生难以准确了解自己的翻译水平和存在的问题，因此缺乏信心，无法有效地制定提升计划和方向。这给教学质量和学生的学习效果带来了一定的挑战和障碍。学生对于评价标准的不明确导致了评价结果的认知不清。在许多高职院校的英语翻译教学中，评价标准往往比较模糊和笼统，主要是一些一般性的要求，如准确性、流畅度、通顺度等。这样的评价标准缺乏具体的量化指标和标准化评分体系，使得学生无法清晰地了解自己在各个方面的表现，也无法准确判断自己的翻译水平和存在的问题。学生对于评价过程的理解不足也是导致评价结果认知不清的重要原因。由于评价标准不明确，学生往往对于评价过程和评价标准的意义和作用缺乏充分的理解。他们可能不清楚评价的依据是什么，也不知道如何根据评价结果进行改进和提升。因此，即使收到了评价结果，学生也无法准确地理解其含义和指导作用，难以有效地应用于实际学习和提升过程中。评价结果的不清晰也会给学生带来困惑和焦虑。由于评价标准不明确，学生可能会对自己的表现产生怀疑，不知道自己是否达到了要求，也不知道应该如何改进和提升。这可能会导致学生产生消极情绪，降低学习积极性和主动性，影响到他们的学习效果和学业成绩。

二、高职英语翻译教学方法的创新

（一）技术辅助教学

在高职英语翻译教学中，引入计算机辅助翻译（CAT）工具等技术手段是一种创新的教学方法，可以有效提高学生的翻译效率和质量。通过让学生掌握翻译软件的使用技巧，以及了解各种在线资源的利用方法，可以为他们提供更多实践机会，并增强他们的翻译能力。引入CAT工具等技术手段可以帮助学生提高翻译效率。传统的手工翻译方式存在速度慢、效率低的问题，而CAT工具可以自动识别重复内容、术语、短语等，并提供翻译记忆库和术语库，大大减少了翻译时间。通过让学生熟练掌握CAT工具的使用技巧，可以提高他们的翻译速度，使翻译工作更加高效。引入CAT工具等技术手段可以提高翻译质量。CAT工具不仅可以提高翻译效率，还可以帮助学生规范翻译结果，保持术语的一致性和风格的统一性。此外，CAT工具还可以自动生成术语表、翻译记忆库等辅助工具，帮助学生积累翻译经验和知识，提高翻译质量。

通过引入在线资源的利用方法，可以为学生提供更多的参考资料和翻译资源，丰富他们的翻译素材。学生可以通过搜索引擎、在线词典、语料库等网络工具，查找并获取相关领域的专业术语、表达方式等，提高翻译的准确性和质量。教师可以指导学生如何有效地利用这些在线资源，拓展他们的翻译视野，培养他们的翻译能力。在实施这一创新教学方法时，教师可以采取多种教学策略和活动。例如，可以组织学生参与CAT工具的操作实践和案例分析，让他们亲自体验CAT工具的功能和优势，并了解如何解决翻译中的常见问题。同时，还可以结合课堂教学和在线学习资源，设计相关任务和作业，引导学生进行翻译实践和资源搜索，加深他们对CAT工具和在线资源的理解和应用。引入计算机辅助翻译工具等技术手段是一种创新的高职英语翻译教学方法，可以有效提高学生的翻译效率和质量。通过让学生掌握CAT工具的使用技巧，以及了解各种在线资源的利用方法，可以为他们提供更多实践机会，并增强他们的翻译能力，从而更好地满足他们的学习需求和职业发展。

（二）项目驱动教学（PBL）

采用项目驱动教学方法在高职英语翻译教学中的应用，是一种创新的教学方式，旨在通过设计具体的翻译项目，如模拟真实的商务文件翻译、跨文化交流中的口译任务等，让学生在实际操作中提高翻译能力，并了解不同领域的翻译技巧和专业术语。采用项目驱动教学方法可以增强学生的实践能力。通过设计具体的翻译项目，学生将直接参与到真实的翻译任务中，例如商务文件的翻译或跨文化交流中的口译任务，从而提高他们的实际操作能力。在项目实践过程中，学生将面临真实的翻译挑战，需要运用所学的翻译技巧和知识解决问题，从而增强他们的翻译能力。采用项目驱动教学方法可以促进学生的跨学科学习。在设计具体的翻译项目时，可以涉及到多个学科领域，如商务、法律、医学等，让学生了解不同领域的专业术语和翻译技巧。通过跨学科学习，学生可以拓展知识面，提高综合素养，为将来从事相关职业打下良好的基础。

采用项目驱动教学方法可以提升学生的团队合作能力。在项目实践过程中，学生往往需要分工合作，共同完成翻译任务。通过与同学合作，学生可以学会有效地沟通协调，明确分工，共同解决问题，从而提高团队合作能力和集体荣誉感。采用项目驱动教学方法还可以激发学生的学习兴趣和动机。通过设计具体的翻译项目，如模拟真实的商务文件翻译、跨文化交流中的口译任务等，可以让学生感受到翻译工作的实际应用场景，增强他们的学习兴趣和学习动机，从而更加投入到学习中去，取得更好的学习效果。在实施项目驱动教学方法时，教师可以采取多种教学策略和活动。例如，可以组织学生进行实地考察或实习，让他们亲身体验翻译工作的真实情况；也可以利用模拟场景或角色扮演，让学生扮演翻译人员，进行商务谈判或跨文化交流，锻炼他们的口译能力和应变能力。采用项目驱动教学方法在高职英语翻译教学中的应用具有重要意义。通过设计具体的翻译项目，让学生参与到实际翻译任务中去，可以提高他们的实践能力、跨学科学习能力、团队合作能力和学习动机，为他们的职业发展和学术提升提供更好的支持。

（三）语境化教学

将翻译任务置于特定的语境中进行教学是一种创新的高职英语翻译教学方法。通过模拟真实场景，如商务、法律、医疗等领域，学生可以更好地理解源语言和目标语言之间的语言文化差异，提高翻译的准确性和专业性。将翻译任务置于特定的语境中进行教学可以提高学生的专业素养。不同领域的翻译有其独特的专业术语和语言特点，需要翻译人员具备相应的专业知识和技能。通过模拟真实场景，如商务谈判、法律文件处理、医疗诊断报告等，学生可以接触到真实的翻译任务，并了解其中的专业术语和语言规范，从而提高他们的专业素养和翻译水平。将翻译任务置于特定的语境中进行教学可以促进学生的跨文化交流能力。不同领域的翻译涉及到不同的文化背景和习惯，学生需要了解并适应源语言和目标语言之间的语言文化差异。通过模拟真实场景，学生可以更好地理解不同文化间的交流方式和沟通技巧，提高他们的跨文化交流能力，为未来的职业发展做好准备。将翻译任务置于特定的语境中进行教学可以激发学生的学习兴趣和动机。通过模拟真实场景，学生可以感受到翻译工作的实际应用价值，增强他们的学习兴趣和学习动机。在真实的语境中进行翻译实践，学生会更加主动地投入到学习中去，提高他们的学习效果和学习成果。在实施这一创新教学方法时，教师可以采取多种教学策略和活动。例如，可以设计真实的商务谈判情景，让学生扮演翻译人员，进行商务文件的翻译和口译工作；也可以组织学生进行模拟法庭审讯，让他们体验法律文件的翻译和口译过程。将翻译任务置于特定的语境中进行教学是一种创新的高职英语翻译教学方法，可以提高学生的专业素养、跨文化交流能力和学习动机，为他们的职业发展和学术提升提供更好的支持。

第四章 跨文化视角下的高职英语教学模式

第一节 跨文化交际与高职英语教学

一、跨文化交际的定义

世界范围内的人类交际经历了五个阶段：语言的产生、文字的使用、印刷技术的发明、近百年交通工具的进步和通信手段的迅速发展、跨文化交际。随着交通工具和通信手段的发展，使得全球各种文化背景的人口得以频繁流动和沟通，跨文化交际的重要性不言而喻。中国学者将其翻译成汉语时，译为跨文化的交际、跨越文化的交际、文化间的交际、不同文化之间的交际、多文化交际、跨文化交际学、跨文化交流学、跨文化传播等。国内外学者都认同跨文化交际学的"多学科性、跨学科性、交叉学科性、边缘学科性"，与其相关的学科有人类学、社会学、传播学、心理学、语言学、哲学等，对跨文化交际存在着理解上的差异。跨文化交际常被定义为"来自不同国家文化背景的人员之间的交际，很多学者将其限定为面对面的交际"。跨文化交际是一个符号的、解释的、相互影响的、与上下文有关的过程。在过程中，来自不同文化背景的人们创造出可分享的含义。当大量的和重大的文化差异导致不同的理解，并产生期望如何去更好地交际时，跨文化交际就出现了。跨文化交际正如其名所指，是有关不同文化之间的交际和不同文化背景的人员之间对意义归因的互动的、象征性的过程。这里将跨文化交际定义为具有不同文化背景的人员从事交际的过程，是文化认识和符号系统不同的人员之间的交际。这些不同的文化认识和符号系统足以改变交际事件。目前，国外的研究重点几乎放在各个维度上；在国内，认为研究的重点应集中在国际性的跨文化交际维度上。

二、跨文化交际的界定

文化和交流都依赖于一定的符号系统。交际是人们赖以生存、社会赖以活动、文化赖以传承和储存的重要机制。交际会受到文化的影响，在相同的文化中，由于人们共用一套规则，文化可以成为交际的润滑剂；而在不同的文化中，特别是在差异很大的文化中，文化就会成为交际的障碍。确定交际是同文化还是跨文化的方法如下。跨文化交际首先是一种交际，具有交际的一般特点（如符号的运用、信息的传送与共享），也遵循着一般交际的模式，但是跨文化交际同时又是一种较为特殊的交际，有着自己的特点和模式。在交际过程中信息的发送者和接收者会根据各自所在文化的规则来进行编码、释码和解码。如果交际双方运用的是完全相同的一套规则系统，那么就是典型的同文化交流；如果交际双方运用的是完全不同的一套规则系统，就是典型的跨文化交际。但是，在现实生活中，真正的完全相同与完全不同的交际情况是没有的。也就是说，无论两种文化有多大的差异，它们之间总会有相同之处，这是交际的基础；同样，即使是处在同一种文化的两个交际者，他们运用规则进行编码、释码和解码的过程也不可能完全相同。从理论上讲，不同人的文化和社会背景、生活方式、教育背景、性格、爱好等方面都存在差异。从这个意义上说，一个人就是一个独特的微型文化，任何人与人的交际都是跨文化交际。

文化的差别可能大到不同国籍、不同民族和不同的政治制度；也可能小到同一主流文化中的不同性别、不同年龄、不同社会阶层、不同教育背景，甚至是不同兴趣爱好之间的人们。莫瓦尔（Richard E.Porter）和拉里萨莫沃（Larry A.Samovar）曾以一个连续体的形式表明不同文化间的差异程度，很直观地表明了不同文化群体间不同程度的文化差异。如果把所有不同文化间的交际都看作跨文化交际，那么跨文化交际将包括跨种族交际、跨民族交际、同一主流文化内不同群体间的交际、国际性的跨文化交际。在我国，跨文化交际的重点主要集中于国际性的跨文化交际维度上。一般说来，跨文化交际都被定义为"来自不同国家文化的人们之间的交流，而且许多学者也把这种交流限定在面对面交流的层面上"。因此，这里的研究中涉及的跨文化交际不包括国内同一主流文化内不同群体间的交际，只包括国际性的跨文化交际。而在交际层面，其包括跨文化人际交往。

三、跨文化交际英语教学步骤

摩根认为："一个人的母语文化认知图式是自然形成的，而目的语文化的认知图式必须有意识地对待，因为这是一种特定的思维模式。"所以我们在教学过程中应充分发挥想象，设计各种各样的活动提高学生对英语学习的热情，加深他们对英语的理解。下面为教学活动的步骤。

（一）准备阶段

针对教学内容中所包含的文化知识，教师首先要了解学生已经掌握的程度，其次教师可以采取教师讲解、问卷测试、直接问答、词汇联想、图片实物展示等方法让学生对于将要学习的内容有一个初步的了解，使学生对将要学习的内容有大致的了解。

（二）讲解阶段

1.对比法

涉及语言交际方面的内容，如汉语里"像老黄牛一样勤恳""力大如牛"在英语里却要说"work as a horse" " as strong as a horse"。中国人都是用牛耕地劳作，而英国人却是用马来耕作的。同样，汉语有"害群之马"的俗语，英语中翻译为"black sheep"。涉及非语言方面的内容，如外籍教师穿着很随便，在公开场合甚至可以穿短裤，上课时有的还坐在课桌上，嘴里嚼着口香糖。中国教师则不会这样。交际习俗与礼仪。中国人在饭桌上喜欢互相劝酒，而这在西方人眼里就是强人所难的举动。西方国家，孩子在家可以随便称呼父母长辈的名字，而这在中国是很不敬的行为。在西方国家，两个好朋友一起出去吃饭喜欢AA.制，而这在中国人看来是不讲朋友情面的事情。价值观念。多数西方人个人价值至上。追求个人成功，而中国人倾向于社会、集体价值至上。

2.翻译法

英语学习者存在的一个共同问题，即当我们在做翻译练习时，目的语中没有生词，但英汉两种语言在词汇、语法、句型结构等方面有很大差异，导致我们翻译出来的语句不符合目的语的习惯，所以典型句子的翻译在提高翻译水平的同时也提高了学习者的文化意识。如：I very think you.我很想你。You how go to school.

你怎么去上学。You give me stop.你给我站住。Give you some colour see see.给你点颜色看看。以上都是学习者在初学阶段很容易犯的翻译错误，主要是由于我们对英语语言、语法及文化缺乏了解导致的。

3.互动法

通过英语教师与英语学习者之间的互动交流，让学生联想具有类似文化差异的中西方不同词汇或语言现象，以增强英语教学效果，提高英语学习者的学习水平。

（三）习得阶段

跨文化差异的学习最终目的是使得学习者掌握差异，从而在交际中更加得体恰当。而这些差异的理解和掌握也要通过不同的课内外活动的练习而习得。如角色扮演；努力创造跨文化交际的机会，如创造条件使学生有与外籍人员面对面交流的机会；使用一定比例的国外原版教材，并努力提高自编；教材的真实；充分利用现代化教学手段；充分利用外籍教师；引导学生阅读外国文学作品、报刊文章，推荐学生观看体现文化背景、风土人情、社会习俗等内容的电影；开展丰富多彩的课外活动，诸如文化讲座、知识竞赛等，引导学生逐渐养成自觉吸收不同文化的学习态度。

四、跨文化英语教学与传统英语教学的区别

语言教学与文化教学有机结合，语言与文化互为目的和手段。英语语言的学习是文化学习的手段，文化学习和跨文化交际是英语学习的目的；文化学习为英语学习提供了丰富多彩、真实鲜活的素材和环境，是英语交际能力培养的重要保证。语言教学与文化教学的结合贯穿外语教学的各个阶段、各个环节。跨文化英语教学特别重视调动学习者的各种学习潜能和机制，多层次多渠道地进行教学。语言的学习和文化的学习都是一个终身学习的过程，学习者不可能永远依赖老师进行学习。自主学习能力的培养和文化学习方法的探索是跨文化英语教学的重要内容。

跨文化英语教学重视学习者本族文化的作用，并将认识、反思和丰富本族文化作为教学目的之一。比较和对比是实现这一教学目的的主要方法，学习者在英语语言学习和文化学习过程中，不断地将本族文化现象与其他文化的相关现象

进行比较和对比，形成对本族文化的再认识。跨文化英语教学体验探索式的教学方法的作用非常明显。跨文化英语教学虽然说是说教式教学方式与体验探索式教学方法并举，但后者的作用非常明显，因此高职英语教学不能只单纯注意语言教学，对文化背景知识的了解是培养学生跨文化交际能力的前提。外语教学必须重视文化之间的差异，要注意不同文化背景、社会价值观和思维模式的关系。教师应该充分利用各种手段加强语言文化导入，向学生进行文化渗透，融语言、文化于一体，让学生能同时学到语言知识和文化知识，从而提高学生的跨文化交际能力，使学生们在实际中正确运用语言。

第二节 高职英语跨文化教学模式的构建

一、设置科学的教学目标及内容

（一）设置科学的教学目标

跨文化外语教学近 20 年来在美国和欧洲等国家发展很快，虽然术语使用上目前并不统一，但其中所体现的外语教学思路有很多共同点，例如，比亚姆（Bgyam）（1994）等学者在调查了欧洲各国语言文化教学的现状后，以欧洲跨文化交际需要为前提，提出将语言和文化相结合的综合教学，以文化为基础的交际能力的教学，以及更为普遍的基于文化的外语教学等，在这些思想理论基础上，结合我国的高职英语教学情况，跨文化外语教学的目标包含语言能力、交际能力和跨文化交际能力，因而其内容应该包括语言教学、文化教学和跨文化交际能力培养三个方面。具体来说，语言教学包含基本语言知识和使用，文化教学包括文化知识和交流，跨文化交际能力培养则包括跨文化意识，跨文化交际能力和跨文化交际实践等。也就是说，在跨文化外语教学中，通过对目的语语言和文化的学习，学习者能够掌握目的语语言知识，并能使用该语言与目的语语言群体进行有效的交流。同时，在学习中能够反思自己的母语，了解语言的普遍规律，了解文化的构成、作用和发展规律，了解语言与社会和文化之间的关系，在交流中体验目的文化，反思本族文化，将目的文化与本族文化进行比较，增强对文化差异的敏感性和培养对目的文化的移情态度，并在教师的帮助和指导下，学会调适，并解决跨文化交际中可能出现的如文化冲撞、误解等问题。

（二）设置科学的教学内容

1.语言知识和文化知识

教学内容的这三个方面是紧密联系、相互渗透的。语言知识和文化知识是基础，语言使用和文化交流为知识提供了实践和体验机会，跨文化意识在知识学习和实践中培养，同时又为学习者知识的学习和实践交流做好了思想准备，最终在跨文化交际的实践中培养跨文化交际能力。这其中需要特别注意的是，在文化教学中避免出现中西文化失衡或"中国文化失语症"，即片面强调西方文化的输入，而"母语文化"缺失。"中国文化失语症"是外语教学界的从丛教授提出的，"纵观我国多层次英语教学，在增大文化含量却有着一种共同的片面性·····对作为主体一方的文化背景中国文化之英语表达。基本上仍处于忽视状态"。由于忽视了母语文化在英语教学中的位置，在跨文化交际中作为交际主体的中国人，很多时候却不能用英语表达中国文化，尤其是对中国传统文化更显得心有余而力不足。在全球语境下的文化对话中，很遗憾地丧失了平等对话的能力，这也是跨文化交际的一大忌。学者一虹曾提出"生产性外语学习"，它既不同于"削减性学习"（学者由于母语文化归属受到威胁而放弃母语文化，认同于目的语文化），也不同于"附加性学习"（学习者在学习目的语、接受目的语文化的同时保持母语及母语文化归属不受威胁）。它是指在目的语学习过程中，目的语与母语水平的提高相得益彰；目的语文化与母语文化的鉴赏能力相互促进；学习者自身的潜能得以充分发挥。

2.母语文化

在"生产性外语学习"中，母语和母语文化起着积极的作用，它与文化归属的替代无关，强调两种语言和文化价值系统之间的互动作用。因而在外语文化教学中"母语文化"不可缺失，文化教学不可失衡，应帮助学生形成"生产性外语学习"，发挥两种语言文化的互相促进作用，真正实现跨文化交际。正如霍尔指出的那样，"（文化）所隐藏的东西最难被其自身的参与者所认识。多年的研究已使我坚信，真正要做的工作是理解本国文化；人们从研究外国文化所能得到的不过是表面的理解，这类研究最终是为了更加了解自己系统的活动状况。"同时霍尔也指出了体验到外国文化与本土文化间的对比和差异所产生的兴趣和好奇心是学习和了解外国文化的最佳动机。此外，还需要注意，在教学中避免割裂语言和文化的关系而导致的孤立而机械地进行语言教学和文化教学，两者应有机结合。语言本身蕴含着丰富的文化内容，无论语音、词汇还是句法都有其文化内涵，语言是对文化的反映，文化是语言存在和使用的环境，两者不可分割。语言的学习必然是文化的学习，文化为语言学习提供了丰富真实的环境，两者互为目的和手段。因此，应将文化教学贯穿在语言教学过程中，将语言教学融入丰富真实的文化教学内容里，让学习者学到活的语言，体味真的文化，真正享受学习的过程。

二、明确高职英语跨文化教学原则

（一）目标引领原则

目标的行动的指南。尽管我国没有统一的文化教学大纲，但是可以研读国内外外语课程标准，参照国内外相关文化教学目标，制订适合自己教学的文化教学目标，做到有的放矢，有目标、有理念引领行动。1996 年，美国政府为使外语学习者能够适应全球化发展的需要，制订了《21 世纪外语课程标准》，该标准将美国 21 世纪外语学习目标归纳为"5C"，即 Communication（交际性）、Cultures（文化性）、Connections（联系性）、Comparisons（比较性）和 Communities（社区性）。该《标准》突出强调了外语教学中文化教育的地位。著名的应用语言学专家、美国柏克莱加州大学教授克拉姆施（Kramsch）的代表作是由牛津大学出版社出版的《语言教学中的上下文和文化》。克拉姆施认为采用完整的多元合一的眼光去看待语言与文化这"一个硬币的两个侧面"更有利于语言文化教学，使之有机地、有效地融合为一体。

比如，在设立跨文化交际能力培养目标时，就可以制订理念目标，在总的文化教学目标下，培养跨文化交际意识和敏感性，培养学习者建立文化平等观、文化理解观、文化融合观。1993 年王宗炎的《自我认识与跨文化交际》中描述的

"我们应该努力把言语不通变为声入心通，应该尽量消除误会。可见，我们决不能归咎哪一方，决不能认为哪一方的文化更好，语言更美"是对文化平等观的更好阐释。理解规则是指尽量从对方的角度考虑问题，使交际中做到尊重、包容、理解对方和自己文化不同的地方。文化融合规则体现出文化是相互促进、相互影响的，没有严格的标准区分是谁的文化，而是你中有我，我中有你，文化是整体的，通过跨文化教学培养英语学习者积极传播中外文化的责任感和使命感。"母语和目的语水平的提高相得益彰，对母语和目的语文化的理解互相促进，学习者的潜能得到发挥，人格向更加整合、更加健康的方向发展"是对实现文化教学目标的解读。

（二）互动性原则

互动性原则既包括了语言与文化的互动性，也包括了中西文化的互动性，还包括教与学的互动性。教学应持发展的眼光看待语言与文化，两者是动态的，互相交织发展的，跨文化外语教学也应跟上时代的步伐，在互动发展中进行。中西文化之间应是平等对话、互动共存的关系，尤其是当今世界全球化趋势下，文化的互动共存更为明显，跨文化外语教学也应遵循这一规律，发挥中外文化学习的互促作用。在教与学的过程中，新型教学模式已经改变了单向传递的模式，强调的是教学传播过程中的双向传递、互动过程，教师教学影响着学生的学习，而学生又反过来影响着教师的教学传播行为。而跨文化交流本身就要求进行文化的双向交流，语言本身也是在交流中产生和发展的，因此，跨文化外语教学过程应是一个互动的过程，要充分发挥学生的学习参与积极性，取得好的教学效果。

（三）形式多样原则

1.个案研讨式

个案研讨式强调学习者的参与和体验，思考、讨论互动有助于提升跨文化敏感和跨文化意识。林奈尔·戴维斯（Linell Davis）编著的教材第4章提供了一个比较典型的请吃饭的例子，先是一对中国夫妇邀请一对美国夫妇吃饭，之后是这对美国夫妇回请，环绕吃饭的习俗和文化内涵十分不同。戴维斯在介绍了这一典型事例之后提出了6个讨论题交由学生讨论。在学生针对个案合作讨论中提升跨文化意识，培养跨文化交际敏感性。

2.专题探究式

专题探究式可以针对某一语言现象进行文化探究。如以英汉禁忌语的使用探究其文化差异。邓炎昌在《语言与文化》提出的问题：Are you a Republican or Democratic? Why did you vote for? Do you go to church? What's your religion? Are you Catholic? 这些问题对于美国人来说是忌讳的，因为美国是一个移民国家，忌讳这些问题是为了避免冲突。而这些问题在其他国家语言中并不一定是禁忌语。全球化的今天跨文化交际培养中以语言与文化为专题探讨各国语言的文化内涵。通过语言与文化专题探讨，在跨文化交际中关注语言字面本身远远不能实现有效交流的目的，要能感知语言中透出的文化意义才能实现有效的沟通。如suntan，词汇表中翻译成"晒黑"，西方青年人特别是白种青年人喜欢日光浴，"晒黑"是一个褒义词，而中国青年人喜欢皮肤保持"白皙"。通过比较可以加强学习者的文化敏感性。专题探讨可以协助学习者在信仰（beliefs）、价值观（values）、态度（attitudes）等方面进行文化比较分析，促进其理解能力和适应能力。另外，可用文化包、文化丛、作品分析、影视欣赏等不同形式进行跨文化交际能力培养。

三、选用科学合理的高职英语教学方法

我国的外语教学曾先后采用过语法翻译法（简称翻译法）、直接法、听说法、认知法和交际法等几种主要的教学法。语法翻译法源自欧洲中世纪对于希腊语、拉丁语的教学，诞生于18世纪末，它是以翻译、阅读原著和分析语法为主要的教学活动，目的是培养学生的阅读能力，训练心智。其长处在于使学生语法概念清晰，阅读能力较强，翻译能力和写作能力得到提高。但不足之处也显而易见；强调阅读忽略了语言交际能力，学生语言应用技能差，交际能力差，而且教学形式单一、枯燥，学生容易失去学习兴趣。

（一）直接法

直接法是一种语言教学方法，产生于19世纪下半叶西欧资本主义蓬勃发展、国际交往日益频繁的社会背景下。它是针对语法翻译法在外语教学中的局限性而兴起的一场改革运动的产物。直接法主张通过目的语直接学习和应用，摒弃母

语的中介作用，借鉴儿童习得母语的方法，利用直观手段如动作、图画等进行教学。直接法在一定程度上强调了语言教学的实践性和直观性，尤其在培养口语能力方面表现出显著效果。然而，它也存在一些不可忽视的缺点，包括夸大儿童习得母语和成人学习外语的相似性、忽视母语在外语学习中的作用、以及过分强调口语，忽略文学修养等问题。在高职英语教学中，直接法的应用也需要考虑其优缺点，并结合实际情况进行合理运用。直接法的优点之一在于其教学过程直观、注重实践。通过直接接触目的语言，学生可以更加直观地理解语言的使用方式和语境，从而提高语言的运用能力。这种直接性的教学方法有助于激发学生的学习兴趣，增强他们的参与度，提高学习的效率。在高职英语教学中，学生通常对于实践性的学习更感兴趣，直接法可以满足这一需求，提升学生的学习积极性和学习动力。直接法强调口语能力的培养，在培养学生的口语交流能力方面取得了显著效果。通过直接用目的语言进行交流，学生更容易习得语音、语调等口语特征，从而提高口语表达的流利度和准确性。尤其对于高职院校的学生来说，口语交流能力对于日后的职业发展至关重要，因此直接法在这一方面的优势对于培养学生的综合能力具有积极意义。

直接法也存在一些明显的缺点。它夸大了儿童习得母语和成人学习外语之间的相似性，忽略了两者间的差异。儿童习得母语是在全身心投入的环境中进行的，而成人学习外语则受到诸多因素的影响，如学习目的、学习动机等，因此两者之间存在着较大的差异。直接法过分强调模仿儿童习得母语的方式，忽视了成人学习外语的特点，导致了教学效果的不尽如人意。直接法忽视了母语在外语学习中的作用。母语是学生的认知基础，直接法虽然主张摒弃母语的中介作用，但忽视了母语对于学习外语的积极作用。在理解和掌握新知识、建立语言联系等方面，母语的作用不可替代。因此，完全摒弃母语在外语教学中的作用是不现实的，也不利于学生的学习。直接法过分注重经验和感性认识，而忽略了理性认识和文学修养。直接法主张通过实践来习得语言，强调感性体验，但在文学修养方面却较为薄弱。文学修养是对于语言背后的文化和人文内涵的理解和把握，是培养学生综合素质的重要组成部分。然而，直接法在这方面的教学往往不足，导致学生在语言运用的深度和广度上存在不足。针对直接法的缺点，在高职英语教学中，教师可以通过一些措施加以弥补和改进。教师应该结合学生的实际情况和学习需求，合理运用直接法和其他教学方法，以取长补短，最大限度地促进学生的语言学习。教师应该引导学生逐步形成理性认识和文学修养，通过阅读、讨论等方式，培养学生的语言综合能力和人文素养。教师需要建立科学的评价体系，对学生的学习过程进行全面而准确的评估，为他们的进步提供有效的指导和支持。通过这些努力，可以更好地发挥直接法的优势，弥补其不足，提高教学质量，促进学生的全面发展。

（二）听说法

听说法作为一种语言教学方法，源自于美国在二战时期的美军外语培训。它的核心理念是强调听力和口语能力的培养，通过反复模仿和强化操练形成语言习惯。听说法在一定程度上重视句型结构的练习，并通过与母语的对比，由易到难地安排教学，有利于学习者掌握外语。然而，尽管听说法在一定程度上对语言学习起到了促进作用，但它也存在一些明显的缺点，包括过分强调机械性操练和死记硬背，忽视对语言能力的综合培养，以及过分重视语言的结构形式，忽视语言的内容与意义。在高职英语教学中，应充分认识听说法的优缺点，结合实际情况进行灵活运用，以提高教学效果和学生的语言综合能力。听说法的优点之一在于其注重听力和口语能力的培养。在学习外语过程中，听力和口语是学生语言交流的基础，也是实际应用中最常用的语言技能。听说法通过大量的听力训练和口语练习，使学生能够更快地适应外语环境，提高交流效率，增强语言的实际运用能力。特别是对于高职院校的学生来说，具备良好的听说能力对于日后的职业发展至关重要，因此听说法在这方面的优势对于培养学生的综合能力具有积极意义。听说法重视句型结构的练习，并通过与母语的对比由易到难安排教学。这种方法有助于学生更好地理解外语的语法结构，掌握句型的运用规律，提高语言表达的准确性和流利度。通过反复模仿和强化操练，学生可以形成语言习惯，从而更自然地运用外语进行交流。这对于学生建立语言基础、提高语言水平具有重要意义，尤其适用于初学者和语法掌握较弱的学生。

听说法也存在一些明显的缺点。它过分强调机械性操练和死记硬背，忽视了对语言能力的综合培养。纯粹的机械式训练容易使学生产生学习疲劳和厌倦情绪，而且过度强调记忆，可能导致学生缺乏语言的灵活运用能力。听说法过分重视语言的结构形式，忽视了语言的内容与意义。语言不仅是一种结构，更是一种交流工具，其内涵和意义是学生学习的关键。如果过分强调语言的结构形式，而忽视了语言的实际运用和语境的理解，可能会限制学生的语言能力发展，影响其对外语的综合理解和运用能力。在高职英语教学中，教师可以通过一些措施来弥补和改进听说法的不足。教师应该结合学生的实际情况和学习需求，合理设计听说法的教学内容和方法，避免过度依赖机械式操练和死记硬背，注重培养学生的语言运用能力和综合素养。教师应该注重语言的实际运用和语境的理解，引导学生将语言学习与实际生活和工作相结合，增强学生对语言内容和意义的理解和把握。教师需要建立科学的评价体系，对学生的语言学习过程进行全面而准确的评估，为他们的进步提供有效的指导和支持。通过这些努力，可以更好地发挥听说法的优势，弥补其不足，提高教学质量，促进学生的全面发展。

（三）认知法

认知法是在 20 世纪 60-70 年代认知教学论的基础上产生的一种语言教学方法。它强调语言的学习需要通过理解、掌握语言规则来实现，重视智力活动在知识获取过程中的积极作用，并认为语言学习是一种主动的心理活动，而不是简单的形成习惯的过程。认知法在鼓励积极思维、发展智力、注重培养学生语言综合运用能力等方面显现出一定的优势。然而，由于认知法过分强调了认知语法规则，因此也被称为"现代语法翻译法"。虽然认知法有其优点，但它也存在一些缺陷，包括过分强调认知语法规则、易陷入语法翻译法的老毛病等。在高职英语教学中，应充分认识认知法的特点和问题，结合实际情况灵活运用，以提高教学效果和学生的语言综合能力。认知法的优势在于强调语言学习需要通过理解、掌握语言规则来实现。相比于传统的语法翻译法，认知法更加注重学生对语言结构和用法的深入理解，使学生能够更系统地掌握语言知识，提高语言运用的准确性和流利度。此外，认知法强调学习过程是一种主动的心理活动，鼓励学生积极参与和思考，有利于提高学生的学习兴趣和学习动力。认知法注重培养学生的语言综合运用能力。通过认知活动的引导和训练，学生不仅能够掌握语言的基本知识和规则，还能够将其运用到实际交流中。这种注重实际运用的特点对于高职院校的英语教学尤为重要，因为学生需要具备实际工作中所需的语言交流能力，而不仅仅是死记硬背语法规则。

认知法也存在一些明显的缺陷。它过分强调了认知语法规则，容易使学生陷入死记硬背的境地，导致学生对于语言学习产生抵触情绪。此外，认知法在实施过程中容易出现语法翻译法的老毛病，即过于注重语法结构和翻译，而忽视语言的实际运用和交流能力的培养。这种倾向会影响学生的学习效果和语言应用能力的发展。在高职英语教学中，教师可以通过一些措施来克服认知法的缺陷，提高教学效果。教师应该注重启发学生的思维，引导学生通过实际例子和情境来理解语言规则，而不是简单地传授知识。教师需要设计多样化的教学活动，包括听说读写等各种技能的训练，以全面提高学生的语言能力。教师应该注重培养学生的语言运用能力，鼓励学生在实际交流中积极运用所学知识，提高语言表达的准确性和流利度。通过这些努力，可以更好地发挥认知法的优势，弥补其不足，提高教学质量，促进学生的全面发展。

（四）交际法

交际法产生于 20 世纪 70 年代，主要由英国应用语言学家创立。它认为语言教学的目的是培养学生使用目的语进行交际的能力，语言教学的内容不仅要包括语言结构，还要包括表达各种意念和功能。交际法重视培养学生的语言能力，主张在交际活动中学习，教学活动情境化。交际法比较之前的教学法流派，其优点体现在重视学生的实际需要，重视交际能力的培养，体现了语言的社会功能；教学过程交际化，提高了学生的交际能力。交际法也存在一定的缺陷：功能意念项目很难确定和统计；以功能意念项目为线索组织教学大纲缺乏科学性；功能意念项目与语法、句型结构之间的关系无法协调；教学中容易放任学生的语言错误，影响交际。

许多学者认为，从 20 世纪 90 年代起在各种教学法流派纷呈近百年的"方法时代"后，外语教学进入了"后方法时代"。"后方法时代"的教学法"重视学习过程，重点在于语言知识的构建、学习动机与学习策略的培养，强调教师的主导性和学习者的自主性，以培养学习者的可持续发展能力为目标"。"后方法时代"的教学法的代表是"任务型教学法"。它是指教师通过引导语言学习者在课堂上完成任务来进行的教学。在语言教学中，任务指为达到某一具体的学习目标而设计的活动。"任务型教学法"强调"在做中学"，认为在教学活动中，教师应当围绕特定的交际和语言项目，设计出具体的、可操作的任务，学生通过表达、沟通、交涉、解释、询问等各种语言活动形式来完成任务，以达到学习和掌握语言的目的。其优点在于以任务为中心，突显真实性，使学习者在任务驱动下学习和进行知识构建，有助于培养学生的综合语言运用能力和学习的自主化。"任务型教学法"在以往教学法的基础上形成，和其他的教学法并不排斥。

四、建构科学的教学评价

（一）文化评价

文化是跨文化外语教学的重要目标和内容之一，因为它不仅是语言学习的一部分，也是了解和理解不同国家和地区的人们、习俗、价值观念以及其它文化特征的关键。然而，文化的主观性和复杂性给文化测试和评价带来了一定的困难。传统的纸笔形式和客观量化的测试在某些方面具有优势，尤其在考察语言知识掌握的标准化评价上，但它们无法客观评价学习者的能力、态度和学习过程等方面的表现。因此，针对跨文化外语教学，基于"真实评价"和"表现评价"的定性分析评价法应运而生，旨在更全面地评估学习者的文化学习成果和能力。传统的客观定量测试在评价文化方面存在一定局限性。这种形式的测试主要关注学习者对文化知识的记忆和理解程度，往往通过选择题、填空题等形式进行，难以全面了解学习者对文化的理解和应用能力。而且，由于文化是一种动态和主观的概念，其在学习者心中的认知和理解可能存在很大的差异，传统测试很难准确捕捉到这种差异。基于"真实评价"和"表现评价"的定性分析评价法弥补了传统测试的不足。这种评价方法主要通过观察学习者在真实语言环境中的表现，对其学习过程中的努力程度、进步情况、学习态度等进行综合性评价。例如，可以通过学习者的口语表达、写作作品、文化项目展示等方式来评价其对文化的理解和应用能力。这种评价方法更注重学习者的实际表现，能够更真实地反映其文化学习的成果和能力。在高职英语教学中，采用基于"真实评价"和"表现评价"的定性分析评价法具有一定的优势和适用性。这种评价方法能够更全面地评价学习者的文化学习成果，包括知识、技能和态度等方面。通过观察学习者的实际表现，教师可以更准确地了解学习者的学习情况，为个性化教学提供有力支持。此外，这种评价方法还能够促进学习者的自主学习，通过评价过程的反思，激发学习者的学习动力，提高其学习效果。

基于"真实评价"和"表现评价"的定性分析评价法也存在一些挑战和限制。这种评价方法需要教师具备较强的观察和分析能力，能够客观、公正地评价学习者的表现。由于评价过程相对复杂，需要投入较多的时间和精力，因此可能会增加教师的工作负担。对于学习者来说，他们可能对于这种非传统形式的评价方式感到陌生，需要一定的适应和指导。在实施基于"真实评价"和"表现评价"的定性分析评价法时，需要教师和学习者共同努力，建立科学合理的评价体系，确保评价的公平、公正和有效性。教师应该提供必要的指导和支持，帮助学习者理解评价标准和要求，促进其全面发展。同时，学习者也应该积极参与评价过程，通过反思和总结，不断提高自己的学习水平和能力。通过双方的努力，基于"真实评价"和"表现评价"的定性分析评价法将更好地服务于跨文化外语教学，提高教学质量和学习效果。

（二）形成性评价

1.激励学生

形成性评价相对于传统的终结性评价更能激励学生，帮助学生发现学习中的问题并及时调整，有效调控自己的学习过程，取得更好的学习效果。学习者容易获得成就感，有利于培养学习者的自信心，避免了一张考卷定优劣，对学习者积极性的打击和学习热情的挫败。跨文化外语教学应该采取形成性评价和终结性评价相结合的评价机制，以更客观和积极地对学习者的情况进行反馈，并对学习者的学习起到良性的反拨作用。高职英语跨文化教学模式是以培养学生的跨文化交际能力为终极目标，以培养学生的交际能力（包括语言能力和语用能力）为基础目标，以英语语言知识与语言技能、文化知识和跨文化交际等为主要内容，将语言教学和文化教学有机结合，集多种教学手段和方法为一体的教学模式。教学过程中教师是教学活动的组织者，整个模式以学生为主体，教师为主导。在此模式中，英语语音、词汇、语法等语言知识和听、说、读、写、译等语言技能，以及文化知识和文化交流教学活动可以通过计算机来进行，也可以通过教师的课堂教学来进行。具体来说，"语音、词汇、语法"等语言知识和文化知识在课堂教学中进行，以便于使用语法翻译法讲解基本的的语法和语言基础知识，并对文化知识进行必要的介绍和解释，使学生形成基础的认知。同时，利用"计算机网络"的环境和条件，鼓励和引导学生开展自主学习，就文化知识主题进行搜索、学习和思考，发挥计算机和网络对学生思维发展和知识建构的参与、帮助作用，成为课堂文化学习的补充。文化知识以课堂教学为主，"计算机网络"环境下的教学为辅。

2.不同的教学环境

针对"听、说、读、写、译"五项语言技能的不同特点采用不同的教学环境。"听"的训练主要在"计算机网络"环境下进行，更便于多种听力素材的使用，特别是网络上丰富的原汁原味的英语听力素材，能够给学生创造近乎真实的听力环境，同时辅之以课堂教学对听力技巧和方法等的适当讲解。"说"和"读"的训练既要在"计算机网络"环境下进行，又要有课堂教学，可以借助计算机和网络进行阅读和口语及发音等的训练，课堂同时进行文章内容、体裁等的分析讲解和口语的互动。"写"和"译"的训练以课堂教学为主，以在计算机网络环境下的教学为辅，因为对于写作和翻译两种输出技能的训练，教师的面授指导最为直接和有针对性，也更有效。这里需要强调的是，文化交流是必不可少的一项内容，因为所有的学习成果最后都是在交流传播中的实现，掌握的知识，技能都要在交流传播中使用，关于文化和交流传播这两个跨文化传播核心因素之间的关系在此不再赘述，更重要的是，学生在实践交流活动中能够真正体验文化差异、直观面对跨文化交流的障碍和问题，并在教师的指导下，培养文化敏感性和跨文化交流意识，对可能产生的文化休克等情况有所体验和了解，并能灵活处理和做好自我调适。文化交流的开展既可以利用"计算机网络"的环境，也可以在实践交流活动中进行，实际上，从学生的跨文化交流需求和教学培训效果来看，开展跨文化实践交流活动，如短期的对外交流互访、参与国际会议或活动的志愿服务工作甚至建立实体的跨文化实践交流体验平台或实践交流体验中心都是值得鼓励的形式。高职英语跨文化教学模式将为学生提供包括丰富的教学内容、多样的教学手段、多种教学环境、多元教学方法的较为全面的立体教学模式，以达到培养跨文化传播人才的目标，满足我国在国际交往中跨文化传播的需要。

第三节 高职英语跨文化交际能力的培养

一、跨文化交际能力的内涵

语言学习理论研究的任务之一，就是揭示语言能力和语言交际能力的构成因素及形成过程，因为只有对语言能力和语言交际能力的构成因素和形成过程有了全面认识，才能在语言教学中更加自觉、更加有计划地培养学生的语言能力和语言交际能力。

（一）语言能力

语言能力是一种内化了的语言规则体系，包括语音、词汇、语法等，是人们所具有的语言知识。把语言分为语言能力和语言行为，并且把两者对立起来。乔姆斯基的语言能力是基于对"理想的说话人"在"完全同类的言语群体"中的言语行为进行的研究，其"语言能力"包括语言知识和规则及语言的基本技能，他所认为的语言能力是人类先天就具有的内在心理机制。关于语言存在结构系统和规则的观点在我国外语教学领域有着长期的、根深蒂固的影响。其所产生的语言结构系统知识、规则以及范式语言为教学的语言输入和学习活动提供了必要的条件，但也存在明显的不足，此种语言理论只涉及语言系统本身或内部的内容，解决的只是语言形式问题，而未能解决语言的本质，即社会交际功能的问题。

（二）交际能力

《朗文语言教学及应用语言学辞典》对交际能力进行了解释："（交际能力）指不仅能使用语法规则来组成语法正确的句子，而且知道何时何地向何人使用这些句子的能力。"交际能力包括以下四点。语言的词汇及语法知识。说话规则，如知道如何开始并结束谈话，不同言语活动中谈什么话题，不同场合对不同的人用什么称谓形式。掌握如何使用不同的言语行为，如请求、道歉、致谢和邀请，并对其做出反应。掌握如何适当地使用语言。如果想与别人进行交际，就必须注意社

会场景、人物之间的关系及特定场合中可以使用语言的类型，还必须理解书面的
或口头表达出来的句子在上下文中的意思。

图 4-1　《朗文语言教学及应用语言学辞典》

　　交际能力这一概念是由美国社会语言学家戴尔·海姆斯于 1972 年首先提出
的。他把"交际能力"概括为语言知识和对语言知识运用的能力。他曾经很直观
地把交际能力说成是"在恰当的时候，在恰当的地方，用恰当的方式对人说恰当
的话语"。在他看来，如果没有语言使用规则，语法规则就毫无用处。例如，人
们知道情态动词"would"的使用规则，但不知道在社会交际情境中好友之间提出
请求时不使用"would"要比使用"would"更加亲切。

　　戴尔·海姆斯对第二外语教学和研究的另一贡献是他提出的"文化干扰"理
论，即个体与其他文化背景的交际对象沟通时，自身的文化背景对交际行为，包
括语言使用的干扰，例如，一位刚上哈佛大学的中国学生李吴吃过午餐后在校
园的路上碰见同班的美国同学John。李吴很友好地问John吃了饭没有，以示打招
呼，这使美国同学误以为被邀请共进午餐。李吴在美国文化环境下按中国文化习
俗对美国人打招呼，虽然使用的语言并没有语法错误，但是违反了美国文化的社
会语用规则。这就是典型的文化干扰现象。戴尔·海姆斯交际能力观的核心是语

言的得体性。按照海姆斯的交际能力理论，构成跨文化交际能力的要素是语言知识、社会语用知识以及交际技巧，没有涉及交际者情感方面的因素，如克服文化差异所带来的不良心理感受等；也没有涉及交际者对对方价值观、世界观等深层文化结构的理解。这不能不说是他的局限性。美国社会语言学家拉波夫提出了一种与交际理论相关的会话风格理论。他从不同角度把社会语言因素引入语言交际的概念。

（三）跨文化交际能力

不难发现，语言能力和交际能力中都提及了两个要素：特定环境、有效得体。通常可以将跨文化交际能力定义为在特定环境中与来自其他文化成员进行得体、有效交际需要具备的能力，包括知识、意识与技能三方面的内容。

1.特定环境

能力是指一个人在特定领域或行为上所具备的技能、才能或表现。然而，对于能力的评价往往受到标准和环境的影响，可能会因此而有所改变。在不同的文化和环境中，被认为是有能力的表现在某些情境下可能会被视为无能。因此，评价一个人的能力需要考虑到所处的具体环境和文化背景。举例来说，在西方文化中，直言不讳的交流风格通常被视为直接、坦诚，并且被广泛接受。这种直接的交流方式可能被认为是有能力的表现，因为它展示了自信和清晰的表达能力。然而，在一些东方文化中，如中国，直截了当的言辞可能会被视为失礼或冒犯，因为在这些文化中，更注重的是维护社会和谐以及避免尴尬。因此，一个人的直接表达在这种情况下可能被误解为缺乏交际技巧。由此可见，评价一个人的能力不能孤立地进行，而应该考虑到所处的环境和文化因素。在跨文化交际中，评价一个人的能力更是需要审慎处理。许多研究者曾试图通过研究成功的跨文化交际者的性格特征来解释在跨文化交际中所需具备的素质。例如，内外向、开放度、宽容度等特质被认为可能有助于跨文化交际的成功。然而，需要注意的是，即使一个人具备这些有利于跨文化交际的性格特质，也并不意味着他们在所有的跨文化交际情境中都能够游刃有余。

评价一个人在跨文化交际中的能力，除了考虑到个体的性格特征外，还需要考虑到特定环境和具体情境的因素。评价跨文化交际能力的挑战之一是文化的主观性和复杂性。文化的差异使得不同文化中对于交际方式、价值观和行为习惯等的认知存在差异，因此评价一个人在跨文化交际中的能力需要考虑到这些文化差异。传统的纸笔形式和客观量化的测试在这方面存在一定的局限性，因为它们往往无法充分反映出个体在真实跨文化交际情境中的表现。评价跨文化交际能力的过程也可以成为学习者自主学习的一部分。通过参与评价过程，学习者可以对自己的跨文化交际能力进行反思和总结，发现自己的不足之处，并提出改进和提升的方案。这种自我评价和反思的过程不仅有助于学习者提高自身的跨文化交际能力，还可以培养其自主学习的能力和意识。评价跨文化交际能力需要考虑到文化的主观性和复杂性，以及个体在不同情境下的表现。传统的测试形式在这方面存在一定的局限性，而基于"真实评价"和"表现评价"的定性分析评价法则能够更准确地反映学习者的实际能力水平，为其提供有效的指导和支持。同时，评价过程也可以成为学习者自主学习的一部分，促进其能力的提升和发展。

2.有效与得体

有能力的跨文化交际者能够与其他文化成员进行有效得体的交际。所谓得体，是指交际行为合理、适当，符合特定文化、特定交际情境以及交际者之间特定关系对交际的预期。有效是指交际行为得到了预期的结果。有效是交际的结果，而得体则是交际的过程。交际者如果能够达到交际目的，那么交际就可以算是基本成功了。然而，在达到目的的过程中，不同的人可能会运用不同的方式，有的得体，有的可能稍欠妥当。如果在达到有效的同时，又能够运用十分得体的方式，那就是成功的交际。一个具备良好交际能力的交际者既需要运用得体的方式进行交际，也需要达到交际的目的。在跨文化交际中，这一点尤为重要，因为不同的文化背景会对交际方式和行为产生深远影响。例如，在某些西方文化中，直接、坦率的沟通方式被认为是得体的，而在东方文化中，可能更注重含蓄、礼貌的表达方式。因此，一个在西方文化中被视为得体的交际方式，在东方文化中可能会被认为是不够得体的。

要成为一个有能力的跨文化交际者，首先需要具备对不同文化的理解和尊重。这意味着要了解不同文化的价值观、信仰、习俗等，尊重并接受这些差异，避免因为文化差异而产生误解或冲突。其次，需要具备良好的沟通能力，包括口头表达、非语言沟通、倾听能力等。这些技能可以帮助交际者与他人建立起良好的沟通关系，减少交流中的障碍。此外，交际者还应具备灵活应变的能力，能够根据不同的情境和对方的需求，调整自己的交际方式和行为。要成为一个成功的跨文化交际者并不容易。文化的主观性和复杂性给文化测试和评价带来了困难，使得传统的纸笔形式和客观量化的测试难以客观评价学习者的能力、态度和学习过程。因此，基于"真实评价"和"表现评价"的定性分析评价法应运而生。这种评价方法通过对学习者学习过程的观察，对其学习的努力程度、进步情况、学习态度和最终成就等做出综合性评价，能够更好地反映学习者的实际能力和表现。同时，学习者也可以通过评价过程来对自己的学习进行反思，促进和指导自主学习。要成为一个有能力的跨文化交际者，需要具备理解和尊重不同文化的能力、良好的沟通技能以及灵活应变的能力。而在评价方面，需要采用更为综合、客观的评价方法，以更好地反映学习者的实际能力和表现。通过不断地学习和实践，交际者可以逐渐提升自己的跨文化交际能力，更好地融入不同的文化环境，并成功地进行交际。

3.知识、意识、技能

除了"特定环境"与"得体有效"，怀斯曼（Wiseman）定义中还提到了进行跨文化交际能力所必须具备的知识、意识和技能，跨文化交际能力并不是与生俱来的，也不是偶然获得的，需要具备一定前提条件。语言、交际、文化的关系密不可分，语言教学的目的之一是使教学对象能够运用所学语言进行交际，即具有交际能力；文化影响语言和交际，所以教授语言的理想目标是使教学对象使用所学语言在目的语的文化语境中以符合对方文化习惯的方式交际，即培养学生进行跨文化交际的能力。跨文化交际能力与交际能力的定义比较类似，但是跨文化交际能力除了强调交际的得体性和有效性以外，更强调交际者与所处文化环境的关系。与交际能力的定义相类似，跨文化交际能力的概念也历经了一些演变。文化教学（culture teaching）的目的从最初的"熟悉外国文化"变成了"培养文化意识"，再到最后的"提高跨文化交际能力"，这三个层次是依次递进的关系。"熟悉外国文化"主要是指有关文化知识的传授；"培养文化意识"建立在掌握一定文化知识的基础上，并且已经触及了对文化的观察力以及对待其他文化的态度；"提高跨文化交际能力"则是在具备"文化意识"以后，在实际交往中的行为与表现。这三个不同的层次正好对应了跨文化交际的三个方面：知识、技能、意识。

二、跨文化交际能力的培养目标

跨文化交际能力培养并非试图改变人们的基本个性和特点，而是增加其社交技巧和处理事务的技巧等，因而跨文化交际的教学目标是增加学生的认知能力，强调情感能力，改变行为方式。同时，在确定具体教学目标之前应该了解学生的学习动机，根据具体情况制定教学目标。例如，培训在外国工作人员的目标应该是：学习该国文化的政治、经济和商务惯例；知道应对新环境的方法；了解当地居民的生活条件，包括学校、公共卫生设施和娱乐设施等。这些教学目标强调跨文化交际能力的认知内容，除此之外，情感内容和行为内容、减压方法、领导技巧、交际技巧和协商技巧等也不容忽视。对于高职英语而言，我国教育部要求教学目标应该包含培养学生的跨文化交际能力，其目的是提高学生的英语应用能力和文化素养以适应我国对外交流的需要。提高跨文化交际能力的目标就是要培养集语言知识、社会文化语言能力、策略能力和文化素养为一体的高素质、复合型国际化人才。语言知识包括语言的基础知识和篇章知识。社会文化语言能力包括语言功能知识和语言所蕴含的社会语言文化知识。策略能力包括评估能力，即对交际环境和形式加以评估并选择得体的语篇和语言。目标设定能力，即根据交际环境和形式确立合适的交际目标和反馈。策划能力，即根据交际情景和场合决定选用哪些合适的语言知识要素和背景知识要素达到交际目标。语言行为控制能力，即能够自如地调出和组织所需语言知识成分。因此，要培养一名在国际化环境中，具备跨文化素养、语言交际能力、行为得体、善于沟通的复合型国际化人才，我们应该在外语教学中引入文化教学，注重社会文化因素和个人情感因素在跨文化交际能力培养中的作用。

三、跨文化交际能力的培养策略

（一）介绍不同背景知识

各个民族由于地域、生态环境、政治制度、历史背景、风俗习惯、价值观念、行为模式的不同，其文化特征也不一样。只有通过对比才能发现本国文化与目的语文化之间的异同，从而获得一种跨文化交际的文化敏感性，加深对中外文化的理解，提高文化意识。教师可以在课堂上引入相关风俗典故，更多地介绍风土人情，捕捉中西方背景知识的不同点，让学生通过对比来了解双方文化的差异，加深对目的语国家文化的认识，从而养成得体的语言习惯。具体内容包括：①体态语对比，即对比中国人与英语国家人喜怒哀乐时的手势与表情、交谈时的身体距离差距以及体态语的表意异同。②中外称谓语、问候语和告别语的差异。③中国人与英美人对称赞的不同反应。④中外家庭成员之间称呼习俗的差别。⑤英美人在行为举止、待人接物等方面与中国人的异同。⑥中国人与英美人思维与观念的差。用对比法可提高学生对中西两国文化背景知识差异的敏感度，使学生学的外语更地道。

（二）采用窄式阅读法

克拉申提出的"窄式阅读法"理论为跨文化交际和文化理解提供了一种有效的阅读方法。该方法的核心思想是通过集中阅读同一话题的多篇文章，从中理解文本中的显性和隐性文化信息，从而提高学生的文化意识和跨文化理解能力。克拉申认为，这种阅读方法总体上属于"窄式输入"，即集中在某一特定话题或主题上进行深入阅读，而非广泛涉猎各种话题。"窄式阅读法"在一语习得方面具有显著的效果。通过集中阅读特定主题的多篇文章，学生能够深入了解该主题下的相关词汇、题材、风格以及文化内涵。这有助于学生快速熟悉目的语国家的文化内容和背景知识，从而提高他们的文化理解能力。特别是对于高职院校的英语教学来说，这种方法有助于学生在较短时间内获取大量的文化信息，拓宽知识面，开阔视野，从而更好地适应跨文化交际的需求。"窄式阅读法"的另一个优势在于能够帮助学生对目的语国家的文化背景进行全面的整体把握。通过深入阅读特定主题的多篇文章，学生不仅可以获取相关词汇和知识，还能够了解该主题在目的语国家的社会、历史、文化等方面的背景信息。这有助于学生更加全面地理解目的语国家的文化特点和社会现象，增强他们的文化适应能力和跨文化交际能力。"窄式阅读法"也存在一些局限性。该方法可能会使学生对其他话题的了解相对狭窄，导致知识结构不够全面。由于文化的复杂性和多样性，单一主题的阅读可能无法涵盖所有文化方面，导致学生对文化的理解有所片面。因此，在应用"窄式阅读法"时，教师需要根据实际情况合理安排教学内容，确保学生既能够深入了解特定主题，又能够获得全面的文化知识。在高职英语教学中，教师可以通过组织针对性的阅读活动，引导学生运用"窄式阅读法"来提高其跨文化理解能力。同时，也应该注重其他形式的文化教育，如文化课程、文化体验活动等，以提供更全面、多样化的文化学习体验，帮助学生更好地适应跨文化交际的挑战。

（三）营造文化氛围，体验异国文化

高职英语教学的课时也非常有限，不能仅仅依靠教师在课堂上的教学来培养跨文化交际能力，学生还必须充分利用课外时间广泛阅读西方英语文学作品、报纸杂志和时事评论等材料，从中吸取文化知识，增强文化素养，拓宽西方文化视野，提高跨文化交际能力。具体到跨文化交际能力培养的实践操作上，大家认同文化教学与语言教学有机结合的方法。

1.运用文学作品分析进行文化教学

文学作品分析作为语言教学的一个重要手段，在中国的英语教学中被广泛运用。文学作品不仅包含丰富的文化内容，而且其语言形式经典，因此通过对文学作品的分析，可以同时进行语言教学和文化教学，实现知识的双赢。文学作品蕴含丰富的文化内容。通过分析文学作品，学生可以深入了解作品所反映的时代背景、社会风貌、价值观念等文化要素。例如，通过阅读中国古代文学作品，学生可以了解古代社会的生活方式、人们的思想观念以及传统文化的特点。同时，通过阅读国外文学作品，学生也可以了解不同国家和地区的文化差异，拓展视野，增强跨文化交际能力。文学作品的语言形式经典。文学作品往往具有优美的语言风格、生动的描写和丰富的想象力，这些特点对于语言教学具有重要意义。通过分析文学作品，学生可以学习到丰富的词汇、语法结构和表达方式，提高语言运用能力。同时，学生也可以通过模仿文学作品中的语言形式，提高自己的写作水平，培养文学素养。

在教学中，将语言教学和文化教学结合起来是非常必要的。传统的语言教学往往注重语言知识的传授，而忽视了文化内容的讲解。然而，文化是语言的灵魂，只有通过了解文化，才能真正理解语言的内涵和语境。因此，在教学中应该将语言教学和文化教学有机结合起来，使学生不仅掌握了语言知识，还能够了解

文化背景，从而更好地运用语言进行交际。在实际教学中，可以通过以下几种方式将语言教学和文化教学结合起来。教师可以选择适合学生水平和兴趣的文学作品进行教学，引导学生通过阅读理解文学作品中蕴含的文化内容。教师可以通过课堂讨论、小组讨论等形式，让学生分享自己对文学作品的理解和感悟，促进学生之间的交流和思想碰撞。教师还可以组织学生进行文学作品的创作和表演，让学生通过亲身参与来感受文学的魅力，提高语言运用能力和文学素养。文学作品分析是语言教学中一种重要的手段，通过分析文学作品，可以同时进行语言教学和文化教学，帮助学生全面提高语言水平和文化素养，促进跨文化交际能力的提升。在实际教学中，教师应该充分发挥文学作品的教学价值，将语言教学和文化教学有机结合起来，为学生提供更加丰富和全面的学习体验。

2.词汇教学与文化教学的结合

词汇是语言的基本组成部分，承载着丰富的文化信息。每个词汇都有其独特的文化内涵，这些内涵往往是词典所无法完全覆盖的。因此，在外语教学中，特别是在词汇教学中，介绍词汇的文化内涵至关重要。然而，目前的外语教学中，教师往往只是简单地解释词汇的字面含义，很少能够将其中深刻的文化意义传达给学生，导致学生对词汇学习的兴趣不高，无法在实际交际中灵活运用所学词汇。因此，在词汇教学中，教师应该注重介绍词汇的文化内涵，并通过真实的文化语境进行操练，使学生能够真正理解和运用所学词汇。这种教学方法不仅可以增加学生的学习兴趣，还可以提高他们的语言运用能力和跨文化交际能力。

教师应该全面介绍词汇的文化内涵。每个词汇都有其特定的文化背景和意义，教师可以通过举例或讲解相关的文化背景，让学生更好地理解词汇的含义和使用场景。例如，在教授"tea"这个词汇时，可以介绍英国人对茶文化的热爱和茶在英国社交生活中的重要地位，从而帮助学生更好地理解这个词汇在英国文化中的意义。教师可以设置真实的文化语境进行操练。通过将词汇置于真实的文化情境中，学生可以更加深入地理解词汇的含义和使用方式。例如，教师可以选择一些与学生生活或兴趣相关的文化话题，让学生进行角色扮演或小组讨论，从而在实际交际中运用所学词汇，提高学生的语言运用能力。教师应该注重培养学生的文化意识。除了教授词汇的含义和使用方式外，教师还应该引导学生深入思考词汇背后的文化内涵，培养学生的跨文化交际能力。通过让学生了解不同文化背景下词汇的使用方式和含义，可以帮助他们更好地适应跨文化交际的需求，增进不同文化之间的理解和沟通。词汇教学应该注重介绍词汇的文化内涵，并通过真实的文化语境进行操练，以提高学生的语言运用能力和跨文化交际能力。只有通过深入理解词汇的文化背景和使用方式，学生才能够真正掌握所学词汇，实现在实际交际中的灵活运用。

3.阅读教学与文化教学的结合

阅读教学作为一种重要的语言教学活动，具有很强的潜力与文化教学相结合。然而，目前许多教师在进行阅读教学时未能充分利用其优势进行文化教学，可能受传统的语言教学模式影响，过于关注学生的阅读速度、理解力以及语法、词汇等方面，而忽视了阅读材料所蕴含的丰富文化信息。要实现阅读教学和文化教学的有机结合，需要在教学目标和内容确定时充分考虑文化教学的需求。教师在选择阅读材料时应注重包含丰富的文化内容。选择具有代表性的文化主题或场景的阅读材料，如历史事件、文化传统、习俗风情等，能够为学生提供更多的文化背景信息，增进他们对目标文化的理解。例如，选择描述节日庆祝活动、社会习俗或文化传统的文章，可以帮助学生了解目标文化的价值观念、行为规范和生活方式。教师应设计丰富多样的阅读前和阅读后任务，引导学生关注篇章中的文化信息。

在阅读前，可以通过观看图片、听取相关音频或视频等方式激发学生的兴趣，引入文章主题，并提出相关问题引导学生思考。在阅读后，可以设置针对文化内容的讨论、问题解答或角色扮演等任务，帮助学生深入理解文化内涵，并与同伴分享自己的见解和体会。通过这些任务，学生不仅可以提高阅读能力，还可以增进对目标文化的认识和了解。教师还可以通过词汇和语言结构的教学来辅助文化教学。在阅读教学中，词汇和语言结构往往是学生理解和表达文化信息的关键。教师可以选择文化相关的词汇进行解释和拓展，帮助学生扩大词汇量，并引导他们在交流中运用。同时，教师还可以注重篇章结构和语言风格的分析，帮助学生理解作者的表达意图和文化内涵。要实现阅读教学和文化教学的有机结合，教师需要在选择阅读材料、设计任务和进行语言教学方面注重文化教学的需要。

通过丰富的文化内容、多样的任务设置以及词汇和语言结构的教学，可以帮助学生更好地理解目标文化，提高他们的语言能力和跨文化交际能力。

4.听说教学与文化教学的结合

听说活动在外语教学中扮演着至关重要的角色，不仅可以提高学习者的口语表达能力，还可以使他们切实感受跨文化交际的过程，从而提高交际能力。在文化教学方面，选择适当的听说材料至关重要，这些材料应该是真实的、能够反映目的文化或本族文化的。编写这类听说教材时，需要充分考虑学习者的语言水平和语言学习的需要，同时将语言学习的需要与文化教学的需要结合起来，使学习者系统地学习文化知识，增强文化能力。在跨文化英语听说教学中，充分利用多媒体教学手段尤为重要。多媒体教学不仅可以激发学习者的学习兴趣，提高他们进行语言交际的积极性，还可以将跨文化交际的真实情境形象地呈现给学习者，有利于他们更好地理解和适应不同文化之间的交流方式和沟通习惯，从而提高跨文化交际能力。例如，通过播放真实的跨文化交际场景视频或录音，学习者可以听到不同文化背景下的交际方式和语言表达，从而更好地了解和领悟跨文化交际的技巧和规则。除了利用多媒体手段外，设计合适的听说任务也是跨文化英语听说教学中的关键步骤。这些任务应该具有一定的挑战性，能够激发学习者的思考和讨论，从而促进他们对文化差异的理解和认识。例如，可以设计一些角色扮演活动或情境模拟练习，让学习者在模拟的跨文化交际场景中进行语言表达和互动，从而增强他们的跨文化交际能力。跨文化英语听说教学应该充分利用多媒体教学手段，选择合适的听说材料，并设计具有挑战性的听说任务，以帮助学习者全面提高跨文化交际能力。只有通过真实的听说活动，学习者才能更好地理解和适应不同文化背景下的语言交流方式，实现跨文化交际的目标。

5.写作教学与文化教学的结合

写作教学在外语学习中扮演着重要角色，它贯穿于学习的各个阶段。不同阶段的写作任务涉及的体裁、内容和要求各不相同，但都可以与文化教学有机结合。特别是在高职英语教学中，写作教学是培养学生跨文化交际能力的重要手段之一。对于初学者而言，他们可能通过写作来表达自己的经历、感受和想法，从而巩固所学的语言知识。在教学中，教师可以鼓励学生运用所学的词汇和语法知识，撰写简单的日常生活情景或自我介绍等作文。在这个过程中，教师可以引导学生了解并尊重不同文化间的语言表达方式和习惯，从而培养学生的跨文化意识。完成作文后，教师不仅可以纠正学生在语言使用上的错误，还可以就作文内容进行讨论和比较。通过对作文内容的分析和交流，学生可以更深入地了解不同文化背景下的思维方式和价值观念，从而提高跨文化交际能力。

随着跨文化英语教学理念的不断深入，我们可以期待更多更好的教学方法的出现。教师和学生都应该转变教学观念，将语言教学与文化教学有机结合起来。这不仅可以促进学习者外语交际能力的提高，还能够培养他们的人文素质。只有通过真正的跨文化交际实践，学生的跨文化交际能力才能得到有效提高。高职英语教学中的写作教学应该注重培养学生的语言表达能力和跨文化交际能力。通过结合文化教学，使学生不仅能够熟练运用语言进行交际，还能够理解并尊重不同文化之间的差异，从而更好地融入国际化的交流环境中。

第五章　基于有效教学的高职英语教学模式

第一节　高职英语教学中的有效教学策略分析

一、有效教学的概念

有效教学特指教师通过教学过程的规律性，成功引起、维持和促进学生的学习，相对有效地达到预期教学结果的教学。所谓"有效"，主要是指通过教师在一段时间的教学之后，学生获得具体的进步或发展。也就是说，学生有无进步或发展是教学有没有效益的唯一指标。教学有没有效益，并不是指教师有没有教完内容或教得认真不认真，而是指学生有没有学习到什么收获或学生学得好不好。如果学生不想学或者学了没有收获，那么即使教师教得很辛苦，也是无效教学。同样，如果学生学得很辛苦，但没有得到应有的发展，也是无效或低效教学。有效教学区别于低效、负效、无效教学的主要特征表现为正确的教学目标和高效的学习效果。鉴于有效教学是教师通过教学过程的合规律性，成功引起、维持和促进学生的学习，相对有效地达到预期教学效果的教学，是符合教学规律、有效果、有效益、有效率的教学。因此，笔者认为，有效教学的主要特征应是最符合有效教学的含义，最有助于有效教学目标实现的特征，它是通过教师的具体教学行为来体现的。有关有效教学的诸多研究表明，教师对教学目标的明了程度不仅与学生的学习收获存在密切的关系，而且还与学生的满意度存在密切的关系。正确的教学目标可以为教师开展有效教学提供指导。正确的教学目标可以从教学目标的指向性和教学目标的全面性两方面进行理解。

（一）教学目标的指向性

教学目标的指向性是教学活动的重要特征之一，它指导着教师组织学生学习的方向和标准。教学的本质在于学而不是教，因此，"为学生学习而教"成为教育的核心理念，也是教学的核心理念。这意味着教学的目标不仅仅是教师传授知识，而更重要的是学生通过教学活动学到了什么，并且能够在学习中获得进步和发展。教育的真实目的是改变学生的行为，使他们能够完成那些在教育之前不能完成的事情。因此，有效教学的目标不在于教师是否完成了教学内容，而是学生是否在教学过程中获得了进步和发展。教学目标应该指向学生的学习进步，而不仅仅是课程内容的传授。有效教学的目标不仅仅是学生的知识水平，还包括学生的能力提升、思维方式改变以及情感态度的培养。教学目标应该从多个方面来考量学生的综合发展，而不仅仅是单一的知识掌握。因此，教学目标的设定需要考虑学生的个体差异和发展需求，以确保教学的有效性和针对性。在教学实践中，教师应该根据学生的特点和学习需求制定具体、明确的教学目标，并通过教学活动来促进学生的学习进步。教学目标的指向性需要与教学内容、教学方法和评价方式相互配合，以确保教学活动的有效性和学生学习的质量。教学目标的指向性是教学活动的关键特征之一，它指导着教师开展教学工作的方向和目标。有效的教学目标应该以学生的学习进步和发展为中心，从多个方面考虑学生的综合发展需求，以实现教育的真正意义。

（二）教学目标的全面性

有效教学的目标确实应该放在学生的学习进步和发展上，而不是简单地关注教师的教学内容和方法，或者学生的学习方式。然而，这并不意味着后者与有效教学没有关系。相反，教师的教学方法和学生的学习方式对于实现教学目标起着至关重要的作用。教师的认真负责和科学有效的教学方法是确保学生学习进步和发展的基础。教师应该充分了解学生的学习需求和特点，采用恰当的教学策略和方法来引导学生学习。只有教师采用了科学有效的教学方法，才能够激发学生的学习兴趣，帮助他们更好地理解和掌握知识。学生的勤奋刻苦和科学有效的学习方法同样至关重要。学生需要在教师的指导下积极主动地参与学习活动，培养良好的学习习惯和自主学习能力。只有学生付出了足够的努力，才能够实现学习目标，取得进步和发展。实现有效教学的目标需要教师和学生共同努力，相辅相成。教师应该认真负责地、科学有效地进行教学，创造良好的学习环境和氛围；而学生则需要积极主动地参与学习活动，掌握科学有效的学习方法，以实现学习的全面进步和发展。高效利用教学时间也是有效教学的重要特征之一。教师应该合理安排教学时间，充分利用每一分钟进行教学活动，确保学生的学习时间得到充分利用，取得最佳的学习效果。只有教师在教学中高效利用时间，才能够提高教学效率，实现有效教学的目标。有效教学的目标是学生的学习进步和发展，需要教师和学生共同努力。教师应该认真负责地、科学有效地进行教学，创造良好的学习环境和氛围；学生则需要积极主动地参与学习活动，掌握科学有效的学习方法，以实现学习的全面进步和发展。同时，高效利用教学时间也是有效教学的重要特征之一，教师应该合理安排教学时间，充分利用每一分钟进行教学活动，确保学生的学习时间得到充分利用，取得最佳的学习效果。

（三）高效利用教学时间

教学活动应最大限度地指向教学内容。这意味着教师应该将教学活动紧密地围绕教学内容展开，确保每个教学环节都与课程目标和学习要求相一致。过多的课堂管理或与学习无关的闲谈会浪费宝贵的教学时间，因此教师应该尽可能减少这些不必要的干扰，使教学过程更加高效。教学活动应更多地与学习相关的活动。这包括与学生的互动、学生之间的合作、以及与学习内容直接相关的讨论、实践等活动。这样的活动能够增强学生的学习动机和投入程度，提高他们的学习效率，从而增加他们的有效学习时间。教师可以通过生动有趣的教学方式吸引学生的注意力，激发他们的学习兴趣。这包括使用多媒体教学工具、举办小组讨论、组织角色扮演等方式，以吸引学生的注意力，使他们更加积极地参与到学习活动中来。教师还可以通过事先制定教学时间管理计划和教学实施计划，以确保教学过程的有序进行，最大限度地利用教学时间。同时，教师应该定期评估教学时间的利用情况，及时发现和纠正导致时间浪费的问题。教师可以通过向学生灌输时间重要性的观念，增强他们的时间管理意识，培养他们的学习效率。教师可以向学生提供学习指导，帮助他们制定学习计划、管理学习时间，以提高他们的学习效率和学习能力。高效利用教学时间是有效教学的重要特征之一。教师应该尽力减少教学中的时间浪费，将更多的时间用于与教学内容相关的活动，以提高学生的学习效率和学习成效。

二、有效教学的内涵

（一）进行充分的教学准备

充分的教学准备指教师为确保一门课程或一堂课有计划地进行，而对教学活动的精心谋划。教学是有目的、有计划的活动，不是即席演讲，不能靠临场发挥，因而有效教学要以充分的准备为前提条件。从教学工作的基本环节来看，备课是教学的首要环节，充分的准备才能保证备好课，而备好课又是上好课的先决条件。研究表明，教师授课前精心备课、事先计划和组织好教学，可以减少教师授课后用在课堂组织和管理上的时间，使教师有更多的时间用于教学，学生也有更多的时间或机会进行学习，从而提高教学的有效性。相反，如果教师事先没有计划，在开始授课后花在教学组织上的时间较多，那么学生就不可能关注课堂教学内容，甚至可能丧失学习机会和表现出破坏性行为。

优秀的教师总是会在课前做好上课的各种准备，往往会做长时间的准备工作，其中包括研究教材内容、设计准备课堂具体的语言互动环节、预料课堂教学过程中可能出现的其他问题及其应对措施等。同时，也研究学生的具体学习情况及学习状态，根据不同学生的课堂角色为其设计相应的问题，使其尽可能地参与到课堂活动中来。总之，优秀教师对于课堂教学的课前准备总是事无巨细，能做到有备而来。因此，花在课前准备的时间和精力总是远远超过了有限的课堂教学时间。所谓"课堂十分钟，课前十年功"的说法，就是成功教师的教学经验之谈。当然，对于课前精心充分准备的课堂教学，学生的学习效果也会更加显著，最终体现了教师的有效教学效果。

（二）保障教学合理有效地开展

合理有效地组织教学是指教师对教学活动的合理安排，体现其科学性、有效性。其具体表现如下：细致入微地设计各个环节的教学活动细节，科学分配知识讲解、提问、思考、作答的时间和学生积极有效操练的时间；应对教学过程中突发的情况，保证课堂教学的有序进行；顺利完成教学计划的授课内容。在教学中，时常听到有教师在下课后抱怨自己精心准备了一堂课，可惜没有上好，不是因为课堂上某个环节组织不当，就是由于学生的问题，使整堂课没有按照课前准备的思路顺利有效地进行。究其原因，是教师缺乏科学有效的教学组织能力。当然，"教无定法"，每个教学过程都是一次动态的探索过程。教师可以根据所教授课程的内容、上课的学生及当时的具体情况，对其教学计划及时进行适当的调整，以适应不断变化的课堂情况，同样可以顺利有效地完成教学任务，同时也体现了教学的灵活性。

（三）能将知识清晰地讲授

清晰的知识讲解就是教师清楚地讲授、解释教学内容，从而使学生达到正确的理解、牢固的掌握和有效的应用或迁移。可将清晰的讲解简单地定义为"教学清楚和易于理解"。教育实践和大量研究表明，教学清晰明了能促进学生更好地学习，提高和改善学生的学习成绩，是有效教学的最重要特征。罗森珊和弗斯特总结了教师教学与学生成绩关系的多项研究，发现教学的清晰讲解能产生良好的教学效果。有学者研究后表明，教师清楚解释的能力是有效教学的重要品质。教师清楚讲授的能力比其他有效教学的特征更重要，清楚明了既是一种教学手段，又是学生要达到的目的。这就是说，有效教学是要通过教师清晰的讲解这个手段，达到学生清楚明了地掌握教学内容的目的。教师通过清楚明了的教学，能使学生更清楚、更准确地理解，能使学生获得学习进步和发展，以提高教学的有效性。

清晰的讲解包括教学目的明确，给学生提出的学习任务和要求明确，在教学中，学生知道自己应该掌握的内容和学习的重点。教师系统而有条理地讲授教学内容，有利于学生形成知识之间的逻辑联系，获得结构化的知识。教师对概念、命题、理论、原理的阐述简明、准确而不含糊，使学生易于透彻理解和正确掌握。教师讲授时表现出思维的逻辑性、表述的条理性，会对学生的逻辑思维能力产生积极影响。

（四）授课时保持热情饱满

饱满的授课热情指教师教学时通过语言、情感、动作等显示自己爱学科、爱教学、爱学生的热情，使教学充满感染力、影响力。教学是师生共同参与的智力活动，虽然课堂教学环境主要是信息、知识环境，但要实现认知的目标，教学总是在师生一定的情绪背景下进行的，师生的情绪状态是这一智力活动的动力因素，影响着教学的成败与效率。因此，要进行有效教学，引起师生的积极情绪无疑是十分重要的另一方面。有学者对教师行为与学生成绩研究总结后指出，教师在教学时的热情与学生的学习成绩关系密切。英国教育学家哈伦（Harlan）认为，教师有效教学的一个关键特征是教学的热情。

（五）促进学生学习

促进学生学习是教学的核心目标之一，它强调了学生在学习过程中的主体地位和积极性。建构主义教学观指出，学习不仅仅是被动接受知识，更是学生积极地建构新知识的过程。因此，有效的教学应该激发学生的学习兴趣，调动他们的学习动力，使他们能够积极主动地参与到学习活动中去。促进学生学习需要教师关注和满足学生的需要。教学应该根据学生的兴趣、能力、学习风格和需求来组织和设计教学活动，使学习内容更加贴近学生的实际生活和学习经验，激发他们的学习兴趣。此外，教师还应该关注学生的情感需求和心理状态，创设积极的学习氛围，为学生提供安全、舒适的学习环境，使他们能够更加自信地参与到学习中来。促进学生学习需要教师采用多样化的教学策略和方法。不同的学生具有不同的学习风格和学习方式，因此教学应该灵活多样，既包括课堂讲授、示范演示等传统的教学方法，也包括小组讨论、问题解决、实践探究等交互式的教学活动。通过多样化的教学方法，可以更好地满足学生的学习需求，激发他们的学习兴趣，提高他们的学习效果。促进学生学习需要教师注重学生的参与和反馈。教学不应该是教师的单向传授，而应该是师生之间的互动与交流。教师应该鼓励学生积极参与到课堂活动中去，提出问题、发表观点、分享经验，同时及时给予学生反馈和指导，帮助他们纠正错误，改进学习方法，促进他们的学习进步。促进学生学习需要教师激发学生的自主学习能力。学习是学生自己的事情，他们应该在教师的指导下，逐步培养起自主学习的能力和习惯。因此，教师应该引导学生主动参与学习活动，培养他们的学习兴趣和学习动机，提高他们的学习自信心，使他们能够在教师的指导下，独立思考、自主学习，不断提高自己的学习水平和学习能力。促进学生学习是教学的核心任务之一，它要求教师关注和满足学生的需要，采用多样化的教学策略和方法，注重学生的参与和反馈，激发学生的自主学习能力，从而达到提高学生学习效果的目的。

（六）激发学生学习兴趣

正如西方谚语所言，"你可以把一匹马牵到河边去，但你不能使其一定喝水。"这句话也可以用来描述教学过程中的现象。尽管我们可以提供恰当的课程设计和优质的教学，但并不能保证学生一定能够学好。如果教学缺乏有效的激励措施，学生可能会表现出消极的学习态度，导致学习效果不佳。因此，教学的有效性在很大程度上取决于是否能够激励学生，使他们积极主动地参与学习过程，并取得良好的学习成果。激励学生是有效教学的重要特征之一。它指的是教学活动能够引起学生的学习兴趣，激发他们的学习动机，从而促进他们对学习的积极参与和全身心投入。只有当学生感到兴趣、有学习愿望和动机，并且愿意主动投入学习，才能够取得良好的学习效果。为了激励学生，教师可以采取多种策略和方法。教师可以通过设计生动、有趣的教学内容和活动来吸引学生的注意力。例如，利用多媒体技术、实践案例、游戏等方式，使学习内容更加生动有趣，让学生愿意参与到课堂中来。其次，教师可以根据学生的兴趣和需求，设置个性化的学习目标和任务，激发他们的学习动机。例如，鼓励学生选择自己感兴趣的话题进行研究和讨论，提供多样化的学习资源和途径，让学生在学习中体验到成就感和满足感。此外，教师还可以及时给予学生积极的反馈和鼓励，帮助他们建立自信心，增强学习动力。通过这些方式，可以有效地激励学生，促使他们更加积极地参与学习，并取得良好的学习效果。教学的有效性在很大程度上取决于是否能够激励学生。只有通过有效的激励措施，才能够使学生对学习产生兴趣，增强学习动机，并愿意全身心地投入到学习中去。因此，激励学生是有效教学的重要特征，也是实现良好教学效果的关键所在。

三、高职英语有效教学的策略

（一）从实际出发因材施教

1.采用分层教学法

在高职院校的英语教学中，学生的英语水平参差不齐是一个普遍存在的问题。为了有效地应对这一挑战，实施分层教学是当务之急。分层教学方法要求根据学生的不同知识水平和英语基础，因材施教，以达到最佳的教学效果。实施分层教学需要进行准确分析班级学生的具体情况。这并不仅仅是看学生的英语成绩，还包括其他方面的因素，比如学生的学习态度、学习动力、语言应用能力等。通过系统的调查和评估，教师可以更全面地了解每个学生的实际情况，为分层教学提供准确的依据。分层教学的标准应该是多元化的，不能仅仅依赖于学生的英语成绩。可以根据学生在听、说、读、写等不同方面的能力水平进行评估，然后根据评估结果将学生分成不同的层次。同时，还应该考虑到学生的学习风格、兴趣爱好等因素，确保分层教学的合理性和灵活性。在实施分层教学时，教师需要针对不同层次的学生采用不同的教学方法和教学资源。对于英语水平较低的学生，可以采用更多的基础训练和反复操练，注重听力和口语能力的培养；对于英语水平较高的学生，则可以进行更加深入和有挑战性的学习活动，如阅读原版文献、进行英语演讲等。分层教学还需要教师注重个性化的指导和辅导。针对每个学生的具体情况和学习需求，教师可以制定个性化的学习计划和目标，帮助他们更好地提高英语水平。同时，还可以通过小组合作、个性化辅导等方式，促进学生之间的互助和交流，共同进步。实施分层教学是提高高职院校英语教学效果的重要举措。通过准确分析学生的具体情况、多元化的分层标准、差异化的教学方法和个性化的指导辅导，可以更好地满足学生的学习需求，提高英语教学的质量和效果，促进学生的全面发展。

2.针对具体情况具体选择教材

高职院校的英语教材在教学中起着至关重要的作用，它不仅是学生学习英语的主要载体，还直接影响着教学效果和学习成果。因此，为了实现高职英语教材的有效使用和建设，教师和教育管理者需要注意以下几个方面：教材选用应该从高职学生的实际需要出发，选取实用的、具有高职特点的新型教材。高职学生通常具有明确的职业目标和需求，他们更加注重实用性和职业性。因此，教材应该紧密结合高职学生的专业特点和职业需求，选取内容丰富、贴近实际工作场景的教材，以满足学生的学习需求。教师在教学中应精选教学内容，体现高职英语"够用为度"的原则。高职学生的时间宝贵，他们更加注重学习效率和实用性。因此，在教材选用和教学设计中，应该避免内容过于繁杂和冗余，突出重点，注重培养学生的实际应用能力和语言交际能力。教师应采用科学合理的教材，确保教材的质量和适用性。教材的编写应基于最新的教育理论和教学方法，结合高职学生的特点和需求，注重理论与实践相结合，注重任务型教学和项目驱动学习，以促进学生的综合素质和职业能力的提升。教师和学校还应加强校本教材的建设与使用。校本教材是根据学校实际情况和教学需求编写的教材，具有针对性强、贴近学生生活和学习的特点。因此，教师可以根据自己的教学经验和学生的反馈，结合课程目标和教学大纲，编写适合本校学生的校本教材，以提高教学的针对性和有效性。实现高职英语教材的有效使用和建设，需要教师和教育管理者从学生实际需求出发，选用适合的教材，并加强教学内容的精选和教材的科学合理性，同时注重校本教材的建设与使用，以提高教学的质量和效果，为高职学生的英语学习和职业发展提供有力支持。

3.革新教学硬件

为了真正实现高职英语课堂的有效教学，除了重视教师的科研工作和教学方法的改革外，还需要优化教学设备并普及多媒体辅助教学。随着现代科学技术的不断进步，多媒体技术在教育领域的应用已经成为不可或缺的一部分。通过利用先进的教学设备和多媒体技术，可以为高职英语课堂注入新的活力，提高教学效果，激发学生的学习兴趣。优化教学设备是实现高职英语课堂有效教学的基础。学校应该投入资金，更新教学设备，确保设备功能齐全、性能稳定。这包括投资购置先进的多媒体教学设备，如电脑、投影仪、智能白板等，并确保教室内的网络环境畅通无阻。只有设备先进、设施完善，才能为多媒体辅助教学提供有力保障。普及多媒体辅助教学是提高高职英语课堂教学效果的重要手段。多媒体教学可以通过图像、声音、视频等形式直观地呈现教学内容，使学生更容易理解和接受。教师可以利用多媒体资源设计丰富多彩的课件，将抽象的知识具体化、生动化，激发学生的学习兴趣。例如，可以通过播放相关视频、图片或演示实例，展示英语知识在实际生活中的应用场景，帮助学生更好地理解和掌握知识。利用先进的现代科学技术也可以为高职英语课堂的有效教学提供更多可能性。例如，可以利用虚拟现实技术打造英语学习场景，让学生身临其境地体验英语国家的文化和生活，从而增强他们的学习体验和感受。同时，还可以利用人工智能技术开发个性化的学习系统，根据学生的学习特点和需求，提供定制化的学习内容和辅助教学服务，提高学生的学习效率和成绩。优化教学设备，普及多媒体辅助教学，利用先进的现代科学技术，是实现高职英语课堂有效教学的重要途径之一。学校和教师应该加强对这些方面的投入和研究，不断探索适合高职英语教学的先进教学手段和方法，以提高教学质量，培养更多适应社会需求的高素质英语人才。

（二）改革教学方法

教学方法的改革是教育事业中的一项重要举措。随着时代的发展和教育理念的更新，教学方法也需要不断地进行改进和创新。在高职院校的英语教学中，教师们应该转变教学观念，将注意力更多地集中在引导学生学习方法上。有效的教学方法不仅要求教师传授知识，更要求他们激发学生的思考能力和自主学习能力。

教师应该认识到外语学习是学会的过程，而不是单纯地接受教导。因此，教师的角色应该从知识传递者转变为学习的引导者。教师需要认真考虑学生的实际需求，根据学生的特点和能力水平，设计并推动他们的学习过程。通过激励学生思考、鼓励自主学习，教师可以有效地促进学生的学习。教师应该注重培养学生的课堂参与意识，将学生置于学习的主体地位。在课堂教学中，教师可以采用各种交互式的教学方法，如小组讨论、案例分析、角色扮演等，让学生积极参与到学习过程中来。通过这种方式，不仅可以增强学生的学习动力，还可以提高他们的学习效果。教师也需要不断提高自身的教学能力。这包括提高传授和培养知识技能的能力，以及加强教学组织的能力。教师需要不断更新自己的教学理念和方法，积极参加教学培训和交流活动，不断提升自己的专业水平和教学能力。建立健全的教学评估体系也是教学改革中的重要一环。教学评估应该体现有效性，即评估教学过程和教学效果是否达到预期目标。通过建立科学合理的评估指标和评价体系，可以全面客观地评估教学质量，为教学改进提供有力支撑。高职英语教学方法的改革需要从转变教学观念、培养学生参与意识、提高教师教学能力和建立健全的教学评估体系等多个方面入手。只有这样，才能真正实现高职英语教学的有效改进和提升。

（三）提升教师自身科研能力

目前，我国高职院校的英语教师在教学任务和科研方面存在着一定的问题。大多数英语教师主要致力于完成教学任务，而科研意识相对淡薄。这主要是由于教师教学任务繁重，导致他们的科研能力和精力相对有限。这种情况导致高职院校英语教学缺乏科学的理论指导，公共英语教学仍处于摸索期。在这种背景下，高职英语教师们可以通过一边教学、一边研究教学理论的方式来提升自身的教学水平和科研能力。他们可以将教学实践与理论研究相结合，通过对教学过程的反思和总结，不断改进教学方法和策略，提高教学效果。同时，他们也可以参与教育教学研究，探讨高职英语教学的有效途径和方法，为高职英语教学提供更科学的理论指导。为了实现这一目标，高职院校应该重视英语教师的科研工作，为他们提供更多的科研机会和支持。可以通过组织专题讲座、研讨会、学术交流等活动，搭建教师之间交流学习的平台，促进他们的科研合作和交流。同时，学校还可以设立专项科研项目，鼓励英语教师积极参与科研活动，提高他们的科研意识和能力。在教学与科研的双重推动下，高职英语教师的教学水平和科研能力将得到全面提升。他们将能够更好地指导学生，促进学生的学习和发展，同时也能够为高职英语教育的发展做出更大的贡献。因此，我呼吁高职院校应该重视英语教师的科研工作，为其提供更多的支持和机会，以推动高职英语教育的不断进步。

（四）科学运用多种先进的教学方法

1.实施差异化的教学

课堂教学只有立足学生的个性差异，满足学生个体学习的需要，根据每个学生的知识基础、认知结构、学习兴趣、学习态度和风格等不同特点，实施差异化教学，才能有效促进学生在原有基础上充分发展，提高课堂教学有效性。分层递进教学作为差异化教学的重要实施途径，应该在有效教学的课堂中得以应用与实施。应当根据学生的兴趣与需求来实施差异化教学，依据学生的专业、爱好、未来规划来制订有针对性的教学计划与教学目标，避免教学统一化，从而提高学生的学习兴趣，并能使校内所学内容在未来工作环境下得以有效运用。根据对高职学生成绩分析的结果，学生的英语水平差别很大，如果强行实行统一的教学标准，必定会使相当一部分学生因无法跟上整体教学进度而被迫放弃，这不是我们想看到的。唯一能有效改变这种状态的方法就是根据学生的英语基础水平进行分层次教学，这是一种在英语课堂中实行与各层次学生能动性相适应、着眼于学生分层提高的教学策略。可由学校安排合适时间对学生进行一次入校后的英语摸底测试，综合高考和测试成绩把学生学习起点分为低、中、高三个层次，并且给学生留有自主选择和拓展的余地。

2.开展情境教学

英语情境教学是一种有效的教学方法，它旨在通过创设具体的语言环境和生动的情景，激发学生的学习兴趣和情感体验，从而促进他们更好地理解和掌握语言知识和技能。在高职院校的英语教学中，实施英语情境教学可以起到重要的作用，有助于提高学生的学习积极性和学习效果。英语情境教学可以增强学生的学习动机。通过创设生动的语言情境和情景，激发学生的兴趣和好奇心，使他们更加愿意积极参与到课堂活动中来。例如，教师可以通过角色扮演、游戏和模拟情景等方式，让学生在仿真的语言环境中进行交流和互动，从而增强他们的学习动机。英语情境教学可以提高学生的语言运用能力。在情景教学中，学生不仅被动地接受语言知识，而且更多地是通过实际运用语言来表达和交流。他们在真实的语言环境中学习语言，可以更好地理解词汇、语法和语言表达方式，并且能够更加自信地运用所学知识进行沟通和表达。英语情境教学还可以促进学生的综合素养发展。在情景教学中，学生不仅仅学习语言知识，还可以在真实的情境中培养跨文化交际能力、解决问题的能力和创造性思维能力。他们可以通过模拟各种生活场景和社交场合，锻炼自己的语言交际技能和人际交往能力，为将来的职业发展打下坚实的基础。实施英语情境教学也有助于丰富教学手段和方法。教师可以借助多媒体技术、实物模型、角色扮演等多种教学资源和工具，为学生创造出生动有趣的教学情景，提高课堂的互动性和趣味性，使学习过程更加活跃和有效。英语情境教学是一种富有活力和创造力的教学方法，适合于高职院校的英语教学。通过实施情境教学，可以激发学生的学习兴趣和学习动机，提高他们的语言运用能力和综合素养，丰富教学手段和方法，促进教学质量的提升，为学生的职业发展和未来成功奠定坚实的基础。

第二节　高职英语教学中有效教学策略的应用

一、高职英语有效教学的要求

高职英语有效教学的特征对高职英语有效教学提出了相应的要求，高职英语教学必须符合其教学规律，强调教学效果，注重教学效率，产出教学效益。

（一）教学应当符合高职教学规律

在高职英语教学中，坚持工学结合、知行合一、德技并修的教育理念是至关重要的。这一教育理念指导着教师在教学实践中注重将语言学习与职业技能培养相结合，以培养学生的综合素质和提升其就业能力为目标。在贯彻这一教育理念的过程中，高职英语教学呈现出一系列规律和特点，教师必须充分理解并运用这些规律，以取得更好的教学效果。高职英语教学注重职业性与应用性。与普通本科院校相比，高职英语教学更加侧重于培养学生实际应用英语的能力，以满足其未来从事特定职业所需的语言技能。因此，在教学中，教师应该将语言知识与职业背景相结合，通过真实的职业案例和场景，帮助学生掌握与其专业相关的英语词汇、表达方式和沟通技巧。高职英语教学注重提高学生的英语交际能力。在现实工作环境中，良好的英语交际能力是高职毕业生的重要竞争力之一。因此，教师在教学中应该注重培养学生的口语表达能力、听力理解能力和书面表达能力，使他们能够流利地与外国同事和客户进行交流，并有效地处理各种职业场景中的沟通问题。高职英语教学还注重学生的综合职业素质培养。除了语言能力外，高职毕业生还需要具备良好的职业道德、团队合作能力、问题解决能力等综合素质。因此，在教学中，教师应该注重培养学生的综合素质，通过课堂讨论、小组合作、实践活动等方式，引导学生树立正确的职业观念，培养团队合作精神，锻炼解决实际问题的能力。高职英语教学还注重教学效率和效果的实现。教师在教学中应该制订切实可行的教学目标和计划，科学地运用教学方法、手段和策略，以提高教学效率,实现学生的全面持续的进步与发展。同时,教师应该及时对教学效果进行评估和调整,不断改进教学策略,以确保教学的效益和质量。高职英语教学具有一系列的规律和特点,教师只有结合这些规律,制订切实可行的教学目标和计划,科学地运用教学方法和手段,才能取得良好的教学效果,实现学生的全面持续的进步与发展。

(二)教学应当注重教学效果

高职英语的教学效果是评估英语教学活动的重要指标,它直接反映了学生在学习过程中所取得的实际进步和发展。教学效果的好坏不仅关系到学生的学习成果,也是评价教师教学工作的重要标准之一。高职英语教学的效果体现在学生英语基础知识的提高上。学生经过一段时间的学习,应该能够掌握一定的英语词汇量、语法知识和基本的语言表达能力。他们能够正确运用所学知识进行简单的交流和表达,从而实现在日常生活和工作中的基本应用。教学效果还体现在学生的听说读写技能的发展上。学生在课堂上通过听讲、口语练习、阅读理解、书面表达等活动,逐渐提高了自己的英语听力、口语、阅读和写作能力,能够更加流利地表达自己的思想和观点,更好地理解和应用英语。教学效果还包括学生学习方法的改进和学习兴趣的提高。通过教学活动的开展,学生逐渐掌握了有效的学习方法,提高了学习效率和学习自觉性。同时,他们对英语学习产生了浓厚的兴趣和积极的学习态度,愿意主动参与到英语学习中去,不断提升自己的英语水平。教学效果还体现在学生对英语文化的意识和理解上。通过英语教学活动,学生不仅学习了英语语言知识,还了解了英语国家的文化背景、历史传统和社会习俗,增进了对跨文化交流的认识和理解,提高了国际视野和全球意识。高职英语教学的效果应该是学生在多方面取得的实际进步和发展的综合体现。只有关注教学效果,关注学生通过学习所获得的具体成果,才能真正促进高职英语教学的有效实施,为学生的职业发展和未来就业奠定坚实的基础。

(三)教学应当注重教学效率

高职英语的教学效率是指在尽可能少的教学投入下,获得最大化的教学效果,即通过有效的教学行为实现学生综合语言运用能力的快速发展,以满足其职业需求。对于高职英语教学的写作教学,以《职业综合英语》第一册为例,学生需要掌握多种写作技巧，如英语信封、公司简介、会议议程等，以提升其在工作中的应用能力。在教学中，教师应注重提高教学效率，确保学生在有限的时间内获得尽可能多的知识和技能。为实现高效的教学效果，教师可以采取以下措施：教师应根据学生的学习需求和实际情况，科学地规划教学内容，将重点放在学生在职业场景中最需要掌握的写作技能上，确保教学内容与学生的实际需求紧密契合。教师应明确教学目标，确保学生理解并能够熟练运用所学的写作技巧。通过明确的目标，可以指导教学过程，提高学生学习的针对性和效率。教师可以结合讲解、示范、练习、模仿等多种教学方法，以满足不同学生的学习需求。通过丰富多彩的教学活动，激发学生的学习兴趣，提高学习效率。在教学中，教师应注重实践环节的设计，让学生通过实际操作来巩固所学知识和技能。例如，可以组织学生进行写作练习、角色扮演等活动，帮助他们真正掌握写作技巧并能够灵活运用于实际工作中。教师应及时对学生的学习情况进行评估和反馈，并给予针对性的指导和建议，帮助他们发现和解决问题，进一步提高学习效率。通过以上措施的实施，教师可以在有限的时间内提高学生的学习效率，使他们在职业英语写作方面取得更好的成绩和进步，从而实现高职英语教学的有效率。

（四）教学应当培养教学效益

高职英语教学的效益应当体现在学生的综合发展和社会需求的满足上。通过高职英语教学，学生应当获得丰富的基础语言知识，包括词汇、语法、语音等方面的掌握。他们应能够在听、说、读、写各个方面达到教学大纲所规定的要求，具备应对职场交流所需的语言能力。高职英语教学应当注重实践能力的培养，使学生能够运用所学的英语知识进行实际的涉外活动。他们应具备与外国人进行简单的书面或口头交流的能力，能够胜任涉外工作中的基本语言交流任务。通过高职英语教学，学生应当逐渐培养起自主学习的能力，能够独立地进行英语学习和应用。他们应具备查阅英语资料、自主解决语言问题的能力，以不断提升自身的语言水平。高职英语教学应当促进学生的跨文化意识的形成，使他们能够理解和尊重不同文化背景下的语言和交流方式。他们应具备跨文化交流的能力，能够与来自不同文化背景的人进行有效的沟通和合作。高职英语教学的效益应当是多方面的，既要满足学生个人的发展需求，也要适应社会对高职人才的要求。只有通过高职英语教学，学生才能真正成为具备语言能力、实践能力、自主学习能力和跨文化意识的应用型人才，为社会的发展和进步做出积极的贡献。

二、有效教学策略在实践中的应用

（一）有效教学的课前导入

"良好的开端是成功的一半。"导入是英语教学的第一个环节，大多数教师把更多的精力和时间用于如何进行知识的讲解，却往往忽视了教学的第一个环节-导入环节（Warming Up）的准备与设计。一般而言，一堂课有三个阶段：导入、正课和总结。教师在导入阶段就要以教学的艺术魅力激起全体学生的兴趣，为下一步教学的顺利展开奠定良好的基础。就高职英语教学而言，无论是词汇教学、语音教学、语法教学，还是篇章分析教学，都应该力求像一部完美的交响曲的序曲那样，第一个音符就拨动听者的心弦，在学生内心产生共鸣。因此，就有"好的教师不仅善于教，而且长于导"这样的说法。课堂导入环节可以引起学生的注意力，好的导入甚至可以激发学生对英语学习的兴趣，为接下来的课堂讲解环节做好准备，从而提高英语课堂有效教学的效果。

（二）有效教学的课堂讲解

1.语篇分析

语篇分析（Discourse Analysis）是指以语篇为基本单位，从语篇的整体出发，对文章进行分析、理解和评价，其中包括语篇的主题分析（ThemeAnalysis）、结构分析（Structure Analysis）以及文体分析（Style Analysis）。在高职英语教学课堂讲解环节中，要突出语篇教学。句子水平上的教学只能培养语言能力，要培养交际能力，必须把教学水平提高到语篇水平。语篇分析对于学生了解文章内容、作者写作方法以及以英语为母语时的思维习惯有很大帮助。一直以来，语篇分析广泛应用于英语专业的语言教学，但在高职英语教学中未受到足够的重视。事实上，不少从事高职英语教学的教师花费了大量的时间和精力讲解词汇、语法结构，教学的效果却仍然不尽如人意，学生对整篇文章的理解也是支离破碎的，自然也就没有欣赏文章韵味和哲理之心，课堂的趣味性也会随之降低。高职英语教学要重视语篇分析，这样才能让学生准确地把握一篇文章的脉络和寓意。而且，语篇分析在很大程度上可以促进非英语专业学生英语写作能力、听说能力的提高，能够激发他们阅读各种题材英语文章的兴趣。

2.课堂提问

在课堂教学中，教师们已经习惯运用的启发式教学方法就是提问，提问已经成为课堂教学中必不可少的一部分。学生的学习过程实际上是一个不断提出问题和解决问题的过程。课堂提问有设问、追问、互问、直问和反问五种类型。教师在提问时，要注意问题的科学性，要有助于学生思维的发展，要遵循量力性原则（对不同水平的学生提出不同深度的问题）、阶梯性原则（问题要由浅入深，由简到繁）、整体性原则（围绕课文中心，提出相辅相成、系统性强的问题）、学生主体性原则（引导、鼓励、启发学生发现和提出问题，发表创新见解）、精要性原则（提问要精简数量，直入要点）、趣味性原则（提问要有情趣、意味和吸引力，使学生在愉悦中接受教学）、启发性原则（激发学生积极思维活动）、激励性原则（说一些赞扬的话，如"Good job""Well done"，加以鼓励）。只有这样，课堂提问才能启发学生领会教学内容，检查学生掌握知识的情况，培养学生的创造性思维，调动学生的学习积极性。研究课堂提问对于课堂教学具有十分重要的现实意义。相关学者以某学院若干班级作为研究对象，对授课教师及学生采取访谈、听课、问卷等方式进行调查。从调查结果发现，高职英语课堂教学提问环节存在一些普遍的现象或问题：其一，教师在提出问题之后，候答时间较短；其二，在课堂问答过程中，教师与学生的对话方式显得局促，气氛显得过于严肃，尤其是学生会有紧张之感；其三，教师对学生的反馈以简单的表扬为主，随即附上解释，给学生的话语权极为有限。

（三）有效教学的课堂活动组织

交际语言观认为交际能力的获得与发展主要靠学生的内在因素。在课堂操练（活动）环节中，教师不再是传统意义上的"知识传播者"，而是学生学习的帮助者。在课堂操练（活动）环节中，学生应是核心。但教师的作用仍然很重要，如在知识上、心理上帮助和指导学生，观察和分析学生的活动，了解和分析每个学生的优势和劣势，发现教学中的不足并加以弥补等。这种交际性的课堂教学操练活动要比传统的教学活动更为有效，当然对教师的要求也更高，即要求教师必须具备很强的观察能力、分析能力，以及对教学内容的临时整合能力和对课堂教学的组织能力（特别是在教学班级人数较多的时候，这种组织能力就更为重要了）。哈默（Harmer）曾把外语教师的角色定位为控制者（Controller）、评估者（Assessor）、组织者（Organizer）、促进者（Prompter）、参与者（Participant）和资源提供者（Resource Provider）。也就是说，在课堂教学操练活动中，教师应综合以上角色，既是组织者、导学者，又是学习者和参与者。课堂操练（活动）环节可以多种多样，如结对联系、小组合作、个人活动，讨论、总结、翻译等。

三、在听说读写译中的具体应用

（一）听力教学中的有效教学

1.强化学生的英语基础能力

除了满足课程标准的要求，高职英语教师还应鼓励学生进行广泛的阅读，以加强他们的词汇量和语言应用能力。通过阅读，学生不仅可以掌握更多的词汇，还能了解词汇的不同用法和含义，以及固定词语搭配、常用短语和习语等。这些都为提升学生的听力理解能力打下了良好的基础。在词汇教学中，教师应引导学生注意词汇的一词多义和一音多词的情况，帮助他们理解词汇的多样性和灵活运用。同时，教师也应着重教授学生固定词语搭配和常用短语，因为这些固定搭配和短语在实际交流中应用广泛，对于提高学生的语言表达能力至关重要。除了词汇教学，教师还应关注学生的语音能力。引导学生养成标准的发音习惯是至关重要的，因为良好的发音能够提高学生的口语表达清晰度和听力理解准确度。同时，教师也应当在教学过程中指导学生区分英式英语和美式英语在发音上的差异，使他们具备更全面的语音认知和应用能力。高职英语教师在课堂教学中应当注重词汇教学、阅读训练和语音能力提升的结合，通过多种教学方法和策略，全面提升学生的英语语言能力，为他们未来的学习和工作打下坚实的基础。

2.强化学生的文化积累

在高职英语教学中，除了注重词汇教学和语音能力的提升外，也应该注重对学生的西方国家文化的熏陶。通过激发学生的兴趣，使他们掌握一定程度的英语文化知识，从而提高他们的语言能力和听力理解能力。教师可以通过阅读书籍、观看电影与电视剧等学生感兴趣的方式，向学生介绍西方国家的文化背景、传统习俗、历史故事等内容。通过真实的语境和生动的故事情节，让学生在愉悦的氛围中学习英语文化知识，提高他们的学习积极性和听力理解能力。教师可以设计一些与西方文化相关的听力材料和教学活动，让学生在听力训练中感受到西方国家的语言和文化氛围。比如，可以选取一些关于西方国家节日、传统习俗或文化名人的听力材料，让学生在听力练习中了解和体验西方文化的魅力，从而提高他们对英语听力材料的理解和应用能力。教师还可以通过课堂讨论、小组活动等形式，引导学生对西方文化进行深入的探讨和交流，培养他们的跨文化交际能力和批判性思维能力。通过与同学们的讨论和交流，学生不仅可以了解到西方文化的多样性和特点，还可以锻炼自己的表达能力和团队合作能力，进一步提升他们的语言水平和综合素质。通过对西方国家文化的熏陶，可以使学生在学习英语的过程中更加全面地了解和掌握语言知识，提高他们的语言能力和文化素养，为他们未来的职业发展和国际交往打下良好的基础。

3.注重学生听力技巧的训练

猜词是听力训练中常用的有效手段。在进行听力练习时，如果学生遇到生词，无法准确理解听力材料的内容，这就给学习带来了一定的难度。为了降低生词对学生听力练习的影响，教师可以引导学生根据上下文及前后句的意思，对听力材料中出现的生词进行猜测。通过这种方式，学生能够有效降低听力难度，提高听力理解能力。在帮助学生有效分析理解题干、推测文章内容和重点的过程中，教师还应该引导学生有意识地模仿听力对话，学习真实对话中的纯正语音语调。通过模仿和实践，学生可以更好地理解和掌握英语听力材料中的语音特点和语调规律，从而提高他们的听力水平。除此之外，在日常的听力训练过程中，教师还可以要求学生复述文章的大意。通过复述，学生不仅能够加深对听力材料的理解，还能够锻炼自己的表达能力和语言组织能力，进一步提高他们的听力水平。通过猜词、模仿对话和复述文章大意等方式，可以有效地促进学生的听力水平提高。这些方法不仅可以帮助学生克服生词带来的障碍，还可以培养他们的语感和语言表达能力，为他们的英语学习打下坚实的基础。

（二）口语教学中的有效教学

1.发挥情感作用

教师在高职英语教学中应当充分发挥情感教学的作用，这意味着深入了解学生的心理特征和生活特性，并在课堂上有意识地利用情感教学来促进学生的英语口语学习。教师需要了解高职学生可能存在的心理障碍，例如对英语口语的排斥和抵触情绪。针对这些问题，教师应时刻注意帮助学生树立自信心，鼓励他们克服恐惧心理，激发学习英语口语的兴趣。在教学过程中，教师应以轻松、愉悦、和谐的氛围营造出一个良好的学习环境，避免使用消极暗示，确保学生能够在积极的情绪状态下投入到英语口语训练中。教师还应当通过启发和引导的方式，激发学生的学习热情，让他们能够全身心地投入到口语练习中。教师还应注重情感沟通，与学生建立起良好的师生关系。通过关心、理解和尊重学生，教师可以更好地调动学生的学习积极性，使他们在学习英语口语时感受到温暖和支持。在这样的教学氛围下，学生能够更加自信地表达自己，逐步消除自卑和胆怯情绪，从而实现英语口语水平的提高。教师要充分发挥情感教学的作用，通过理解学生心理特征，营造良好的学习氛围，引导学生积极参与口语训练，从而有效地提高学生的英语口语水平。这种情感教学不仅能够促进学生的学习动力，还可以培养学生的自信心和积极情绪，为他们的英语学习打下坚实的基础。

2.开展多样化活动

为了提高学生的英语口语基础并帮助他们树立正确的学习观念，高职学校可以从学生现有的学习情况和课堂教学活动的组织两个方面着手。了解学生的学习情况是至关重要的。教师可以通过调查问卷、个别谈话或课堂观察等方式，了解学生的学习动机、兴趣爱好、学习习惯以及英语口语的现有水平。这有助于教师根据学生的特点有针对性地设计口语教学活动，从而更好地满足学生的学习需求。多样化口语实践活动的组织对于提高学生的口语能力至关重要。这些活动可以包括角色扮演、小组讨论、辩论、口语比赛、英语演讲等。通过这些活动，学生不仅可以在模拟真实情境中练习口语表达，还可以培养团队合作精神、提高自信心和表达能力。同时，教师还可以借助多媒体技术、互动游戏等手段增加活动的趣味性和吸引力，激发学生的参与兴趣。这样的活动不仅能够缩小学生之间的差距，还能够激发学生学习英语口语的热情，促进他们的口语水平提升。除了课堂内的口语实践活动，学校还可以组织学生参加各种英语角、外语沙龙等课外活动，为学生提供更多的英语口语练习机会。此外，学校还可以邀请外教或志愿者来校开展口语交流活动，让学生有机会与外国人面对面地进行交流，提高他们的口语应用能力。通过了解学生的学习情况并组织多样化的口语实践活动，高职学校可以帮助学生提高英语口语基础，树立正确的学习观念，提升学生的口语表达能力，促进他们的综合英语水平的提升。这不仅有利于学生未来的职业发展，也能够为学生提供更广阔的国际交流平台。

3.结合学生所学专业

在教学过程中，许多学生错误地认为只需专注于自己的专业，而对英语学习和口语表达缺乏重视。这种观念的存在需要通过一系列措施来引导学生正确认识英语在职业发展中的重要性，从而激发他们对英语口语的兴趣和重视程度。教师可以通过课堂教学和个别辅导等方式，向学生介绍当前市场需求对英语能力的重视程度。教师可以分享行业动态、职场经验和相关案例，让学生了解到在当今全球化的背景下，具备良好的英语交际能力对于就业和职业发展的重要性。这种意识的培养可以帮助学生意识到自己需要提升英语口语能力，并且将其视为提升职业竞争力的重要手段之一。教学内容应该与学生所学的专业结合起来，使英语口语教学更具针对性和实用性。例如，在给会计专业的学生授课时，可以重点介绍与经济学、商务英语相关的词汇和知识，并通过案例分析和角色扮演等方式，让学生在模拟实际工作场景中进行口语练习。通过这种方式，学生可以更直观地感受到英语口语在日常工作中的应用场景，从而增强他们对英语口语学习的兴趣和主动性。教师还可以组织学生参加一些与专业相关的英语口语比赛、演讲比赛或行业交流活动，通过实践锻炼提升学生的口语表达能力和应对能力。这些活动不仅可以激发学生学习英语口语的热情，还可以增强他们的自信心和团队合作意识，为他们未来的职业生涯奠定良好的基础。通过引导学生正确认识英语在职业发展中的重要性，结合专业教学内容进行英语口语教学，以及组织相关的实践活动，可以有效提升学生对英语口语的重视程度和学习动力，帮助他们更好地应对未来的职业挑战。

（三）阅读教学中的有效教学

1.在教学中养成良好阅读习惯

要培养学生良好的自主阅读习惯，就需要教师在阅读教学上扮演好组织者、协调者、评价者和监督者的角色。教师可以通过安排好读书任务，让学生自己完成，使学生能在自我调整中更积极地阅读；还可以通过采取合理的评价和激励手段，促使学生养成自觉高效的读书习惯。在阅读练习中，教师应要求学生学会带着问题去阅读，明确目标，提高阅读速度；要指导并训练学生根据不同的阅读目的采取不同的阅读方法，从而提高阅读的效率；还要鼓励学生养成边阅读边记录好词句的习惯，做好知识储备与归纳。

2.利用网络拓宽阅读面

网络空间中有大量的英语阅读资源，可通过构建网络阅读资源库的方式，优化整合各类阅读材料。教师可按照主题、难易度等标准，把不同的阅读材料进行归类，并借助学校的网络教学平台，建立适合高职学生的英语阅读资源库。网络环境下的阅读辅助教学，应以任务驱动为核心，突出学生的主体地位，重视过程性评价。通过巧用网络资源，可激发学生自主学习的热情，改变传统教学模式，扩展学生的阅读面，增加学生的阅读量，提高学生自主学习、获取信息的能力。

3.教学中强化语篇阅读

在信息化时代，为了强化专业语篇阅读，一方面，学生要加强基本英语词汇的积累，熟悉常见的构词法，扩充自身的词汇量；另一方面，要加强对专业词汇的积累。以商务英语阅读为例，要通过强化阅读来加以巩固，在阅读过程中要注意商务情境中词汇的不同含义。学生也可以借助各类记忆单词的App（如百词斩）来加强对词汇的积累。此外，专业语篇阅读技能的提升与丰富的专业背景知识也是密不可分的。

4.利用现代科技提升教学效果

英语阅读课程新课教学之前，教师可以利用信息技术为学生布置相应的学习任务，让学生能够直接通过网络来操作完成。例如，可以让学生自主上网搜索与课题相关的背景资料，也可以直接给学生提供对应的学习网站，或者给出对应的搜索范围，让学生进行自主搜索，以此有效提升学生的信息获取能力。

（四）写作教学中的有效教学

1.在教学中培养学生文化思维

防止学生出现语法、句法等错误固然是语言教学的重点，但语际语言错误绝对不容忽略，这反映了语言学习者的外语思维能力、对外语的深层领会与运用能力。在英语写作训练时，为避免受母语负迁移的影响，教师要特别注意对学生英语思维能力的培养。为了能够更有效地训练英语思维，教师要鼓励学生平时尽量使用英语词典，在英汉互译和具体情境中练习用英语的思维方式去理解生词或短语，以逐渐达到对英语词义透彻理解和标准运用的程度；对比分析英汉两种语言的用词结构、句子结构、篇章结构，培养目的语思维能力，同时也要增加英语文化教学的比重，提升学生跨文化交际能力。

2.强化学生思维逻辑

在英语教学中，教师应在引领学生发现自己的表达方式与思想、运筹语言表达形式的过程中，尽可能地为学生了解自己思想产生的特定方式和复杂过程提供可能，为他们产生各种思想火花和独特的思维提供可能，也为其感受思想产生的兴奋和快乐提供可能。教师除了选择或创造能够激发学生思考或思辨的素材与任务外，还要设计写作课上特定的交流方式，让学生能够在与教师、同学和其他环境因素交流的过程中产生思维的碰撞。

3.激发兴趣

兴趣是一种对特定情境的情感反映，并非固定、静止不变的。学生对某些事物感兴趣或不感兴趣不是与生俱来的。因此，在写作教学中，教师完全可以通过自己的精心设计，将学生也许最初不感兴趣的话题或任务，转变为能使其产生兴趣、激发挑战欲的写作活动，从而将起初的外部写作动机成功地转化为内部动机，激发学习者的写作潜能。因此，以学生为中心，科学设计写作任务和教学活动，调动学生的主观能动性与参与积极性非常重要。教学中，教师应将写作教学和学生的实际生活联系起来，与学生的人文情怀和兴趣爱好联系起来，通过创造有一定交际意义的任务来激发学生的自主写作意愿。比如，通过动笔记录某些思想的欲望，愿意与同伴和教师分享自己的观点和体会，或通过制造课堂交流者之间的"信息沟"，让学生产生创造意义和获取信息的诉求。这样，就有可能让学生产生一种来自内心的真实冲动，即写作动机。教师可以给学生提供一篇小说的开头或片段，留给学生充分的想象空间，在形式上打破以往各类体裁的固定模式。

4.关注写作过程教学

我国英语写作教学多采用以行为主义理论为基础的结果教学法。这种传统的写作教学方法主要表现为"学生单独写作，教师单独评阅"的一种单项交流的模式，学生把写作看作一次性行为，把初稿当作成品，无法从教师的评改中获取有益的启示。与传统的写作教学方法相比，过程写作法以写作过程为出发点，将写作过程视为教学的中心，使学生充分投入写作的各个环节和过程，最终获得较好的成稿。不同的想法和看法，可以获得思想的互补、心灵的碰撞、观念的冲突，最终产生富于思辨性的创新观点。例如，一谈到"如何保护环境"，一般都是乘坐公共交通、多植树造林等，罗列的多是一些浮于表面、较为肤浅的现象，然而如若组织得当，引导学生联系生活、深入挖掘，一些学生便可能会结合当前网购热的现实状况，提出"Buy your necessities for life locally"的创新性观点，以减少运输、保鲜等资源耗费的方式来保护环境、节约能源。

（五）翻译教学中的有效教学

1.改革教学模式与理念

在高职院校的英语翻译教学工作中，想要切实提高教学的效率和质量，就必须要求教师创新教学理念和教学模式，提高学生的学习积极性。学校对教学的教材要进行适当的更新和拓展。目前，我国很多高职院校在教材方面存在一定的落后性，这一点无法改变，但是教师在教学之前的备课阶段，可以通过互联网等方式进行教学内容的搜索，对教材内容进行适当的拓展和更新，丰富教材内容，使学生接受最新的知识熏陶。

2.注重实践翻译

英语翻译不同于其他学科，它需要学生勤学苦练，并且注重实际效果。教师可以利用早自习的时间，让学生朗读和背诵经典的英语翻译，在加深学生理解的同时，锻炼他们的口语表达能力。英语的翻译在实际运用过程中主要是通过口语，所以扎实的口语功底对提高英语翻译水平具有重要的作用。教师还可以在课堂上展开小组讨论，围绕一个话题让学生阐释自己的观点，这也是将汉语翻译成英语的一种形式。这一过程中，教师可以更好地和学生进行互动，发现学生在翻译和表达过程中存在的问题并及时纠正。另外，由于中西方存在文化差异，因而学生在翻译的过程中可能存在误会或者是不到位的地方。只有通过不断的学习和实践，才能够发现其不足之处，从而减少错误，提高翻译的准确性；只有相互交流，才能共同进步；只有多加实践，才能让学生获得真知。

3.丰富课堂内容

因为高职院校的学生学习英语翻译主要是通过课堂教学，所以教师要不断丰富课堂教学的内容，变换教学的形式。多媒体技术可以使课堂教学变得更加生动和形象，这就在一定程度上降低了英语翻译教学的枯燥性，可让学生主动参与其中，并且在翻译的过程中感受到语言的魅力。需要注意的是，在课堂内容的设计和安排上，教师要根据课程标准的要求，着力提高学生的应用能力。对于学校而言，可以设置或搭建相应的网络学习平台，让学生在课堂之外通过平台进行自主学习并锻炼翻译的能力，最后结合课堂上教师所讲的内容，举一反三，夯实翻译基础。

4.注重文化差异

高职院校的英语翻译课程使学生在学习的过程中存在困难，主要是由于其对西方文化的认识和理解不足，所以教师需要加强对学生文化素养的培养，加深学生对西方文化的理解。教师在教学时需要在进行专业知识教学之余穿插一些与课程相关的西方文化背景知识，使学生能够加深对知识内容的理解和掌握，提高其英语语言驾驭能力。

第三节 高职英语教学实践中的有效教学策略

一、注重对学生兴趣的培养

心理学家研究认为，兴趣是人对事物积极而持久的认识倾向，它与大脑皮质中思维活动的兴奋中心相伴随。学生一旦对英语产生兴趣，就能极大地提高英语学习的积极性、主动性和创造性。正所谓"知之者不如好之者，好之者不如乐之者"。所以，要提高高职英语课堂教学各个环节的有效性，首先要培养学生的英语学习兴趣。

当然，培养学生英语学习兴趣与高职英语课堂教学内容和教学方法存在直接关系，要注意以下几点：第一，教学方法要灵活多样，教师语言要生动幽默，善于启发诱导，从而激发学生的学习兴趣；第二，通过各种生动活泼的形式引导学生学习英语，逐渐培养其对英语学习的兴趣；第三，强化兴趣刺激物，为学生创造成功的条件，使他们在满足感中生发学习兴趣，如试卷难度要适中，使学生感到英语不难学；第四，进行学习英语目的性教育，远大的目标能够促进有趣向乐趣和志趣转化；第五，营造融洽、轻松、和谐的学习氛围，创设语言和问题情境等，以激发学习兴趣；第六，经常介绍所学英语国家的文化背景知识，以唤起学生的学习热情与兴趣。

二、分析学生学习动力不足的原因

部分学生英语学得不理想，其根本原因就是缺乏强烈的英语学习动机，加上没有掌握二语习得的正确方法，确切地说是缺乏真正适合自己的学习方法。因为"学习好的学生是那些掌握学习方法、懂得如何学习的学生"。造成学生英语学习动机不足的原因主要如下：①不感兴趣，或者其他课程的学习负担很重，难以兼顾；②英语基础差，对自己没有信心，知难而退；③教师教得不得法，英语教学条件差；④学生学得不得法，总感觉自己的英语学习是"事倍功半"，甚至是学了很久，却看不到任何进步；⑤认为英语与自己的专业或工作没有多大关系；⑥缺乏远大理想，性格内向，怕说错了丢面子。

三、激励学生增强他们的英语自信

在高职英语学习中，信心主要体现在两个方面：学生对教师的信心和学生的自信心。教师应该创造一个惬意的语言学习环境，满足学生的心理需要，并把焦虑降低限度。因此，高职英语教师在英语教学实践中，应注意做到以下几点：创造愉快、民主、友好、和谐的课堂氛围，因为这种课堂氛围是帮助学生克服心理障碍、降低焦虑的有效途径。正确对待学生的语言错误。对于学生所犯的语言错误，只要不影响正常交际的顺利进行，教师应采取宽容的态度，这样有利于减轻学生运用目的语时怕犯错误的心理压力，增强他们的自信心。课堂操练首先要扫除语言障碍，以增强学生的自信心，确保学生人人都能开口。另外，课堂教学交际化可以弥补学生的性格缺陷，使内向型和外向型性格的学生形成互补，是克服情感焦虑的有效途径。在课堂上，教师既要鼓励学生大胆使用英语进行交际，也应允许学生沉默不语。勉强要求他们回答问题、表达观点，会使他们增加心理负担，从而增加其焦虑感。因此，课堂上英语教师的耐心尤为重要。教师要对学生之间存在的差异采取宽容和接受的态度。

四、培养高职学生英语自主学习能力

（一）自主学习能力的含义及特征

20世纪80年代，英国教育学家霍莱克（Holek）首次提出自主学习这一概念。他认为自主学习能力或学习者自主性是学习者自我承担学习责任并可以在具体情境中实施的潜在能力，具备该能力就意味着学习者具有掌握学习目标、方法、内容、态度及开展自我评估的能力。现代教育学认为，自主学习是指学习者在教师指导下，可以独立自主研究特定学习对象并获取一定能力，最终用该技能或知识完成整个学习的过程。自主学习能力的特点如下：学习者可以确定适合的学习目标、学习方式、学习内容、学习机会等；学习者可监督控制自我学习过程、学习计划实施、学习技能运用与发展及检查评估；学习者可改正、完善自我认知与评价，继续提高学习能力与应用能力。

（二）培养学生自学能力

自主学习能力培养符合高职英语人才培养目标的要求。教育部对高职英语课程教学的基本要求就是要培养高职学生对英语的实际运用能力，彰显英语教学的实用性。这说明高职英语教育要培养的学生应该能直接步入社会，能从事英语实际工作，英语课程的建设及教学活动组织要以培养适合一线岗位人才为中心。因此，课堂教学不能一味地灌输理论知识，而是要积极引导学生养成自主学习的能力，让其在实际的工作中具备可持续发展的英语能力。高职学生英语学习特征决定了自主学习能力培养的必要性。根据调查，60%的高职在校学生因英语成绩偏低、英语词汇储备不足、接受能力差、纪律与学习观念淡薄等因素，对英语学习存在排斥心理，甚至产生了一定的生理、心理问题。很多高职学生在英语学习中常出现失衡、自卑及焦躁心理，进而导致丧失英语学习的目标与动力。同时，高职学生英语学习缺乏持续性与稳定性，在英语学习活动中常出现无计划、随机性和短暂性现象。因此，只有提高高职学生英语自主学习能力，才能让其在学习中形成对英语学习目标、学习方法、学习工具以及职业发展方向的正确认识。

（三）设置自主学习目标

清晰的英语学习目标可为学生产生英语自主学习的动力奠定基础，因此在高职英语教学活动中，教师要注重引导学生明确英语学习目标，并指导学生进行自我调整与调控。高职教师可将英语教案向学生进行展示，让其对英语学习阶段及学习目标形成初步了解；其次，教师必须重视对学生阶段性目标的引导，通过阶段性目标了解学生学习状况及自主学习能力的进展情况；最后，教师在引导学生学习的过程中，要对目标下的学习活动、学习习惯、学习方式进行反馈，并指导学生对自我学习进行评价与调控，让其养成自主学习的习惯。

五、提升教师的专业素质

教师专业素质是从事教师职业所必备的基本素质要求，是在个体一般素质的基础上形成和发展起来的教师职业的基础性和通识性素养和品质，是基本胜任教育教学工作的教师必备的专业品质，包括教师的职业道德，学科专业知识，教育理论知识，基本的教学组织能力、态度、情感和价值观等。学生素质的提高依赖于教师素质的提升，任何教育的实施都是由教师来完成的，教师毫无疑问起着决定性的作用。因此，提高教师的专业素质已成为有效教学的重中之重。针对目前一些高职英语教师自身英语水平不低，但知识结构单一、教学理念落后的现状，笔者认为，要提高英语教师的专业素质，应该从转变教学理念和开展"双师"建设这两个方面加以改进。

六、完善英语教学评价机制

高职英语的教学不仅要注重对学生语言知识与技能的培养，还要注重对学生口头交际能力的培养。如果要真实地反映学生的语言能力，不能依靠单一的测试和评价方法来考核。目前，高职院校虽然采用了形成性评价与终结性评价相结合的考核方式，但终究没有落到实处，不能全面客观地反映学生的真实水平。教师既可以通过测验作业对学生进行评价，也可以通过课堂活动对学生进行评价，还可以结合日常评价与定期评价、课堂与课后表现、能力与知识水平、师评与生评、校内与校外表现等对学生进行评价，提高平时成绩在学期总评中的比例。教师还可以根据学生情况制定评定标准，这样就可以避免平时成绩的随意性。

第四节　高职英语课程思政教学实践路径探究

一、课程思政的内涵与价值

（一）课程思政的内涵

高职教学的主要目标是培养符合时代需要的专业技术人才。高职教学应当为社会主义建设事业服务，培养具有良好专业技术和优良思想文化素质的应用型人才。因此，高职教学必须注重优化学生的思想政治意识、核心意识和情感思维方式。高职英语课程同样具有进行思想渗透的教学义务。教师应当借助丰富的英语课程教学资源开展思想政治教育工作，并借助英语文本赏析活动优化学生的思想观念。教师必须将高职英语教学目标作为重点，在英语教学资源的辅助下，以情境化、趣味性、游戏化的方式优化学生的思想，在英语课程中渗透思想教育的因素，从而达到有效优化学生思想意识、促进学生以正确态度对待域外文化、全面提高学生综合素质的目标。

（二）课程思政的价值

在互联网时代，学生接收信息的方式更加多样，互动学习已经成为重要趋势。高职英语教学与课程思政的有效结合，不仅可以激发学生探究英语知识的兴趣，而且可以在英语教学中更好地优化学生的思想价值观念。以往单纯依靠思想政治课堂进行思想教育的方式已经不符合时代发展的要求，深入挖掘各学科的思想政治教育因素，可以达到潜移默化和事半功倍的思想引导效果。英语课程中的思政引导既有助于发挥英语课程的工具价值，又有助于提高学生的思想水平，从而达到全方位育人的目的。立德树人是根本性的教育任务，英语课程与协同教育相融合可以全面提高学生的思想水平，使学生更深刻地理解和掌握英语文化，弘扬我国优秀传统文化，增强文化自信，从而有助于达成全面提高学生综合素质的教学目标。

二、高职英语教学中实施课程思政的可行性

高职英语与思想政治教育虽属两种不同的课程，但其在教育总体目标、课程性质、教育对象等方面存在共通之处，且教育主体均以立德树人为己任，两类课程在育人目标和价值取向上同向同行，形成合力，产生协同效应。

（一）高职英语同时具有知识性和人文性

语言是文化和思维的载体，英语不仅是一种交流的工具，更具有人文属性，这意味着高职英语课程承担着提高学生综合素养的职责。高职学生在学习英语的过程中，不仅学习语言知识，还学习其中所蕴含的丰富的文化历史内涵。高职英语的人文属性可以培养学生的爱国情怀，增强他们对祖国的认同感。教师还可以通过中西方的差异对比，引导学生树立正确的世界观、人生观、价值观，帮助他们养成优良的品格。高职英语同时具有知识性与人文性，发挥着以文化人、以文育人的思想政治教育功能。

（二）高职英语教学与思政教育相互促进

高职英语教学与思想政治教育都是在马克思主义思想的指导下，培养学生德、智、体、美、劳全面发展，将社会主义核心价值观内化于心、外化于行的教育活动。另外，丰富多样的英语教学法与课外活动有利于思想政治教育的渗透和融入，同时能够更加有效地服务于思想政治教育。例如，以启发式、讨论式、语境式、翻转课堂等各种灵活的方法代替传统的填鸭式教学，同时鼓励学生们积极参加英语辩论赛、英文歌曲大赛、英语演讲等各种英语活动，在其中渗透思想政治教育。因此，思想政治教育可保障高职英语教学的正确方向，高职英语教学为思想政治教育提供创新方法和途径，两者相辅相成、相互促进。

三、高职英语课程思政教学存在的问题

（一）教师对课程思政存在理解误区

课程思政需要教师在授课中通过思政元素的有效融入来培养学生的世界观、人生观、价值观，积极提升学生的思政素养。但部分教师未结合学科教学内容以及学生的具体学情针对性选择思政内容，而是照搬照抄思政课上的内容。这些内容与课堂教学内容关联不大，所以会导致课程思政无法发挥其应有的作用。有的教师片面地认为在学科教学中融入思政元素就是加入有关思政理论知识，于是将英语课堂变为思政教育课堂，导致思政教育效果不佳。

（二）未体现学生的课堂主体地位

在高职英语课程思政建设中，教师要以学生为中心开展积极的师生互动、生生互动，并在交流过程中融入思政元素，充分激发学生的参与积极性，提高思政教育效果。但从目前的教学现状来看，部分教师在授课过程中未突出学生的课堂主体地位，以"灌输"的方式直接讲授思政理论知识，导致学生的参与兴趣不浓，思政知识接受效果不理想。

（三）教学模式落后，思政教育方法单一

目前，各高职院校积极开展课程思政建设，并引导各学科教师在授课过程中有意识地融入思政元素，充分发挥课程思政的育人作用。但课程思政模式存在单一、枯燥的问题，导致学生的接受程度不高。如果学生未与思政内容产生情感共

鸣，就会导致思政教育无法达到预期目标。且在长时间的单一教学方式下，有的学生对思政内容的学习兴趣会逐渐下降，学习效率和质量也会受到影响。另外，借助信息技术的发展，高职院校英语教师积极对现有的教学模式进行创新，以保证思政元素能以多种方式灵活地融入日常教学中。但部分英语教师在授课过程中不能有效利用先进的互联网技术开展教学活动，导致课程思政的效果受到影响。有的英语教师虽然有意识地借助信息技术开展课程思政，却将过多精力放在多媒体课件的制作上，忽略了内容的知识性。这样，学生在学习过程中就会将主要注意力放在有趣的教学方式上而忽略课程内容，导致课程思政效果不理想。

4.教学目标不清晰

在课程思政建设中，高职院校要设计清晰的教学目标，确保课堂上思政元素的高效融入，并发挥出应有的育人作用。但部分高职院校将培养学生的英语知识应用能力作为重点教学目标，对学生的思政学习效果或课堂内容中思政元素的多少并没有明确目标。这就导致部分英语教师缺乏应有的思政元素融入意识，学生也缺乏相应的思政知识学习动力，使其自身思政素养提升受限。

四、高职英语课程思政教学路径

（一）提升英语教师对课程思政的认知与教学能力

教师作为课堂活动的组织者和学生学习的引导者，其教学理念对高职英语课程思政教学效果有重要影响。因此，高职院校要重视教师队伍建设，积极提升英语教师对课程思政的认知与教学能力，打造一支思政素养过硬、教学能力强的英语教学团队，使其在日常教学中积极落实立德树人根本任务。提供丰富的学习、培训机会，提高教师对课程思政的认知和教学技能。教师是课程思政的实施者，其能否接受、践行课程思政的新理念，适应课程思政的新要求，是构建德育新格局的关键网。高职院校可采取请进来、走出去等方法定期对英语教师进行培训，帮助教师树立正确的课程思政教学目标，明确课程思政的教学要求，并解决开展课程思政过程中遇到的难点问题，全面提升英语教师对课程思政的认知和教学技能。另外，高职院校还可建立线上学习平台，定期推送课程思政教学要点，加深教师对课程思政内涵的理解，并组织各院校之间的学术交流，鼓励教师学习其他院校先进的教学经验，进而对自身教学模式进行优化升级，以此提升教师队伍开展课程思政的专业性，使其在教学中主动关注思政教育资源，把握思政教育时机，主动提升学生的道德品质。

鼓励教师总结教学经验，为课程思政高效开展奠定基础。目前，各高职院校在课程思政建设中涌现出许多优秀教学团队，形成多种有推广价值的课程思政授课形式，为英语课程开展课程思政提供了宝贵经验，提高了"教"与"学"的效率。为此，高职院校要在引进这些宝贵经验，提高教师课程思政教学能力，拓展教师知识视野的基础上，鼓励教师总结和反思课程思政建设中的有益经验及不足，进一步优化课程思政形式设计和内容设计，营造浓郁的课程思政学习氛围，充分激发学生的学习兴趣。

（二）从学生学习需求出发，明确课程思政目标，创新课程思政教学方式

在高职英语教学中，教师要设计清晰的包含思政内容的教学目标，根据英语教学中的知识结构特点确定教学整体框架，挖掘教学内容中包含的思政元素，并在课堂上严格按照制定的方案执行，确保学生在学习英语知识的同时提升自己的思政素养。在授课过程中，教师要对教材内容进行合理优化，改变单一的教学模式，在讲解英语知识时借助PPT、视频等方式将思政元素有效融入其中，在激发学生的学习学习兴趣与主观能动性的基础上，提高学生的学习效率。

1.重视课前准备

课前准备既包括教师的备课环节，也包括学生的课前预习环节。在备课环节，教师要研究教学内容，研究学情，挖掘教学内容中包含的适合具体学情的思政元素，并将其中一部分内容以预习任务的形式，借助线上平台布置给学生，如让学生根据教学内容收集相应的中西方文化内容，之后在课堂上进行分组讨论，从而在中西方文化对比中树立文化自信，并提升授课效率与授课质量。再如，在教学涉及外国文化的相关内容时，教师可在备课环节有意识地融入中华优秀传统文化的内容，让学生感受到中华优秀传统文化的博大精深，并在文化对比中树立文化自信和民族自信。另外，英语教师还可利用互联网技术建立线上思政教育平台，定期发布一些与英语课程思政教育相关的信息，让学生在课前利用碎片化时

间学习，以此有效延伸课程思政。

2.根据学生的具体学情和思政教育特点，优化课程思政内容

例如，教师可将教材中与文化相关的内容替换成中华优秀传统文化内容，并同步对教材中的练习内容进行合理调整，即根据课上教学内容将课后习题改为有关中华优秀传统文化的练习内容，让学生在学习相关英语知识的过程中了解中华优秀传统文化内容，进行中西方文化对比，以此了解中西文化差异，提升民族自豪感。

3.结合热点新闻开展课程思政教学

网络是一个超级新闻场，也是很多学生获取信息的来源，为此，教师要重视网络中社会热点事件的思政教育作用，主动了解网络上传播的热点事件，并挖掘学生感兴趣的社会新闻、网络热点事件中蕴含的思政元素，与教学活动结合起来，让学生用英语开展讨论，一方面引导学生对社会新闻、网络热点事件形成正确认知，树立正确的世界观、人生观、价值观，另一方面锻炼学生的口语交际能力，有效提升学生的英语综合素养 12。这就要求教师在教学过程中突出学生的主体地位，营造良好的交流环境，给予学生充分表达的机会，且在学生表达过程中适时加以正确引导，以此激发学生的长久学习兴趣，提升学生的英语学科素养和思政素养。

4.改变单一的"灌输"教学模式

在高职英语课程思政教学中，教师要积极优化教学模式，以主题式演讲或开展英语学习俱乐部活动等方式，改变单一的"灌输"教学模式，激发学生的学习动力，提升学生的思政学习效果。例如，教师可鼓励学生寻找 2022 年北京冬奥会中具有中国特色的经典瞬间，并用英语进行交流、讨论，在锻炼学生口语交际能力的同时，增强学生的民族认同感与爱国热情。

（三）完善教学评价及考核体系建设

对学生英语知识掌握情况、思政学习效果的评价及考核，部分教师以学生的考试成绩作为主要考核标准，而这种考核方式不能全面掌握学生的学习过程和日常学习状态。为此，在英语教学中，教师要不断完善教学评价及考核体系建设，

以便有效落实课程思政教学任务，引导学生树立正确的"三观"。

1.加强过程性评价体系建设

在构建教学评价及考核体系时，教师要改变当前唯分数评价的情况，加强过程性评价及考核，将学生的课上学习状态、学习活动参与情况、出勤率等纳入评价体系中，全面了解学生的知识掌握情况。这样不仅能让学生激发出浓厚的学习英语知识以及思政内容的兴趣，还能保证学生英语学习、思政学习的有效性。

2.丰富评价形式

在加强过程性评价体系建设的同时，教师要丰富评价形式，如采取学生自评、生生互评等，让教学评价更加全面、客观。这样，学生可更清楚自己的优势及不足，并树立自我提升意识，教师也可根据学生的评价、反馈，优化课程内容、授课方法，让思政元素更好地融入日常教学中，引导学生树立正确的学习态度，找到正确的努力方向。在新时代背景下，高职院校在英语教学中要充分发挥课堂教学主渠道作用，积极落实立德树人根本任务，构筑育人大格局，满足学生的成长发展需求。在教学实践中，高职院校要以提升英语教师对课程思政的认知与教学能力为基础，从学生的学习需求出发，明确课程思政目标，创新课程思政教学方式，完善教学评价及考核体系建设，有效提升英语课程的教学效率及育人成效。

第六章 基于职业能力培养的高职英语教学模式

第一节 职业能力体系的概念

一、基本概念界定

（一）高职专科生

高等职业教育就是培养拥有与职业相关技能的就业人员，包括学历和其以外的两类教学模式，其中学历教育包含：职业技术学校专科、本科以及研究生三种。除了学历教育以外的职业教育方式数不胜数，涉及的范围也很广泛，不过主要分为两大类：专业资格证书考试培训与技能训练机构。高等职业教育的教学指标和等级、授课内容、教课方式等都与普通高等教育有很大差异，普通高等教育注重教育本身的学术性、高端工程性，高职教育是技术性、实用性。两者的评定标准也近不相同，高职教育应该侧重于职业技术在社会上的认可度。该教育目标主要是为社会提供既具备相关专业知识还有专业技术在身的实用型人员。高职专科生指的是那些接受二年或三年制职业技术教育的专科层次的学生。

（二）教学模式

我国的相关研究者从多角度多方位探究分析了教学模式，朱瑞娜认为教学模式并不是只是一个普通的教学理念、方针或者授课策略，相反，它是旨在完成教学任务，让英语教育能够与各种不同的教学因素共同作用的一种贴切的表述。其本身为语言的授课计划构建了一个知识体系，一种可以帮助阐述英语教学本身特质的方式，一种对教师授课有帮助的教课工具，还是整个教学质量的评估制度。

目前，我国对高职英语教学模式的定位主要有三种，首先它是教学手段和策略的整合；它是一种独特的、有序的、有逻辑的新型教学模式；它是在符合教育改革后教育理念下对教学过程做出的一定的调整。

至今，教育界普遍认同地对教学模式的阐述内容是：与相应的教育机构的教学理念相协调的教学行为和教学过程，属于灵活性、动态性的教学运作模式。职业能力定义职业能力属于职业教学中需要界定的中心概念。关于其本质思想的分析各有千秋，具有代表性的有：职业能力就是指"职业技术""职业理论""职业潜力""职场情景下的综合技能"等等。每个国家有每个国家职业教育的发展情况，所以，每个国家也都有自己的职业能力定义，比如：美国强调以人为本、英国要求个人资格、德国由原来的职务定位发展到现在的职场混合关系、日本以综合素质的高低转向对职位的适应性为标准、法国主张评定知识理论的多少，还有澳大利亚的整合能力观点。就中国目前高职教育的实际情况而言，我国素来以教课的内容来促进学生的综合能力发展，一直以来我们都在学校中开展学科课程培养学生的职业能力，也就是知识本位的职业能力。

二、高职英语职业能力培养体系应包括的内容

高职英语职业能力培养体系应体现两大主题，即英语应用能力＋职业技能。企业招聘高职英语专业学生首先看重的是英语语言应用能力，在此基础上具备良好的职业技能者会更有优势。因此，首先应明确英语应用能力在将来择业时的重要性，要打好语言基本功。将专业知识学扎实，全面提高学生听、说、读、写、译的能力，在此基础上，结合行业英语的特点培养学生的职业能力。职业素质能力高职应用英语专业培养的人才要求具有良好的职业道德和职业素质，行为规范符合本行业的准则，具有良好的个性品质，具有一定的实践能力和创新能力、语言应用能力。高职应用英语专业培养的人才要求具有扎实的英语语言基本功，具有较好的英语表达能力，熟悉本行业适合的语言表达方式与沟通技巧，具有一定的应用英语写作能力，能合理规范地完成行业英语相关书面材料的撰写。专业技术能力高职应用英语专业培养的人才要求具有一定的行业英语理论知识，熟悉行业英语应用的流程与组织应用方式，能合理地将理论知识应用于实践，具有一定的实践能力、开拓创新能力。高职应用英语专业培养的人才要求在熟悉理论知识

的基础上，能发挥个性特长，创造性地将理论知识应用于实践。

三、加强高职英语职业能力培养的必要性

（一）我国高等职业教育的本质目标为提升高职英语职业能力

根据高等教育探讨会的思想内涵，第一层次关于学术和工程之类的教育主要由普通高等教育即本科或者研究生来进行，第二层次的技术型的教育隶属于高等职业教育，第三层次普通的技能理论课程属于中专教育范畴。至今，社会普遍将第一层次定义为专业知识教育，第二、三层次属于职业教育。高等职业教育和专业知识教育的主要不同之处就在于两者的人才培养计划和目标有着本质区别，前者注重实践技术，是技术方向的人才；后者是注重理论研究方面，是研究方法的综合型人才。提高学生的综合职业技能是高职教育的教育宗旨的重要体现，也是其不同于除此之外教育类型的重要标志。我国高等职业教育确定了其中心任务就是培养学生的职业能力，这也是高等职业教育与普通高等教育的最本质的区别。该处也指明了高等职业教育各项改革的发展方向。

（二）加强高职英语职业能力培养是我国高职教育改革的中心指导思想

《关于全面提高高职教育教学质量的若干意见》（教高号文件），明确强调"深化高职教育的教课内容改革，发展受教育者的综合职业能力，提倡工作岗位和学习内容相协调，注重学生实践能力的提升"，以此来构建有针对性的教学体系，全面提升职业教育的教学水平。此外，它还指出要结合学生实际，引导学生养成良好的学习习惯，提高学习质量，发展社交能力和集体责任感，整体提高学生的综合素质。通常在高等职业教育机构中，英语教育并不具备有利地位，但是不能因此忽视它的作用，而是应该着重促进其发展，使其不仅可以成为教育本身与同行竞争的一个优势条件，还能为学生的长远发展奠定基础。

四、高职院校学生职业能力的构成

社会岗位对人才职业能力的要求不断提高，在聘任员工的过程中主要从职业知识、职业技能以及职业品质这三个方面进行考核，这三个方面也就成为高职学

生的主要职业能力。

（一）职业知识

职业知识主要有两个组成部分，分别是基本知识以及专业知识。高职院校大学生应该具备的基础知识有人文知识、自然科学、艺术、英语等，通过基础知识可以提高高职院校大学生的思维能力，扩大他们的知识面，提高他们的人文素质，进而能够有利于高职大学生价值观、世界观以及人生观的形成。高职院校大学生学习基础知识的最终目的是能够形成自身的个性，建立完善的人格，培养较强的社会责任感。高职院校学生在以上方面的提升有利于在进入工作岗位后充分地发挥自身的职业技能。目前，社会经济发展对高职院校大学生的专业知识也有了比较明确的要求，高职院校大学生应该掌握的专业知识有以下几个方面：和本专业相关的专业知识、交叉学科知识以及信息技术知识等。

（二）职业技能

职业技能是高职院校大学生能够适应工作岗位的实际能力，是高职院校学生对所学的职业知识进行消化吸收、交叉融合、拓展创新的能力，是高职院校大学生素质的外在表现。近年来，社会经济发展要求高职院校大学生应该具备以下几个方面的能力：不断学习的能力、知识描述的能力、职业规划的能力、知识运用的能力、职业转换能力以及核心竞争能力。高职院校大学生不仅应该关注上述能力的培养，而且应该加强高职院校大学生实践操作能力的提高。高职院校大学生实践操作能力的提高，能够有利于学生的职业能力的提升。高职院可以为大学生提供进行实践操作的平台，在生产实践的过程中高职院校大学生可以不断提高自身的创新意识和探索精神，进而能够适应社会发展而产生的新工作环境，从而能够使自身的潜能得到充分的发挥，通过生产实践过程中的相互协作可以有效地提高高职院校大学生的健康人格。因此，高校不仅应该提高实训课程的比例，而且应该积极地和企业进行合作，从而能够为高职院校大学生的职业技能培养提供一个完善的平台，将职业技能的培养引入到高职院校的教学体系中。

（三）职业品质

职业品质主要包括以下三方面的内容，分别是职业道德、职业行为以及职业价值。职业道德主要体现在：遵纪守法、具备较强的社会责任感、关心社会公益，具有终身学习的理念等。职业品格是职业能力的基础，并且对于高职院校大学生的其他能力有着比较深远的影响。通过逐步地形成良好的职业品格能够有利于高职院校大学生对社会职业岗位的深刻理解，同时可以依据社会以及社会岗位的利益对自身的职业进行有效的判断，从而能够胜任工作岗位。高职院校大学生应该意识到职业品质和职业技能是同等重要的，由于职业道德的缺陷将导致许多不良的职业行为，使社会利益遭受巨大的损失。为了能够促进社会经济的可持续发展，树立良好的职业岗位形象，高职院校大学生应该保持良好的职业品质，遵守法律法规，保持职业的责任感，从而能够不断地提高自身的综合素质。职业能力属于一个非常复杂的系统工程。高职院校应该对当前的实际情况有充分了解，并且不断地转变教育观念，设置合理的专业体系和课程体系，能够使学生职业能力培养与职业教育紧密地结合起来，从而有利于高职院校学生就业竞争力的提升，促进高职院校教学质量的不断发展。

五、人才培养方案的实施

（一）构建仿真教学环境

可将课堂教学环境营造成仿真工作环境，或建设校内实训室，教师采用情境教学法、案例教学法、小组讨论法等教学方法，充分利用各种资源，使学生主动积极地体验、演练，从而提高学生的职业能力。教师应尽量利用校内的商务实训室、旅游实训室、幼小实训室创建仿真场景进行教学。比如幼小实训室可以根据幼儿园或幼教机构的教室布局风格，将椅子环状布置，让教室中心有充足的活动空间，使学生能够自如地进行教学活动的组织与演练；旅游实训室可以创建仿真的旅游车、旅行社，设置机场接待、酒店入住、景点介绍等场景，使学生能够在模拟场景中演练本专业知识，提高职业能力。

（二）创建校外实践基地

要积极联系与本专业相关的提升学生职业能力单位，努力创建校外实践基地，给学生提供实践演习的平台，在提升学生职业能力的同时，为学生的提升学生职业能力做好储备工作。幼小英语教育可以根据学生提升学生职业能力方向联系幼儿园、小学、幼教培训机构等单位，使学生能够有机会在实际岗位见习、实习，将课堂上所学的理论知识与教学技能运用于实践，通过实践进一步发现自己的不足之处，从而激发学习热情；商务英语教育可以充分采用"请进来"的模式，联系企业的优秀员工及管理人员给学生做讲座或进行专项技能培训，使学生对用人单位的方方面面有更深入、更全面的了解，也可以努力将一些中小企业发展为校外实践基地，建立长期良好的合作关系，使学生能在实际岗位上得到锻炼，进一步提高职业能力。

（三）加强毕业综合实践与创新创业的指导

要充分利用学生的毕业综合实践，指导学生将提升学生职业能力实践与创新创业相结合，在实践中积累经验，并及时做好总结与反思工作，积极寻找适合自身发展的创业契机。在对高职应用英语专业学生的考核评估方面，不仅要考核学生的英语语言知识掌握运用情况，还应对其职业技能进行考核。各模块应根据企业要求制定具体的考核标准与考核项目，将实践项目与考核相结合，重点检测学生的职业能力及相关的职业素质。因此，英语专业的高职毕业生不仅要具有英语四级、六级证书，还应具有与模块相应的技能证书，比如小学英语教师资格证书、导游证书、单证员证书等。高职英语职业能力培养体系的构建必须体现"以提升学生职业能力为导向，以企业需求为依据"的指导思想，专业教师应该有效安排好学生的课堂学习与校内外实践，全面提升学生职业能力，使学生成为深受企业欢迎的实用型人才。

六、启示与建议

高职教育的目标应该把学生的职业能力放在首位。但当前的高职英语教育还是沿袭了传统的教学模式，使得教师在授课过程当中还是扮演着课堂的主要角色，学生仅仅掌握一些基本的语言，而没有充分发挥学生的自我能动性和口语交流的能力。传统教育的模式使得学生只是在理论知识上掌握，而缺乏工作实际需要的东西，没有自我学习和自我创新的能力，没有沟通和解决问题的能力。另外，用人单位对于高职学生的英语水平的要求总是出现了差距性，无法让高职学生更具有竞争力。

　　在进行高职学生的教学过程当中，必须要深刻地了解到用人单位对于高职学生有哪些语言知识和语言能力，再进行对症教学，有助于学生未来就业。为了缩短因为传统教学模式而导致学生的英语水平不尽相同的差距，必须要改变现在的公共英语教学在职业能力培训的教学方式，有效地建立系统性、高效性的高职英语教学。英语在实际工作当中是交际的语言工具，这是在各行各业所必需的技能，要重视高职英语的重要性，深刻地认识到其实用性和独特性，准确定位高职英语的教学理念和教学的出发点，要形成以学生为主体的教学工作，而不是以语言的本身特性为主，这样才能够发挥高职英语提升职业能力的作用。

　　高职公共英语与教学模式的结合有利于职业能力的提高，并且可以充分地表现出公共英语是一门具有针对性的课程，能够反映高职教育的独特性。为了克服传统公共英语评价对象的单一化，应该构建多元化的评价方法，学校形成专业的公共英语教学评价，来提高学生的语言技能。除此之外，还要重视学生的职业能力和实际操作的能力，以便学生能够在未来的工作中更具竞争力。高职公共英语教学必须要以用人单位对学生要求的角度出发进行教学工作，以未来就业为目标，形成与之对应的英语教学的方式，将学生的职业技能、职业素质等多方面进行提高。因此，教师在教学的过程当中必须要充分地对学生进行学习能力的培训，慢慢地引导其朝向自我学习和自我创造的道路上来，提升他们的学习能力和创新能力。真正地实现高职教育英语的要求，为我国的各行各业提供高能力的专业型人才。

第二节　高职英语职业能力培养体系的内涵

一、职业领域知识

（一）行业术语和常用短语

高职英语职业能力培养体系旨在培养学生具备与其所学专业相关的语言技能，以便他们在职场中能够有效地交流与沟通。在酒店管理领域，良好的英语沟通能力是成功的关键之一。从前台接待到客房管理，再到餐饮服务，学生需要掌握丰富的英语词汇和短语，以便与客人和同事进行流畅的交流。

1.前台接待用语

Welcome to our hotel.-欢迎来到我们的酒店。How may I assist you？-我能为您提供什么帮助？Do you have a reservation？-您预订了房间吗？May I have your name，please？-请问您的姓名？Here is your room key.-这是您的房间钥匙。Please fill out this registration form.-请填写这张登记表。Our check-out time is at 12 PM.-我们的退房时间是中午12点。Would you like assistance with your luggage？-您需要帮忙搬运行李吗？Enjoy your stay!-祝您住店愉快!

2.客房管理术语

Housekeeping will clean your room today.-客房服务今天会打扫您的房间。We provide complimentary toiletries.-我们提供免费的洗漱用品。Your room has a king-size bed.-您的房间有一张特大号床。Please notify us if you need extra towels.-如果您需要额外的毛巾，请告诉我们。The minibar items are chargeable.-迷你吧里的物品需要额外收费。We offer room service 24/7.-我们提供全天候客房送餐服务。Is there anything else we can assist you with regarding your room？-关于您的房间，还有什么我们可以帮助您的吗？

3.餐饮服务用语

Welcome to our restaurant.-欢迎光临我们的餐厅。Do you have a reservation？-您预订了餐位吗？Would you prefer indoor or outdoor seating？-您喜欢在室内还是室外就餐？Here is the menu.-这是菜单。What would you like to order？-您想点什么菜？Our specials today are...-我们今天的特色菜是…How would you like your steak cooked？-您的牛排要几分熟？Enjoy your meal!-祝您用餐愉快! 以上是一些在酒店管理领域常用的英语词汇和短语。通过学习这些表达方式，学生可以更加流利地与客人和同事进行沟通，提升工作效率，为客人提供更好的服务体验。同时，这也符合高职英语职业能力培养体系的要求，帮助学生在未来的职业生涯中取得成功。

（二）沟通技巧与礼仪规范

在酒店管理行业，良好的沟通技巧和礼仪规范对于确保与客户的良好互动至关重要。学生需要了解如何与客人进行有效的沟通，包括问候礼仪、服务态度以及投诉处理技巧。这些技能不仅有助于提升客户满意度，还能够建立良好的品牌形象。

1.与客人的问候礼仪

微笑是最简单而又最有效的问候方式之一。当客人进入酒店时，员工应该向他们微笑并与他们进行眼神交流，以展现热情和友好。In the realm of high vocational English professional competence，the ability to effectively convey warmth and hospitality through a smile and eye contact is paramount.It reflects not just the language proficiency but also the cultural understanding and emotional intelligence of the personnel.员工应该用礼貌的语言向客人问好，例如"早上好""下午好"或"晚上好"，以及"欢迎光临"。Polite greetings，articulated with respect and warmth，are not just mere expressions;they serve as the cornerstone of establishing rapport and fostering a welcoming environment.They reflect the professionalism and courtesy expected in high vocational English competence.员工应该尽量使用客人的姓名进行交流，并根据客人的需求和喜好提供个性化的服务。In the realm of high vocational English，personalized interaction is not just about fluency but also about adaptability.It involves understanding the nuances of language and cultural preferences，reflecting a deeper understanding of customer service dynamics.

2.服务态度

员工应该展现出专业素养，包括熟练的英语沟通能力、良好的举止和仪态，以及对客户需求的敏感度。In the context of high vocational English，professionalism transcends mere language proficiency.It encompasses a holistic understanding of industry standards，ethical conduct，and the ability to adapt communication styles to various contexts.员工应该倾听客人的需求和反馈，并展现出同理心，以确保他们得到尽可能满意的解决方案。Empathy in high vocational English proficiency involves not only understanding the literal meaning of words but also grasping the underlying emotions and concerns.It requires active listening, cultural sensitivity, and the ability to offer appropriate responses.员工应该主动与客人沟通，提供必要的信息和帮助，以增强客户体验。Proactive communication in high vocational English entails not only responding to inquiries but also anticipating customer needs and providing relevant information preemptively.It reflects a commitment to service excellence and continuous improvement.

3.投诉处理技巧

当客人提出投诉时，员工应该保持冷静并积极倾听，以了解问题的根源。ctive listening in high vocational English proficiency involves more than just hearing words;it requires understanding the underlying issues, discerning cultural nuances, and demonstrating empathy in responses.员工应该诚恳地道歉并承认错误，以表明他们重视客人的意见和感受。Apologizing and acknowledging mistakes in high vocational English communication reflects integrity and accountability.It demonstrates a commitment to resolving issues and maintaining customer trust.员工应该与客人合作，共同找到解决问题的方法，并尽可能提供补偿或赔偿。Offering solutions in high vocational English proficiency involves not only linguistic competence but also problem-solving skills and negotiation abilities.It requires clarity, diplomacy, and a focus on achieving mutually satisfactory outcomes.

二、信息获取与处理能力

（一）信息获取技能

在当今竞争激烈的职场环境中，拥有良好的英语能力已经成为许多行业从业者必备的基本素质之一。特别是在酒店管理这样的服务行业中，掌握英语不仅仅是一项技能，更是提升工作效率、满足客户需求的重要手段。因此，高职英语职业能力培养体系的内涵应该涵盖学生获取英语信息的能力，并将其与实际工作需求相结合，以更好地满足行业的发展需求。学生需要培养的能力之一是阅读英语文档的能力。在酒店管理领域，英语文档可能涉及到酒店运营、市场营销、客户服务等方面的内容。学生需要能够流畅地阅读和理解这些文档，包括报告、合同、客户反馈等，从中获取所需信息，并能够将其运用到实际工作中去。这需要学生具备一定的词汇量、语法知识以及阅读理解能力，同时也需要培养他们对行业专业术语的理解和应用能力。

学生还需要掌握搜索英语网络资源的能力。互联网是获取信息的重要渠道之一，而英语作为国际通用语言，在网络上的信息量也是非常丰富的。学生需要学会如何使用搜索引擎，如何筛选和评估搜索结果的可靠性，并能够快速准确地找到他们需要的信息。这包括了对英语搜索关键词的选择、对网页内容的理解和分析能力，以及对多种网络资源的利用技巧等方面的培养。学生还应该能够利用英语数据库获取所需信息。在酒店管理领域，有许多专业的数据库和信息平台提供了丰富的行业资讯和数据资源。学生需要学会如何使用这些数据库，包括如何进行检索、如何筛选和分析数据，以及如何将这些数据应用到实际工作中去。这需要他们具备一定的信息技术能力，同时也需要了解行业内常用的数据库和信息平台，以便能够快速准确地找到所需信息。高职英语职业能力培养体系的内涵应该包括学生获取英语信息的能力。这不仅涉及到阅读英语文档、搜索英语网络资源、利用英语数据库等基本技能的培养，更重要的是要将这些能力与实际工作需求相结合，培养学生在酒店管理领域应对各种信息获取挑战的能力，从而为他们未来的职业发展奠定坚实的基础。

（二）信息分析与整理

在酒店管理领域，学生不仅需要获取英语信息的能力，还需要具备对这些信息进行分析和整理的能力。这种能力不仅可以帮助他们更好地理解信息的内涵和重要性，还可以指导他们在实际工作中做出更有效的决策，提升服务质量，满足客户需求。学生需要能够分析客户反馈的内容。客户反馈是酒店管理中至关重要的一环，它直接反映了客户对酒店服务的评价和建议。学生需要能够从客户反馈中提取出关键信息，包括客户对服务的满意度、提出的问题和建议等。通过对这些信息进行分析，学生可以深入了解客户的需求和偏好，及时发现和解决存在的问题，从而提升服务质量，增强客户满意度。学生还应该具备整理信息的能力。在信息爆炸的时代，学生可能会面临大量的信息，包括来自不同渠道的客户反馈、行业动态、市场需求等。学生需要学会如何将这些信息进行整理和分类，以便更好地进行分析和应用。这包括了整理信息的结构化能力、归纳总结的能力，以及对信息进行有效管理的能力等方面的培养。学生还需要具备评估信息重要性的能力。在面对大量的信息时，学生需要学会区分信息的重要性，及时发现和关注对工作具有关键影响的信息。这需要他们具备一定的行业专业知识和敏锐的洞察力，能够准确把握信息的核心内容和影响程度，并据此做出相应的决策和行动。

（三）信息应用能力

在当今竞争激烈的酒店管理行业，学生不仅需要具备获取信息的能力，还需要能够将这些信息应用于实际工作中，为酒店管理决策提供支持。这需要他们具备分析、整理和应用信息的能力，以更好地理解市场需求、客户反馈等信息，从而为酒店的经营和管理提供有效的指导。学生需要具备对获取的信息进行分析和整理的能力。在酒店管理中，市场调研数据、客户反馈等信息都可能涉及到大量的数据和内容。学生需要能够对这些信息进行深入分析，了解其中的内涵和重要性，从而为管理决策提供有力的支持。这需要他们具备数据分析、逻辑思维和问题解决能力，以便能够从海量信息中筛选出关键信息，并加以整理和归纳，为后续的决策提供有效的参考依据。

学生还需要能够将获取的信息应用于实际工作中，为酒店管理决策提供支持。例如，根据市场调研数据，他们可以制定酒店的营销策略，包括确定目标市场、制定产品定位、设计促销活动等，以更好地满足客户需求，提高酒店的市场竞争力。同时，根据客户反馈，他们也可以及时改进酒店的服务质量，包括改进服务流程、提升员工培训水平、优化客户体验等，从而提升客户满意度，增强客户忠诚度。在高职英语职业能力培养体系中，这种能够将获取的信息应用于实际工作中的能力培养尤为重要。这不仅需要学生具备对信息的深入理解和准确把握能力，更需要他们能够将理论知识与实际工作相结合，灵活运用所学知识解决实际问题。因此，在课程设置和教学方法上，应该注重培养学生的实际操作能力和解决问题的能力，通过案例分析、实践演练等教学方式，引导学生将理论知识应用到实际工作中去，从而提升他们的职业能力和竞争力。高职英语职业能力培养体系应该不仅注重学生获取信息的能力，更应该注重他们将信息应用于实际工作中的能力。这需要学生具备分析、整理和应用信息的能力，以更好地为酒店管理决策提供支持，从而提升酒店的经营效益和市场竞争力，为他们未来的职业发展打下坚实的基础。

（四）专业知识学习

除了一般的英语学习外，学生在酒店管理领域还需要专门学习与该行业相关的英语词汇和对话技巧。这些专业术语涵盖了前台接待、客房管理、餐饮服务等方面，是学生在工作中与客人和同事进行有效沟通的关键。因此，高职英语职业能力培养体系应该包括对这些专业词汇和对话技巧的系统学习和实践培训。学生需要学习前台接待用语。在酒店前台工作是与客人直接接触最频繁的岗位之一，因此学生需要掌握一系列与前台接待相关的英语词汇和用语。这包括了问候客人、办理入住和退房手续、解答客人问题等方面的用语，例如 "Welcome to our hotel."（欢迎光临我们的酒店）、"May I have your reservation name, please?"（请问您的预订姓名是？）、"Is there anything else I can assist you with?"（还有什么我可以帮助您的吗？）等。通过系统学习和模拟练习，学生可以更加流利自如地与客人进行沟通，提升客户满意度。

学生还需要掌握客房管理术语。客房是酒店的核心服务之一，学生需要了解与客房管理相关的英语词汇和用语，以便与客人和同事进行有效沟通。这包括了房间类型、房间设施、房间清洁等方面的术语，例如 "single room"（单人间）、"double bed"（双人床）、"housekeeping"（客房清洁）等。通过学习这些术语，学生可以更好地理解客人的需求，提供更加个性化的服务。学生还应该学习餐饮服务用语。在酒店餐饮部门工作的学生需要掌握与餐饮服务相关的英语词汇和对话技巧，以便与客人进行顺畅的沟通。这包括了点菜、推荐菜品、服务礼仪等方面的用语，例如 "May I take your order?"（请问您要点菜吗？）、"Would you like to try our chef's special?"（您想尝试我们的厨师特色菜吗？）、"Please enjoy your meal."（祝您用餐愉快）等。通过学习这些用语，学生可以提升餐厅的服务质量，增强客人的用餐体验。在高职英语职业能力培养体系中，学生学习与酒店管理相关的英语词汇和对话技巧具有重要意义。这不仅有助于他们更好地融入工作环境，还可以提升工作效率和服务质量，从而为酒店的发展做出更大的贡献。因此，在课程设置和教学方法上，应该注重学生对这些专业词汇和对话技巧的系统学习和实践培训，通过模拟场景、角色扮演等教学方式，提升学生的语言表达能力和沟通技巧，为他们未来的职业发展打下坚实的基础。

三、职业素养与就业能力

（一）职业道德教育

在酒店管理领域，学生不仅需要具备专业技能，还需要了解并遵守相关的职业道德规范。这些规范包括诚信、责任感、正直、敬业等，是塑造良好职业形象和维护企业声誉的重要基础。因此，高职英语职业能力培养体系应该注重学生对职业道德规范的理解和培养，以提升他们的职业素养和竞争力。学生需要理解诚信的重要性。诚信是职业道德的基本原则之一，是建立良好职业形象和维护企业信誉的基石。在酒店管理工作中，学生可能面临各种诱惑和挑战，但他们必须始终坚守诚信原则，不做虚假宣传、不违规操作、不隐瞒真相等。只有通过真诚的态度和诚实的行为，才能赢得客人和同事的信任，树立良好的职业声誉。学生需要具备责任感和正直品质。在酒店管理工作中，责任感是保证服务质量和客户满意度的关键因素之一，而正直品质则是保持良好职业形象和避免职业道德风险的重要保障。学生应该始终以客户利益为先，尽职尽责地完成工作任务，不推卸责任、不搞私心、不徇私舞弊，保持公正客观的态度，树立起良好的职业操守和品格风范。学生还应该注重敬业精神的培养。敬业精神是酒店管理工作中不可或缺的素质，是提升服务质量和客户满意度的重要保障。学生应该对工作充满热情和责任感，不断提升自己的专业技能和工作能力，不断追求卓越，为客人提供更加优质的服务体验，实现自我价值的最大化。在高职英语职业能力培养体系中，培养学生的职业道德意识和行为规范是非常重要的。这不仅需要学生理解职业道德规范的内涵和重要性，更需要通过实际案例分析、角色扮演等教学方式，引导学生树立正确的职业价值观和行为准则，培养他们良好的职业操守和自我约束能力。只有通过不断的学习和实践，学生才能成为品德高尚、能力过硬的酒店管理人才，为行业的发展和企业的长远发展做出积极贡献。

（二）职业道德修养

在酒店管理领域，学生的职业道德观念和职业道德修养至关重要。他们需要通过教育和实践来培养正确的职业道德观念，明确自己在职业生涯中的责任和义务，以及如何处理职业道德困境和冲突。高职英语职业能力培养体系应该注重培养学生的职业道德意识和行为准则，以提升他们的职业素养和竞争力。学生需要明确自己在职业生涯中的责任和义务。在酒店管理工作中，学生承担着服务客户、维护企业形象、保障客户权益等多重责任。他们需要理解自己的角色定位和职责范围，认识到自己对客户、企业和社会的责任和义务，以便更好地履行自己的职业使命，为客户提供优质的服务，为企业的长远发展贡献力量。

学生需要学会如何处理职业道德困境和冲突。在实际工作中，学生可能面临各种职业道德问题，例如利益冲突、信息泄露、职务违规等。他们需要具备分析问题、权衡利弊、做出正确决策的能力，以保障职业道德的完整性和稳定性。同时，学生还应该学会寻求帮助和咨询，与同事和领导进行沟通和协商，寻求合理解决方案，避免职业道德困境带来的负面影响。在高职英语职业能力培养体系中，培养学生处理职业道德困境和冲突的能力至关重要。这不仅需要学生具备较高的道德素养和职业操守，更需要通过案例分析、角色扮演等教学方式，引导学生分析和解决实际工作中可能遇到的职业道德问题，培养他们正确处理职业道德困境的能力。只有通过教育和实践，学生才能树立起正确的职业道德观念，做到遇事不惑、处事有据，为自己的职业生涯奠定坚实的基础。高职英语职业能力培养体系应该注重学生职业道德意识和行为准则的培养，以提升他们的职业素养和竞争力。通过教育和实践，学生将能够明确自己在职业生涯中的责任和义务，处理职业道德困境和冲突，成为品德高尚、能力过硬的酒店管理人才，为行业的发展和企业的长远发展做出积极贡献。

（三）职业发展能力

在酒店管理领域，学生需要具备自我认知和职业规划能力，以便清楚自己的职业目标和发展方向，并制定相应的职业发展计划。他们应该不断学习、提升自己的专业技能和知识，以适应职业发展的需求。高职英语职业能力培养体系应该注重培养学生的自我认知和职业规划能力，以提升他们的职业素养和竞争力。学生需要进行自我认知，了解自己的优势、劣势、兴趣和价值观。通过自我评估和反思，学生可以清楚地认识到自己的潜力和局限性，从而更好地确定个人职业目标和发展方向。这需要学生具备客观分析和自我评价的能力，通过参与实践、实习和社会活动，积累经验，发现自己的优势和兴趣所在，为未来的职业发展做好准备。学生需要进行职业规划，制定相应的职业发展计划。职业规划是一项系统性的工作，包括了设定职业目标、规划职业路径、制定行动计划等方面。学生需要根据自己的自我认知结果和职业发展需求，制定具体可行的职业发展计划，明确未来的职业方向和发展目标，为实现个人职业理想和价值而努力奋斗。

在高职英语职业能力培养体系中，培养学生的自我认知和职业规划能力至关重要。这不仅需要学生通过课堂教学、实践活动等方式，了解酒店管理行业的发展趋势和职业需求，更需要通过个人辅导、职业指导等方式，引导学生进行自我认知和职业规划，提升他们的职业素养和竞争力。只有通过不断的学习和实践，学生才能在职业道路上找到自己的定位，实现个人职业目标，为酒店管理行业的发展做出积极贡献。高职英语职业能力培养体系应该注重培养学生的自我认知和职业规划能力，以提升他们的职业素养和竞争力。通过教育和实践，学生将能够清楚自己的职业目标和发展方向，并制定相应的职业发展计划，不断学习、提升自己的专业技能和知识，实现个人职业理想和价值，为酒店管理行业的繁荣发展贡献力量。

（四）就业市场适应能力

在酒店管理领域，学生需要了解当前就业市场的情况和趋势，掌握就业市场的信息和就业技巧，以提升自己在就业市场上的竞争力。他们应该灵活应对就业市场的变化，积极主动地寻找就业机会并做好职业规划。高职英语职业能力培养体系应该注重培养学生对就业市场的认知和适应能力，以帮助他们顺利进入职业生涯，实现个人发展目标。学生需要了解当前就业市场的情况和趋势。了解就业市场的情况和趋势可以帮助学生更好地把握就业机会，制定适合自己发展的职业规划。他们应该关注酒店管理行业的发展动态，了解行业的就业需求、人才招聘情况以及行业内的发展趋势，从而更好地调整自己的学习和发展方向，提升就业竞争力。学生需要掌握就业市场的信息和就业技巧。了解就业市场的信息可以帮助学生更好地了解行业内的招聘信息和就业机会，从而有针对性地准备自己的求职材料和面试技巧。他们应该学习如何撰写简历、写求职信、准备面试等就业技巧，提升自己的求职效率和成功率。学生还应该灵活应对就业市场的变化，积极主动地寻找就业机会并做好职业规划。他们应该根据自己的兴趣和特长，确定自己的职业目标和发展方向，制定相应的职业规划，不断提升自己的专业技能和知识水平，以适应就业市场的需求变化，并为自己的职业生涯打下坚实的基础。在高职英语职业能力培养体系中，培养学生对就业市场的认知和适应能力至关重要。这不仅需要学生通过课堂教学、实践活动等方式了解就业市场的情况和趋势，更需要通过个人辅导、职业指导等方式引导学生制定职业规划，提升其求职技能和竞争力。只有通过教育和实践，学生才能在激烈的就业竞争中脱颖而出，顺利实现自己的职业发展目标，为酒店管理行业的繁荣发展贡献力量。高职英语职业能力培养体系应该注重培养学生对就业市场的认知和适应能力，以帮助他们顺利进入职业生涯，实现个人发展目标。通过教育和实践，学生将能够灵活应对就业市场的变化，积极主动地寻找就业机会并做好职业规划，为自己的职业生涯奠定坚实的基础。

第三节　基于职业能力培养视角的高职英语教学改革

一、培养职业能力人才对企业发展人才供给侧调整的积极性

（一）缓解矛盾

高职院校所培养的人才在社会中的作用主要分为学术型、应用型和复合型三类。而在当今企业发展的背景下，对人才的需求更多地倾向于复合型，这意味着企业需要的不仅是学生具备扎实的专业知识和技能，还需要他们具备一定的职业素养和综合能力。因此，高职院校的英语教学也应紧跟时代潮流，培养复合型人才，以满足企业发展的需要，并提升高职英语教学的实效性。复合型人才的培

养需要高职英语教学在课程设置和教学方法上做出相应调整。除了传授英语语言知识和技能外，还应该注重培养学生的职业素养和综合能力。例如，可以通过案例教学、项目实践、模拟商务谈判等活动，让学生在实际情境中学习和应用英语，培养他们的沟通能力、团队合作能力、问题解决能力等职业素养。高职英语教学应该注重学生的综合素质培养，包括批判性思维、创新意识、跨文化交际能力等方面。这些能力是复合型人才所必备的，能够帮助他们更好地适应未来的职业发展需求。因此，教师可以通过多样化的教学方法和活动，培养学生的综合能力，提升他们的综合素质，为他们未来的职业发展打下坚实的基础。高职英语教学还应该注重学生的职业道德和职业操守培养。复合型人才不仅需要具备扎实的专业知识和技能，还需要具备良好的职业道德素养，能够在职场中遵守职业道德规范，保持诚信和责任心。因此，教师可以通过课堂教学、案例分析、角色扮演等方式，引导学生树立正确的职业价值观和职业操守，培养他们的职业素养，使他们成为遵纪守法、诚信守信的优秀职场人才。高职英语教学还应该注重与企业和行业的紧密合作，充分了解企业对人才的需求，调整教学内容和方法，使教学更加贴近实际职场需求，提升学生的就业竞争力。教师可以邀请企业专家来进行讲座或实践指导，组织学生参与实际项目或实习，让他们在实践中学习和成长，更好地适应职场挑战。在高职英语教学中，培养复合型人才是至关重要的。高职英语教学应该注重学生的职业素养和综合能力的培养，使他们具备过硬的知识能力，同时具备一定的职业素养，从而更好地适应职场的需求，提升高职英语教学的实效性。

（二）促进校企合作

当高职院校能够为企业输送足够的人才时，这必然会引起企业对相应高职院校的青睐，从而促进校企之间的直接或间接合作。校企合作对于职业院校和企业来说都具有积极的推进作用。对于高职院校而言，校企合作不仅可以增加财政收入，还可以为高职院校的发展奠定经济基础；而对于企业而言，校企合作则能更深入地了解高职院校的人才培养情况，更能直接参与到人才培养中去。校企合作能够促进高职院校更好地满足企业的人才需求。通过与企业的合作，高职院校可以更加及时地了解企业的发展需求和人才需求，调整教学内容和方向，培养更符合市场需求的人才。例如，可以根据企业的需求开设相关专业课程、组织实践项目或实习，让学生在实际工作中学习和成长，增强他们的职业能力和竞争力。校企合作能够丰富高职院校的教学资源和实践平台。通过与企业的合作，高职院校可以获得更多的实践机会和教学资源，为学生提供更加丰富和多样化的学习体验。例如，可以与企业合作开展实验室建设、技术研发项目，为学生提供更好的实践环境和机会，提升他们的实践能力和创新能力。校企合作还能够促进高职院校的科研水平和创新能力。通过与企业的合作，高职院校可以开展更多的科研项目和合作研究，促进科技成果的转化和应用。例如，可以与企业合作开展产学研合作项目，共同攻关解决行业难题，推动技术创新和产业升级。校企合作还可以促进高职院校与企业之间的人才交流和共享。通过与企业的合作，高职院校可以邀请企业专家来校进行讲座或指导学生实践项目，使学生能够直接接触到行业领先的技术和理念，增强他们的实践能力和竞争力。同时，高职院校的教师也可以到企业进行实地考察和交流，了解行业最新动态和技术发展趋势，为教学内容和方法的更新提供参考和支持。校企合作对于高职院校和企业来说都是十分重要的。通过校企合作，高职院校可以增加财政收入、丰富教学资源、提升科研水平，为学生提供更好的教育教学条件和就业机会；而企业也可以更好地了解高职院校的人才培养情况，参与到人才培养中去，实现校企互利共赢的局面。

二、基于职业能力培养的高职英语教学模式改革策略

（一）明确高职英语教学改革的方向

在高职英语教学改革中，确实需要明确改革的具体方向，并且不能偏离高职教育的基本政策和核心目标。教学改革不仅仅是一种口号，而是需要通过深入思考和不断实践验证的过程。在制定和实施教学改革方案时，必须考虑到国家的相关政策导向，以及高职教育的核心目标，从而确保教学改革的方向正确，符合时代的发展需求。高职英语教学改革需要与国家教育政策相契合。国家对于教育领域的政策制定了一系列的指导方针和政策措施，高职英语教学改革应当在这些政策的指导下进行。例如，根据国家教育部门的政策要求，高职英语教学改革应当积极响应"素质教育""创新人才培养"等政策导向，通过改革措施培养学生的

综合素质和创新能力，使他们更好地适应社会发展的需要。高职英语教学改革的核心目标应当是教书育人。高职教育的本质是为社会培养应用型人才，英语教学的目标应当是帮助学生掌握实用的英语技能，提高他们的综合语言能力，为他们未来的职业发展打下坚实的语言基础。因此，在进行教学改革时，应当注重培养学生的语言实践能力、沟通能力和跨文化交际能力，让他们在学习英语的过程中不仅能够提高自身的综合素质，同时也能够为社会和经济发展做出贡献。在明确了教学改革的具体方向后，教师可以根据学生的实际需求和教学目标，采取一系列的教学改革措施。例如，可以引入项目化学习、任务型教学等新型教学方法，通过项目合作、实践活动等形式提高学生的学习兴趣和参与度；可以利用信息化技术，开发教学辅助工具，提供个性化学习支持，促进学生的自主学习和能力提升；还可以加强英语课程与实际职业需求的对接，开设专业化课程，提高学生的英语应用能力和就业竞争力。在教学改革过程中，教师应当注重评估和反馈机制的建立。通过定期的教学评估和学生反馈，及时发现教学中存在的问题和不足，及时调整和改进教学方法，不断提高教学质量和效果。同时，教师还应当关注教学改革的实际效果，通过统计和分析学生的学习成绩、就业率等指标，评估教学改革的成效，为进一步的改革提供参考和指导。高职英语教学改革不仅需要明确改革的方向，还需要与国家教育政策相契合，符合高职教育的核心目标。只有在这样的基础上，教学改革才能真正切合时代发展的政策需求，让学生在教学改革的过程中学到更多有用的知识，为未来的职业发展打下坚实的基础。

（二）深度挖掘教学内容中的创新内容

在高职院校英语教学中，融入创新元素并切合时代发展的特性，是培养学生适应当今社会发展需要的重要举措。通过挖掘创新因素，教师可以为学生提供更加贴近实际的教学内容，让他们了解时代发展背景下企业的具体发展动向，掌握企业对人才需求的变化，从而为未来的职业发展做好准备。

1.行业趋势分析

教师可以引入最新的行业趋势分析，通过案例、新闻报道等方式向学生介绍各行业的发展动态和趋势。例如，可以介绍人工智能、大数据、云计算等新兴行业的发展，以及这些行业对英语人才的需求情况。通过了解行业趋势，学生可以更好地规划自己的职业发展方向，选择适合自己的专业和行业。

2.跨文化交流技能培养

随着全球化进程的加速，跨文化交流能力成为企业对人才的重要需求。教师可以通过多样化的教学活动，如模拟国际商务谈判、跨文化沟通训练等，培养学生的跨文化交流能力。同时，可以结合实际案例，让学生了解不同文化背景下的商务实践，帮助他们更好地适应跨文化工作环境。

3.创新创业教育

培养学生的创新意识和创业精神是高职英语教学的重要任务之一。教师可以通过课堂讨论、项目实践等方式，激发学生的创新思维，培养他们解决问题的能力和创业意识。同时，可以引入创业成功案例，让学生了解创业的机遇和挑战，为他们的创业梦想提供启示。

4.科技与英语教学融合

随着科技的不断发展，教学方式和工具也在不断更新。教师可以将科技与英语教学相结合，利用多媒体教学、虚拟实验室、在线学习平台等工具，丰富教学内容，提高教学效果。例如，可以利用语音识别技术进行口语训练，利用智能学习系统进行个性化教学，为学生提供更加灵活和有效的学习方式。

5.职业素养培养

除了英语语言能力外，企业对于员工的职业素养也提出了更高的要求。教师可以通过职场模拟、职业道德教育等方式，培养学生的职业素养和综合能力。例如，可以模拟面试场景，让学生练习面试技巧和沟通能力；可以组织职业规划讲座，帮助学生了解自己的职业发展路径，规划未来的职业生涯。

（三）摒弃传统教学模式中的固有思维

在传统的高职英语教学模式下，教学往往是由教材和教师的经验来驱动，学生在教师的引导下被动接受知识，缺乏足够的自主学习意识。这种模式下，教师往往被视为教学的核心主体，主导着整个教学过程，而学生的自主学习时间被进一步压缩。然而，随着教育理念的变革和时代的发展，传统教学模式的局限性也逐渐显现出来。因此，在教学改革中，摒弃传统教学模式的固有思维，将课堂教学的主导权逐步下放到学生身上，以培养学生的自主学习意识，成为势在必行的任务。要倡导学生主体的教学模式。这意味着教师不再是教学过程的唯一主导者，而是与学生共同参与、共同构建课堂。教师应当成为学生学习的引导者和组织者，激发学生的学习兴趣，引导他们积极参与到教学活动中来。通过引入启发式教学、探究式学习等教学方法，鼓励学生自主探索、自主学习，从而培养学生的独立思考和解决问题的能力。要注重课堂互动和合作学习。在学生主体的教学模式下，课堂不再是教师单方面的讲述，而是教师与学生之间充满活跃的互动与交流。教师可以通过提问、讨论、小组活动等方式，激发学生的思维，引导他们展开思考和讨论。同时，要鼓励学生之间的合作学习，让他们在团队合作中互相学习、互相促进，培养团队合作和沟通能力。

要注重个性化教学和差异化学习。每个学生都有自己的学习特点和需求，教师应当根据学生的实际情况和学习目标，提供个性化的教学支持和指导。通过分层教学、课程选择等方式，满足学生的不同学习需求，激发他们的学习动力和兴趣。同时，要注重学习方式的差异化，允许学生选择适合自己的学习方式，如阅读、听力、口语、写作等，从而提高学习效果。要借助现代化教学技术，推动教学改革。信息技术的发展为教学改革提供了新的机遇和平台。教师可以利用在线教学平台、教育应用软件等工具，为学生提供个性化的学习资源和学习支持，拓展学生的学习空间和学习渠道。同时，要注重教学内容的多样化和实践性，通过多媒体教学、虚拟实验室、实践项目等方式，使学生能够在实践中学习、在实践中探索，真正掌握知识和技能。要摒弃传统教学模式下的固有思维，将课堂教学的主导权下放到学生身上，以培养学生的自主学习意识。这不仅有助于学生更好地适应社会发展的需求，也为他们的未来职业发展奠定了坚实的基础。只有在这样的教学模式下，学生才能真正成为知识的主人、学习的主体，实现个人价值的最大化。

（四）创新教学流程

在高职英语教学模式改革中，教学流程的创新至关重要。新的教学流程应当紧密切合我国目前对企业人才需求情况，有针对性地开展英语教学活动，以优化教学流程，并最大限度地培养学生的职业精神和职业态度。更为重要的是，这种创新教学流程应当让学生在英语学习的过程中，深刻了解当前企业对人才的需求情况，真正做到"术业有专攻"。在教学流程中应当注重对学生的职业素养的培养。这包括对学生的职业道德、职业意识、职业责任等方面的培养。教师可以通过课堂讲授、案例分析、角色扮演等教学活动，引导学生树立正确的职业观念，了解职业规范和职业操守，并在学习和工作中积极践行。教学流程应当充分考虑当前企业对人才的需求情况。教师可以通过邀请企业人力资源管理者或行业专家来进行讲座或座谈，向学生介绍企业的发展战略、人才需求情况以及英语能力要求等信息。同时，教师还可以结合实际案例或行业报告，让学生了解不同行业的发展趋势和人才市场需求，为他们未来的职业发展做好准备。

教学流程中还应当注重培养学生的实际应用能力。英语教学不仅仅是为了学生能够熟练掌握语法知识和词汇，更重要的是让他们能够在实际工作中灵活运用英语进行沟通、交流和合作。因此，教师可以设计一些与实际工作场景相关的教学活动，如模拟面试、商务谈判、项目汇报等，让学生在实践中提升英语应用能力，增强职场竞争力。在教学流程中还应当注重培养学生的创新意识和创业精神。随着社会经济的快速发展，创新能力和创业精神成为企业对人才的重要要求之一。因此，教师可以通过开展创新创业教育课程、组织创业比赛或创业实践项目等方式，激发学生的创新潜能，培养其创业意识和创新能力。在教学流程中还应当注重学生的终身学习能力的培养。由于社会变化的快速和知识更新的速度，学生需要具备终身学习的意识和能力，不断提升自己的知识和技能。因此，教师可以通过培养学生的自主学习能力、信息获取能力和批判性思维能力等方式，帮助学生适应未来社会的发展需求，实现自身的职业发展目标。创新高职英语教学流程需要紧密结合我国当前对企业人才需求的情况，针对性地开展英语教学活动，以培养学生的职业素养、应用能力、创新意识和终身学习能力为目标，让学生真正成为"术业有专攻"的职场人才。

（五）人才评价体系适时更新

教学评价在教育领域中扮演着至关重要的角色。它不仅可以向学生提供反馈，帮助他们了解自己的学习成果，还可以让教师及时发现教学中存在的问题和不足，从而指导教学实践并不断改进教学方法。在教学改革中，根据时代需求和企业发展需求，适时地创新人才培养体系至关重要。除了重视学生英语能力的评价外，还应重视学生综合能力的评价。对学生英语能力的评价应当包括听、说、读、写等方面。传统的英语教学评价往往偏重笔试，而忽视了对学生口语表达能力、听力理解能力等方面的评价。因此，教学改革需要引入多元化的评价方法，如口语考试、听力测试、阅读理解等，全面评价学生的英语能力，以满足时代发展的需要。随着社会的不断发展，企业对人才的需求也在不断变化。除了英语能力外，企业还更加注重学生的综合能力，如沟通能力、团队合作能力、创新能力等。因此，教学评价应当注重对学生综合能力的评价。可以通过项目实践、小组合作、案例分析等方式，评价学生的综合能力，从而更好地适应企业发展的需求。教学评价不仅仅是对学生学习成果的评价，还应当是对教学过程的反思和总结。教师可以通过课堂观察、学生作业、课堂讨论等方式收集数据，分析学生的学习情况和教学效果，及时发现教学中存在的问题和不足，并加以改进。同时，还可以通过学生问卷调查、教学反馈等方式收集学生的意见和建议，为教学改革提供参考和指导。教学评价还应当与课程目标和教学内容相一致。在制定评价标准和评价方法时，应当考虑到课程的教学目标和学生的学习需求，确保评价的准确性和有效性。同时，还应当注重评价结果的及时性和可操作性，及时向学生和教师反馈评价结果，并提供相应的改进建议，促进教学质量的不断提高。教学评价在教学改革中扮演着重要的角色。在根据时代需求和企业发展需求创新人才培养体系的过程中，应当重视学生英语能力和综合能力的评价，并将评价结果与课程目标和教学内容相一致，以促进教学质量的不断提高。

（六）明确高职英语教学目标

从职业能力培养的视角来看，高职英语教学目标应该不仅仅局限于学生的英语基础知识和技能的培养，更应该注重学生综合能力的培养，包括职业能力和道德品质能力。只有这样，学生才能在英语学习过程中逐渐成长为企业发展所需的复合型人才。高职英语教学目标应当明确学生的职业能力培养目标。这包括学生在英语沟通能力、跨文化交际能力、团队合作能力、创新能力等方面的培养。在英语教学中，教师可以通过模拟商务谈判、实践项目合作等活动，培养学生的沟通技巧和团队合作精神，使他们具备在职场中成功应对各种挑战的能力。高职英语教学目标还应当注重学生的道德品质能力培养。作为未来职场人才，学生不仅需要具备专业知识和技能，还需要具备良好的道德品质和职业道德观。因此，教师在教学过程中应该注重培养学生的诚信意识、责任感和团队合作精神，引导他们树立正确的职业道德观，成为遵纪守法、诚信守信的优秀职场人才。高职英语教学目标还应当注重学生的综合素质培养。这包括学生的学习能力、创新能力、解决问题的能力等方面。教师可以通过设计多样化的教学活动，如案例分析、问题解决、实践项目等，激发学生的学习兴趣和创新潜能，培养他们独立思考和解决问题的能力。高职英语教学目标还应当注重学生的终身学习能力培养。随着社会的不断发展和知识的不断更新，学生需要具备终身学习的意识和能力，不断提升自己的知识和技能。因此，教师应该引导学生树立正确的学习态度，培养他们的自主学习能力和信息获取能力，使他们能够适应未来职业发展的需求。从职业能力培养的视角来看，高职英语教学目标应该不仅重视学生知识技能基础能力的培养，同样注重学生职业能力、道德品质能力的培养。只有这样，学生才能在英语学习过程中逐渐成长为企业发展所需的复合型人才，为他们未来的职业发展打下坚实的基础。

（七）重视学生职业能力的培养

在高职英语教学改革中，教师需要意识到教学理念和教材的引导对教育教学的核心指导至关重要。尽管教材的变更交替不是教师可以直接改变的，但教师可以通过改变以往的教学思想和理念，注重学生职业能力及综合能力的培养，来适应教材的不断更新和学校教学改革的需要。这意味着教师需要摒弃"成绩论高低"的教学理念和思想，以更加全面的教育观念来指导教学实践。教师应该转变教学理念，注重学生职业能力的培养。传统的英语教学往往注重学生的语言知识和技能的传授，忽视了学生的职业能力培养。而在高职教育中，学生更需要具备实际应用能力和职业素养，才能更好地适应未来的职业发展。因此，教师应该将学生的职业发展需求纳入教学考量，注重培养学生的沟通能力、团队合作能力、创新能力等职业能力，使他们在毕业后能够顺利就业并胜任工作。教师应该注重学生综合能力的培养。英语教育不仅仅是为了掌握一门外语，更重要的是为了提升学生的综合素质。因此，教师应该通过多样化的教学方法和活动，培养学生的综合能力，包括批判性思维、问题解决能力、创新意识等。例如，可以通过案例分析、实践项目、团队合作等方式，让学生在实际情境中学习和运用英语，提升他们的综合素质。教师还应该倡导"以人为本"的教学理念，关注每个学生的个性发展和全面成长。每个学生都有自己的特点和潜能，教师应该根据学生的实际情况和需求，灵活调整教学方法和内容，帮助他们充分发挥自己的优势，实现个人价值。同时，教师还应该注重培养学生的自主学习能力和终身学习意识，使他们能够在未来的学习和工作中持续成长和进步。教师还应该积极参与教材的开发和更新，以更好地适应教育教学的需求。尽管教材的选择和更新不是教师可以直接改变的，但教师可以通过提供反馈意见、参与教材评审等方式，为教材的改进和完善提供帮助，以确保教材与教学实践的契合度，更好地服务于学生的学习和发展。在高职英语教学改革中，教师需要摒弃"成绩论高低"的教学理念和思想，转变为更加注重学生职业能力和综合能力培养的教学理念。只有这样，才能更好地适应时代的发展需求，为学生的全面成长和发展提供更好的指导和支持。

（八）重视扩展学生思维，启迪学生智慧

1.情境教学法在高职英语教学中的应用

情境教学指的是在教学过程中，教师根据相关的教学内容创设教学情境，让学生融入情境，学习相关知识和内容。比如，在教学中教师可以创设生活情境，让学生基于生活体验学习知识，带着经验去学习，这样不仅降低了学生的学习难度，更为重要的是降低了学生的学习压力；再如在教学中教师可以创设问题情境，让学生基于问题思索学习知识，让学生带着问题去学习，这样不仅可以提高教学实效性，更能让学生在英语学习中自主思考。

2.小组合作学习法在高职英语教学中的应用

小组合作学习指在教学过程中教师将学生分为人数均等的若干小组，让学生通过小组自主学习知识，这个过程是学生自主学习的体现，同时也是学生合作学习的体现，这对培养学生自主学习意识和合作意识具有重要作用。需要注意的一点是，在小组合作学习过程中教师要注意教学时间和进度的合理安排，确保教学

进度的同时，不影响学生自主学习时间。

三、优化高职院校英语教师队伍结构

（一）提高高职英语教师准入门槛

教师队伍的建设是高职院校师资力量总体框架的基础和核心，但是很多高职院校领导往往只重视师资力量的总体框架搭建，忽视教师队伍的建设。基于职业能力培养视角的高职英语教学模式改革，可以从英语教师队伍建设上着手。最有效的措施是提高高职英语教师的准入门槛，以此遴选出更多高质量的英语教师组成实力过硬的师资队伍。在提高高职英语教师准入门槛上，主要对象是普通高校英语专业应届毕业生和社会精英人才，对普通高校英语专业应届毕业生要求具备一定的企业单位实习经验，或对社会发展动向较为了解，以期确保其教学能力和见识都能满足高职教育的需求。对社会精英人才要求具备过硬的英语能力，具体而言可以将英语专业等级作为起步评价标准。从而优化高职院校英语教师专业结构。

（二）加强专业培训和企业实习

虽说提高高职英语教师准入门槛能够有效地优化教师专业结构，但不可忽视的是优质人才的选拔存在一定变数。作为优质人才势必成为众多高职院校的核心竞争对象，普通高职院校不一定能将此类教师纳入自己的院校之中；虽然优质人才对高职院校的整体实力提升具有重要作用和价值，但其数量是否能够满足全国高职院校的教师队伍需求，这是一个严峻的现实问题。因此在优质教师人数不够的情况下，需要高职院校自己培养专业能力强、见识丰富的教师队伍。针对英语专业应届毕业生，高职院校领导可以组织学生到相关的企业开展实习培训活动，让他们在企业实习后再加入高职英语教师队伍；针对社会精英人才，高职院校领导应该组织相关的专业培训，提高此类教师的专业能力。

（三）发挥朋辈力量，开展研讨会

在优化高职英语教师专业结构上发挥朋辈资源力量是可行的。虽然这一概念最早提出是基于学生能力发展之上，但是用于教师能力发展也是可以的。具体而言就是开展相关的研讨会，让专业能力过硬的教师向其他教师传授提升能力的技巧，让社会经验丰富的教师向其他教师传授相关的社会发展讯息，以此提升高职英语教师的专业能力，增长其见识。基于职业能力培养视角的高职英语教学改革，需要明确教学目标、优化教学流程、改变教师的理念、加强师资力量队伍的建设、在英语教学中发展学生的职业能力，培养更多契合时代发展的复合型人才，促进我国经济发展的同时，提升高职院校英语教学质量。

第七章　信息化教学环境下的高职英语教学模式

第一节 信息化教学模式的内涵

一、高职英语信息化教学模式的理论基础以及内涵

（一）高职英语信息化教学模式的理论基础

当前，人文教育再次强调学生是一个具有需求、欲望、情感、意识以及思想的个体，英语教学一定要以学生为主体，科学设定教育目标，促进学生整体素质的全面提高。信息化教学模式的理论基础是：知识要通过学习情境、利用学习资源的方式获取，不是通过教师的传授获取。在信息化教学模式中，学生是主体，学生在文化背景下，通过网络资源的形式，开展自主学习，教师只是起到帮助、指导以及组织的作用。同时，信息化教学模式是控制论、信息论以及系统论的综合体现，是学生、媒体以及教师之间的信息交流。在交流过程中，一定要注重信息的质量和数量，对其进行合理的控制，进而提高教学效率。

（二）高职英语信息化教学模式的内涵

信息化教学模式是一种全新的教学模式。学生通过网络收集和整理英语学习资源，利用教学平台进行自主学习。这种教学模式取代了传统以教师为主体的教学模式，学生由知识灌输者转变为知识构建者，教师从以往知识传输者转变为教学的帮助者、指导者以及组织者。从教学资源以及环境分析来看，信息化教学模式更加依赖于互联网、局域网、校园网以及多媒体，加强了学生的教学主体地位，发挥了学生的创造性、积极性以及主动性，让学生成为知识的构建者。

二、高职英语信息化教学模式的优势

高职英语信息化教学模式的构建主要以网络为平台，为学生创设优质的语言学习环境，激发学生对英语学科的兴趣，调动学生的创造性、积极性和主动性。信息化平台所呈现的计算机特性、多媒体特性、超文本特性以及网络特性决定了高职英语教学向信息化转变，学生由以往的被动接受者逐渐变为主动探索者。

（一）有利于组合教学资源

英语教学一定要保证学生可以充分接触英语材料，确保学生知识能力和运用能力的全面提高。信息化教学模式可以充分满足这一需求，其依托于因特网、校园网络，可以实现教学资源的网络化管理和收集，通过网络的共享性，扩展教学范围。同时，网络也为教学提供了教学材料，其利用效率和搜索速度也得到有效提高，学生可以跨地域、跨时间地进行学习，寻找有关文化、经济、政治以及社会等多方面的资源，让英语教学变得丰富多彩。

（二）模拟真实的学习环境

在我国当前的高职英语教学中，由于学生多、班级大，教师不能对学生进行有针对性的指导和教学，学习效果大打折扣。而信息化教学模式可以突破当前的教学局限，将教学活动有层次地连接到一起，针对学生的个性进行教学，将动画、视频、声音、图像以及文字等信息充分结合，为学生模拟一个真实的教学环境。

三、高职英语信息化教学模式的构建

高职英语信息化教学模式构建的重点是要建设一个可以满足教学需要的网络平台，师生可以通过网络平台进行英语教学，实现教学目标。教师可以调控教学活动，开展教学评价。

（一）设定目标

教师要按照高职英语教材的内容合理安排预习活动，了解教材的中心主题，根据自身的知识积累上网搜索相关的文化背景以及拓展知识。学生要在教师的引导下，从不同角度思考问题，明确探讨的主题，并且进行分析，根据不同的知识点分组进行主题探讨。

（二）信息收集以及整理

在设定主题目标后，学生要带着明确的目标，通过互联网、网上实验室以及校园资源库查找相关资料。在这个环节中，教师起到引导的作用。为了满足快速查找以及网络安全的要求，要优先选择网络实验室以及校园资源库进行信息收集；学生在面对海量的资源时，要有目的性去粗取精、去伪存真，对资料进行处理、整理、分类以及筛选。为了提高收集资源的效率，学生更加倾向于使用英文网站进行信息资源的查找和收集。信息收集以及整理的过程，可以提高学生在线阅读的能力，培养提炼信息的能力，以及加强英语应用的能力。教师在这个环节对学生进行正确的引导，对培养学生合作学习、相互合作的意识起着关键作用。学生在获取信息资源的同时，也从不同程度提高了阅读技巧及阅读能力，加强了团队合作的意识和能力，对学生今后走向社会起到巨大的作用。

充分的交流是高职英语信息化教学模式构建的重要基础。学生可根据收集到的资源，以小组为单位进行辩论和讨论，并利用准确的论据以及良好的语言表达来捍卫和阐述自身的观点，教师要起到引导和维持秩序的作用。学生可以通过小组合作的形式，从多个角度完善小组的主题，拿出更具有说服力的观点论据；也可以从多元的角度审视其他小组的观点，并且进行驳击或者加以借鉴。分析讨论的过程是英语知识深化和拓展的过程，同时也是英语思维、判断能力、语言运用形成的过程。学生在掌握了英语知识以及相关文化的前提下，通过网络平台调动了学习的兴趣，对英语教学也不再反感，愿意自主地参与到教学活动中。教师在这个环节中，要进行适当的控制和点拨，给出具有建设性和创新性的意见，让学生在思考中重新审视自己的论据和论点；维持讨论的秩序，避免出现混乱的讨论场面。

第二节　信息化教学环境下的英语学习模式

一、信息化教学环境下高职英语教学的主旨

信息化教学环境下高职英语教学模式主要是把信息技术手段作为基础，把信息技术和现代教学模式进行融合，在信息化教学环境下，结合教学任务和目标，通过多媒体平台和计算机网络教学模式以及远程教学模式，针对优质的教学资源进行开发和维护，并巩固英语课堂教学的效果。在信息化教学环境下，可以培养学生自主学习能力，实现英语教学数字化的发展，并且还可以提升学生的英语学习效率和质量，为高职英语教学带来了新的契机。

二、在高职英语教学中推进信息化教改的必要性

信息化教学，是以现代信息化技术为支持，在教学中积极应用信息化技术（包括多媒体平台、网络、APP等），使教学的各个环节信息化，开发教育资源，优化教育过程，从而提高教学质量与教学效应的一种新型教学形态。从历史上来看，教学形态是在不断发展进步的：孔子握着竹简向三千弟子讲授"民可使由之，不可使知之"，哥白尼上小学时没见一张纸，全凭耳听脑记；鲁迅在三味书屋里放开喉咙读"上九潜龙勿用"。今天，世界已经全面进入信息化时代，中国网民数量已经高居世界第一。教学形态也必须与时俱进，反映信息化时代的发展趋势，而信息化教学，正是教学形态对信息化时代的反映。在高职英语教学中实施信息化教改，有利于增加师生交流与生生交流，实现教学形式的多样性，尊重学生的主体地位，激发学生的学习兴趣与参与热情，从而提高英语教学的质量与效率。

三、在高职英语教学中应用信息化技术

据专家们调查研究，目前高职院校的英语信息化教学情况并不能令人

满意：90%的英语教师没有熟练掌握信息化技术（一些教师不知道如何使用PHOTOSHOP、FLASH、D reamweaver），不知如何理论联系实际，在英语教学中整合信息化技术；28%的英语教师在教学中偶尔应用网络课程等在线指导资源，62%的教师从未倡导学生进行在线英语自主学习；另一方面，学生对于英语信息化教学充满了热情：95%的学生明确表示对信息化教育很感兴起，希望高职英语教学中应用信息化教学B。在这种情况下，英语教师必须在教学中，善于应用信息化技术，灵活开展信息化教学。

（一）创建英语网络学习平台

英语教师应当在网上为学生创建信息化英语学习平台，在平台上，不仅要收集大学英语四级考题，还要介绍英语国家文化（尤其是英语外圈、扩展圈国家的文化）、风土人情（在条件允许的情况下，还要增加一些热门的英语新闻），让学生开阔眼界，增长知识，培养学生的英语兴趣。-创建英语网络平台，师生围绕一个课题开展教育与学习，进行平等交流与自主互动；这就改变了以教师为核心的教学模式，转而以学生为核心；网络平台凭借丰富的课程内容与多元化的学习工具，让学生可以在任何时间、任何地方自学，突破传统英语教学在时间和空间上的限制。开展网络教学平台，教师必须在平台上向学生交待清楚教学的目标要求、教学内容、教学进度与考核方式，教师还要根据教学需要，充分发掘、利用网络资源，制作课件。教师可以根据优秀生与后进生互补的原则，把学生组成不同的学习小组，在网络平台上开展生生合作学习，既降低了自己的工作量，又让后进生受到约束与激励。教师还要善于将网络平台教学与课堂教学环节互相衔接起来，在网络平台教学时留下一些问题，待到课堂教学时检查学生的学习效果。

（二）实行开放式教学

语言学家对第二语言的学习进行了二十多年的研究，最后他们得出结论：学习第二语言，绝对不能"学海无涯苦作舟"，那样只会让学生受罪、教师受累，最后只会搞成"洋泾浜"；教师应当为学生营造第二语言的语境，让学生长期听、看、接触第二语言，逐渐变短期记忆为长期记忆，通过自然学习，最后学会自如地使用第二语言（阅读获得的视觉信息，人能记住10%；耳朵听到的听觉信息，人能记住20%；人亲身经历过的事，能记住80%。信息化时代的本质特征是开放性，传统的封闭式教学与信息化时代是不可能互相兼容的，因此，我们主张：依靠信息化技术的有利条件，打破封闭式英语教学，实行开放式英语教学。在条件允许的情况下，教师应当鼓励学生通过网络、视频、手机与英语国家的外国朋友开展英语交流，让学生在实际交流中自己学会使用英语。

（三）在英语教学中应用移动 APP 学习软件

APP，即手机软件。现在在高职院校，手机已经实现了人手一部的全覆盖。–教师完全可以利用移动APP学习软件，实现课堂延伸，资源共享，开展交互式教学，促进学生进行主动式学习。依靠移动APP学习软件进行交互式教学，教师需要根据高职院校及学生的实际情况开发出移动APP学习软件，再让每个学生把该软件下载进自己的手机里。教师可以让学生使用"英语百词斩"，自定义单词记忆计划，自主学习、记忆单词，提高学生的单词积累量。英语课课时有限，教师在课堂教学中难有充足的时间对学生进行听力训练。所以，教师可以让学生们使用"懒人英语"，自主进行听力训练。懒人英语中有学生感兴趣的新闻、电视剧、电影，而且这些视频都配有中英双语字幕。学生可以自己选择显示双语字幕、只显示中文（或英语）字幕，或不显示字幕，–教师可以让学生们先选择不显示任何字幕，听到不明白的地方，再显示英语字幕，最后自己把听到的英文对话翻译成汉语，与视频上的汉语字幕进。对比，从而提高学生的英语听力。教师还可以让学生使用"英语流利说"。这款APP软件上有"商务职场"模式，它非常智能，可以根据学生的英语发音进行打分，可以有效提高学生的口语能力。高职英语信息化教学开展的时间还不长，许多教师对它并不熟悉。但这种教学模式符合网络时代发展的趋势，具有广阔的发展前景。我们应当积极探索、主动开展英语信息化教学，并在实践中不断积累教学经验，让这种新的教学模式取得更好更快的发展。

第三节　信息化教学环境下的英语教学方法

一、网络资源利用

（一）在线词典和词汇资源

在信息化教学环境下，引导学生利用在线词典和词汇学习网站进行高职英语教学是一种高效的教学策略。这种方法不仅能够提供学生方便快捷的词汇查询和学习资源，还能够促进他们的自主学习和信息获取能力。教师可以向学生介绍常用的在线词典，如Merriam-Webster、Oxford Learner's Dictionary等（图7-1、图7-2）。这些在线词典提供了丰富的词汇资源，包括单词的定义、发音、用法示例等。教师可以示范如何使用这些词典进行单词查询，并鼓励学生在学习过程中积极利用。教师可以向学生推荐一些在线词汇学习网站，如Quizlet、Memrise等。这些网站提供了各种各样的词汇学习工具和练习资源，如单词卡片、闪卡、拼写练习、语境填空等。学生可以根据自己的学习需求和兴趣选择合适的学习模式，进行词汇记忆和练习。在课堂教学中，教师可以通过示范和指导，引导学生使用这些在线资源进行词汇学习。例如，教师可以选择一个待学习的单词，然后向学生展示如何在在线词典中查找该单词的定义和发音，以及如何利用词汇学习网站进行相关练习。学生可以跟随教师的示范，逐步掌握使用这些在线资源的技巧和方法。除了课堂教学外，教师还可以在课后作业或自主学习环节引导学生利用在线资源进行词汇学习。教师可以布置一些任务，要求学生查找并记录新学习的单词的定义、发音和用法，并进行相关练习。学生可以根据自己的学习进度和兴趣，自主选择合适的学习资源，进行词汇学习和巩固。

图 7-1 Merriam-Webster　　图 7-2 Oxford Learner's Dictionary

（二）英语学习网站和平台

在信息化教学环境下，推荐学生使用知名的英语学习网站和在线学习平台是一种有效的教学方法。这些网站和平台提供了丰富的学习资源，涵盖听力、阅读、写作、口语等各个方面的内容，可以满足学生不同的学习需求和兴趣。BBC Learning English是英国广播公司（BBC）旗下的英语学习平台，提供了大量的英语学习资源，包括新闻、视频、音频、文章等。学生可以通过观看视频和听音频，提高自己的听力水平；通过阅读文章，提高阅读理解能力；同时，还可以参与在线课程和讨论，提升自己的口语和写作能力。教师可以推荐学生定期访问BBC Learning English网站，根据自己的学习进度和兴趣选择合适的学习内容进行学习（图7-3）。Duolingo是一款知名的语言学习应用，提供了多种语言学习课程，包括英语、西班牙语、法语等。这款应用以游戏化的方式设计课程，通过各种练习和挑战帮助学生提高语言技能（图7-4）。学生可以在Duolingo上进行单词记忆、语法练习、口语训练等，随时随地进行自主学习。教师可以建议学生下载Duolingo应用，每天坚持进行一定时间的学习，以提高英语水平。Coursera是一个知名的在线学习平台，提供了来自世界各地大学和机构的免费和付费课程。在Coursera上，学生可以找到各种与英语学习相关的课程，包括英语听力、口语、写作、文学等。这些课程由专业的教师和专家设计，内容丰富多样，学生可以根据自己的兴趣和学习需求选择适合自己的课程进行学习。教师可以向学生推荐一些与当前课程内容相关的Coursera课程，帮助他们进一步提高英语水平。

图 7-3 BBC Learning English　　　　图 7-4 Duolingo

（三）教学应用程序

在信息化教学环境下，推荐学生使用优质的英语学习应用程序是一种有效的教学策略。这些应用程序提供了丰富的学习资源和交流平台，可以帮助学生在听力、口语、阅读、写作等方面提高自己的英语水平。HelloTalk是一款专门用于语言交流和学习的应用程序（图 7-5）。它为学生提供了一个与全球母语人士交流的平台，学生可以通过与外国朋友聊天、语音通话、语音留言等方式提高自己的口语水平。此外，HelloTalk还提供了语言纠错、语音翻译等功能，帮助学生及时发现和纠正语言错误，加强学习效果。Tandem是另一款优秀的语言交流应用程序，它为学生提供了一个与母语人士一对一交流的平台。学生可以通过与外国朋友互相纠错、交流语言文化等方式提高自己的口语表达能力。Tandem还提供了语音和视频通话功能，让学生能够更加直观地感受到语言交流的乐趣和效果（图7–6）。

图 7-5 HelloTalk　　　　图 7-6 Tandem

二、虚拟实验

（一）虚拟语音交流环境

信息化教学环境在高职英语教学中扮演着越来越重要的角色。虚拟实验室和语音通信软件的运用为学生提供了一个模拟真实语言环境的机会，能够促进他们的口语交流能力的提升。在这个虚拟语音交流环境中，学生可以与虚拟角色或其他学生进行对话，进行各种角色扮演、情景模拟等练习，同时得到教师的实时语音反馈和建议，帮助他们改进口语表达。虚拟实验室和语音通信软件为学生提供了一个随时随地的练习平台。学生可以在课堂上、宿舍里甚至在家中利用这些工具进行口语练习，不受时间和地点的限制。这样的便利性大大提高了学生的学习积极性，也为他们提供了更多的练习机会，从而加快了口语能力的提升速度。虚拟语音交流环境提供了丰富多样的练习内容。学生可以选择不同的虚拟角色进行对话，模拟各种真实生活情景，如购物、旅行、工作等。他们可以扮演顾客与店员交流购物，扮演旅客与导游交流旅游信息，扮演同事进行工作讨论等，从而在模拟的情景中提高自己的口语表达能力。教师在虚拟语音交流环境中扮演着重要的角色。教师不仅可以为学生提供实时的语音反馈和建议，指导他们改进口语表达，还可以设计丰富多样的口语练习任务，激发学生的学习兴趣，提高他们的学习效果。教师可以根据学生的实际水平和需求，设计不同难度和类型的口语练习，帮助他们逐步提高口语表达能力。虚拟语音交流环境为高职英语教学提供了一个创新的教学手段，能够有效地促进学生的口语交流能力的提升。学生在这样的环境中可以得到更多的练习机会，教师也可以通过实时的语音反馈和建议指导学生，帮助他们更好地掌握英语口语技能，提高自己的综合语言能力。随着信息化教学环境的不断发展和完善，相信虚拟语音交流环境将会在高职英语教学中发挥越来越重要的作用。

（二）虚拟阅读环境

信息化教学环境在高职英语教学中的应用日益广泛，虚拟实验室和阅读模拟软件为学生提供了一个模拟的阅读环境，有助于他们进行阅读理解和词汇积累。在这个环境中，学生可以阅读模拟的英语文章、新闻、故事等，同时教师可以根据学生的水平和兴趣选择合适的虚拟阅读材料，引导学生进行阅读，并提供在线词典、翻译工具等辅助工具，帮助学生理解文章内容，进行问题解答和讨论。虚拟实验室和阅读模拟软件为学生提供了一个丰富多样的阅读资源库。学生可以在这个虚拟环境中随时随地地访问各种英语文章、新闻、故事等，选择符合自己兴趣和水平的阅读材料进行学习。这样的便利性大大拓展了学生的阅读视野，使他们有更多的选择，从而更好地激发了他们的学习兴趣。教师可以根据学生的实际水平和需求选择合适的虚拟阅读材料，并设计相应的阅读任务。教师可以为学生提供一些问题或任务，引导他们在阅读过程中思考、分析，并提供在线词典、翻译工具等辅助工具，帮助学生理解生词和句子，提高阅读效率。同时，教师还可以通过在线讨论等方式促进学生之间的交流和互动，加深对文章内容的理解，拓展思维广度。虚拟阅读环境还可以为学生提供个性化的学习体验。学生可以根据自己的学习进度和兴趣选择不同难度和类型的阅读材料，自主进行学习，并通过在线词典、翻译工具等辅助工具解决阅读中的难点和问题。这样的个性化学习模式有助于激发学生的学习动力，提高他们的学习效果。虚拟阅读环境为高职英语教学提供了一个创新的教学手段，有助于学生进行阅读理解和词汇积累。学生可以在这样的环境中随时随地进行阅读练习，教师可以根据学生的实际需求进行个性化指导，提供在线辅助工具帮助学生解决问题，从而促进学生的综合语言能力的提高。随着信息化教学环境的不断发展和完善，相信虚拟阅读环境将会在高职英语教学中发挥越来越重要的作用。

（三）虚拟写作环境

信息化教学环境在高职英语教学中的应用为学生提供了一个模拟的写作环境，可以通过虚拟实验室或写作模拟软件进行英语写作训练。在这个环境中，学生可以进行各种类型的写作练习，如文章、作文、日记等。同时，教师可以提供写作任务和指导，引导学生在虚拟写作环境中进行写作练习，并提供实时的写作反馈和评价，帮助学生改进写作技巧和表达能力。虚拟实验室或写作模拟软件为学生提供了一个安全、舒适的写作环境。学生可以在这个虚拟环境中尝试各种写作类型，充分发挥自己的创造力和想象力，不受时间和空间的限制。这样的环境可以让学生更加放松自在地进行写作练习，提高写作的效率和质量。教师可以根据学生的实际水平和需求设计各种写作任务，并提供相应的指导和反馈。教师可以为学生提供写作题目，引导他们进行思考和构思，并在学生完成写作后提供实时的写作反馈和评价。通过对学生写作内容的分析和评价，教师可以帮助学生发现和改正写作中的问题，提高他们的写作技巧和表达能力。虚拟写作环境还可以为学生提供丰富多样的写作资源和工具。学生可以在这个环境中参考各种英语写作范例，学习优秀的写作技巧和表达方式，从而提高自己的写作水平。此外，学生还可以利用虚拟写作环境提供的在线词典、语法检查工具等辅助工具，解决写作中的词汇和语法问题，提高写作的准确性和流畅性。

（四）虚拟听力训练

信息化教学环境在高职英语教学中的应用可以通过虚拟实验室或听力模拟软件创建一个模拟的听力训练环境。在这个环境中，学生可以接触到各种模拟的英语听力材料，进行听力理解和练习。教师可以根据学生的听力水平选择不同难度和题型的听力材料，提供听力答案和解析，帮助学生提高听力技能和听力理解能力。虚拟实验室或听力模拟软件为学生提供了一个模拟真实听力环境的机会。学生可以在这个环境中接触到各种不同类型的听力材料，如录音讲座、英语广播、对话等，从而增强他们的听力理解能力。这样的虚拟环境可以让学生更加集中注意力，提高听力效率。教师可以根据学生的实际水平和需求选择合适的听力材料，并设计相应的听力训练任务。教师可以提供听力材料并配以听力问题，引导学生在听力过程中思考和分析，并提供听力答案和解析，帮助学生了解听力材料的内容和语言特点。通过听力训练，学生可以逐步提高自己的听力技能，提高对英语语音、语调的敏感度，从而更好地理解和应用英语。虚拟听力训练环境还可以为学生提供个性化的听力练习体验。学生可以根据自己的学习进度和需求选择不同难度和类型的听力材料进行练习，并通过反复听取、分析和总结提高听力水平。教师可以根据学生的听力表现提供针对性的建议和指导，帮助他们克服听力障碍，提高听力理解能力。

三、远程教学

（一）选择合适的远程教学平台

在信息化教学环境下，教师可以利用一些优质的远程教学平台，如Zoom、

Microsoft Teams、Google Meet等，来进行远程英语课程教学（图7-7、图7-8、图7-9）。这些平台提供了稳定的视频传输和在线交流功能，能够满足远程教学的需求，并为教师和学生提供了便利的教学工具。教师可以在这些远程教学平台上创建虚拟教室，设定课程表，安排教学活动。通过这些平台，教师可以轻松地与学生进行在线视频会议，进行实时的教学互动。教师可以在虚拟教室中分享教学资源，如PPT、文档、视频等，为学生提供丰富多样的学习内容，激发学生的学习兴趣。教师可以利用远程教学平台进行在线课堂教学和互动。在视频会议中，教师可以进行教学讲解、示范演示、问题解答等教学活动，与学生进行实时的互动和交流。通过这样的在线教学模式，学生可以在家中舒适地参与课堂教学，不受时间和地点的限制，提高学习效率。远程教学平台还提供了丰富多样的教学工具和功能，如屏幕共享、白板演示、小组讨论等，为教学提供了更多的可能性。教师可以利用这些工具和功能进行教学创新，设计丰富多样的教学活动，提高教学效果。远程教学平台为教师和学生之间的沟通和交流提供了便利的渠道。教师可以通过在线聊天、讨论区等功能与学生进行沟通，及时了解学生的学习情况和需求，为学生提供个性化的教学指导和支持。远程教学平台为高职英语教学提供了一个便捷、灵活、高效的教学手段。教师可以利用这些平台进行在线课堂教学和互动，为学生提供优质的教学资源和教学支持，促进学生的学习和成长。随着信息化教学环境的不断发展和完善，相信远程教学平台将会在高职英语教学中发挥越来越重要的作用。

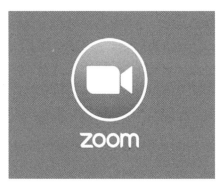

图 7-7 Zoom

图 7-8 Microsoft Teams

图 7-9 Google Meet

（二）设计生动有趣的课堂活动

在远程英语课程中，教师可以设计各种生动有趣的课堂活动，以激发学生的学习兴趣和参与度。利用远程教学平台的分组功能，将学生分成小组进行讨论和合作，同时利用屏幕共享和白板功能，进行教学演示和游戏竞赛。这样的教学设计不仅能够促进学生的英语学习，还可以提高他们的团队合作能力和创造力。小组讨论是一种有效的教学活动，可以促进学生之间的交流和合作。在远程英语课程中，教师可以利用远程教学平台的分组功能，将学生分成小组进行讨论。教师可以给学生提供一个话题或问题，让他们在小组内进行讨论，并在一定时间内准备好自己的答案或观点。在讨论结束后，每个小组可以派代表分享他们的讨论结果，从而促进全班学生之间的交流和学习。角色扮演是另一种生动有趣的教学活动，可以帮助学生更好地理解英语对话和情景。教师可以设计一些角色扮演的情景，要求学生在远程教学平台上扮演不同的角色，并进行对话交流。通过角色扮演，学生可以模拟真实生活中的情景，提高他们的口语表达能力和语感。同时，教师可以提供指导和反馈，帮助学生改进表达方式，提高语言水平。游戏竞赛是一种能够激发学生学习兴趣的教学活动。在远程英语课程中，教师可以设计各种英语相关的游戏，如单词接龙、语法填空等，让学生在游戏竞赛中进行学习。通过游戏竞赛，学生可以在轻松愉快的氛围中学习英语，提高他们的词汇量和语法水平。同时，教师可以利用屏幕共享和白板功能，展示游戏规则和答题情况，引导学生进行游戏竞赛。

（三）提供多样化的学习资源

在信息化教学环境下的高职英语教学中，教师可以充分利用远程教学平台提供多样化的学习资源，如教学视频、课件文档、在线课程链接等，以便帮助学生进行自主学习和复习。这些学习资源的提供可以极大地丰富学生的学习体验，提高他们的学习效率和学习成果。教师可以利用远程教学平台提供的功能，在课前将相关的学习资源上传至平台。这些资源可以包括教学视频，覆盖各个学习单元或主题，由教师精心录制或选取，内容涵盖课程要点、例题演练等；课件文档，包括PPT、PDF等形式，用于呈现教学内容、图表、案例分析等；以及在线课程链接，引导学生进一步拓展学习资源，如有关主题的在线课程、英语学习网站等。这些资源的提供可以让学生在课堂之外随时随地进行学习，自主选择适合自己的学习节奏和方式，加强对知识的消化和理解。教师可以根据课程安排和学生的学习需求，合理组织学习资源，形成系统的学习内容。例如，将教学视频、课件文档等资源按照不同的学习单元或主题进行分类，便于学生查找和复习；同时，可以在平台上设置学习路径或任务，引导学生有序地学习和掌握知识，提高学习的针对性和效果。除了课前提供学习资源外，教师还可以通过远程教学平台为学生提供课后延伸学习的支持。例如，教师可以在课后将与课堂内容相关的额外阅读材料或练习题上传至平台，供学生自主学习或巩固知识；还可以设置在线讨论区或群组，鼓励学生在课后就学习内容展开讨论、交流想法、解答疑问等，促进学生之间的互动与合作。教师还可以根据学生的学习反馈和课堂表现，及时调整和更新学习资源，满足学生的学习需求和课程进度。通过不断改进和完善学习资源，教师可以提高教学的质量和效果，帮助学生更好地掌握英语知识和技能。

（四）个性化辅导和反馈

在信息化教学环境下的高职英语教学中，教师可以通过远程教学平台提供个性化的辅导和反馈，以满足学生的学习需求，帮助他们克服学习障碍，提高学习效果。这种个性化的辅导和反馈可以通过远程教学平台的私聊功能和在线作业批改和评价功能实现，为学生提供更加细致入微的学习支持。教师可以利用远程教学平台的私聊功能与学生进行一对一的沟通和辅导。通过私聊，教师可以及时了解学生的学习情况和问题，根据学生的实际需求提供个性化的指导和解答。教师可以根据学生的学习目标和学习进度，为他们提供针对性的学习建议，帮助他们制定学习计划和解决学习困难。教师可以通过在线作业批改和评价功能为学生提供及时的反馈和建议。在远程教学平台上，教师可以设置各种形式的在线作业，如选择题、填空题、问答题等，让学生在课后进行练习和巩固。学生完成作业后，教师可以及时批改作业，并给予详细的评价和建议。通过作业批改和评价，教师可以帮助学生发现和纠正学习中的错误和不足，指导他们提高学习水平和能力。除了私聊和在线作业批改外，教师还可以通过远程教学平台提供其他形式的个性化辅导和反馈。例如，教师可以根据学生的学习情况和需求，为他们推荐适合的学习资源和学习方法；还可以定期组织在线辅导课程或讲座，为学生解答疑问，分享学习经验，促进学生之间的交流和合作。

参考文献

[1]吴芷蕾.高职院校英语口语教学现状与对策探究[J].成才之路，2024，（04）：113-116.

[2]解彬艳.探讨如何改善高职英语教学效果[J].知识文库，2023，39（21）：67-70.

[3]陈小静.产出导向法在高职英语教学中的应用探研[J].成才之路，2023，（26）：121-124.

[4]黄娅.高职英语教学与信息技术的深度融合[J].中国新通信，2024，26（02）：218-220.

[5]王琛.高职英语教学如何适应高职教育的发展探究[J].校园英语，2024，（02）：172-174.

[6]王耀利.高职英语教学质量提升的有效策略[J].食品研究与开发，2023，44（21）：242.

[7]梅韵.高质量发展背景下高职英语教学方法研究[J].江西电力职业技术学院学报，2023，36（10）：50-52.

[8]高放.现代高职英语教学理论的构建与实践探索[J].校园英语，2023，（43）：79-81.

[9]张金龙.高职英语教学与素质教育的探究[J].辽宁高职学报，2023，25（07）：33-36.

[10]郭巍巍.基于建构主义理论下的高职英语教学研究[J].淮南职业技术学院学报，2022，22（02）：72-74.

[11]李瑶.基于建构主义理论下的高职英语阅读教学[J].课程教育研究，2020，（41）：56+58.

[12]滕维波.高职英语词汇教学的策略与方法初探[J].大学，2020，（49）：113-114.

[13]肖霄.高职英语写作教学方法探究[J].英语广场，2019，（12）：128-129.

[14]左纪维.创新高职英语阅读教学方法的研究[J].文学教育（下），2020，（10）：134-135.

[15]孙秋晨.高职英语听力教学改革初探[J].内江科技，2019，40（07）：151-152.

[16]向华.高职学院英语听力课堂教学方法研究[J].海外英语，2021，（02）：254-255.

[17]王凤平.英语教学中跨文化交际能力培养策略探析[J].小学教学参考，2023，（18）：81-83.

[18]朱婷.高职英语教学中学生跨文化交际能力的培养与提升研究[J].海外英语，2022，（06）：231-232+240.

[19]丁凡.高职院校英语教学中学生跨文化交际能力培养[J].校园英语，2021，（42）：41-42.

[20]任妤婷.跨文化交际能力在英语教学中的培养[J].校园英语，2021，（38）：82-83.